IP
유니버스

IP 유니버스

무한대로
확장하는
지식 재산의
세계

IP UNIVERSE

이한솔 지음

미래의창

들어가며

'IP'가 주목받는 시대다. '크리에이터 이코노미'와 '팬덤 이코노미', '팬더스트리fan+industry', '원 소스 멀티 유즈OSMU, One Source Multi-Use', '팬 플랫폼', 그리고 'MCNMulti Channel Network(인플루언서와 인터넷 방송인을 관리하는 기획사로 다중 채널 네트워크라고도 함)' 등 최근 몇 년간 생겨난 용어들의 공통점은 IPIntellectual Property와 밀접한 관련성을 가진다는 것이다. 모두 IP를 만들거나 관리하고 이를 사업화하는 과정을 지칭하는 말이다. 소비되는 분야 역시 다양하다. 영화나 게임, TV 시리즈 같은 콘텐츠는 물론 아티스트(혹은 크리에이터) 매니지먼트, 패션, 뷰티, F&BFood and Beverage 등의 영역에까지 진출한 상태다. 구경제와 신경제, 전통 산업과 신산업에 관계없이 IP를 이해하고 사업화하는 일은 이제 필수적인 능력으로 여겨진다.

IP의 가능성과 확장성은 무궁무진하다. 하나의 IP로 여러 가지 비즈니스를 구현하고 그 안에서 전에 없던 새로운 부가가치를 창출해낼 수 있다. 수많은 개인과 기업들이 뛰어드는 이 사업을 가리켜 우리는 'IP 비즈니스'라 부른다.

IP 비즈니스는 인류의 창의적·지적 능력으로 만들어진 고유한 창작 결과물이 법과 제도로써 보호되는 일과 그로부터 파생된 사업 전체를 말한다. 사실 창작물의 존재 자체는 인류의 역사와 함께해왔기에 그 기원을 좇는 것이 무의미하다. 다만 IP의 성장에 결정적인 발판이 돼준 것은 산업 혁명이었다. 산업 혁명이 일어나기 전까지 대중에게 있어 개성을 표현하는 일은 상당한 사치였기 때문이다. 인류의 대표적인 창작물인 문화와 예술은 특정 계층의 소유물이었고, 재화는 항상 부족한 공급 우위의 시대였다. 하지만 산업 혁명의 성공은 기술적인 대량 생산을 가능케 만들었다. 소수의 차지였던 재화가 대중에게 확장되며, 수요 우위의 시장이 열리는 혁신이 벌어진 것이다. 이 과정에서 누구나 적은 비용으로도 자신만의 개성을 표현하고 창작물을 향유할 수 있게 됐다.

이후 발전을 거듭해온 IP 비즈니스는 인터넷과 모바일 혁명이라는 날개를 달고 더욱 비약적인 성장을 이뤄냈다. 오늘날에는 IP와 연관된 산업 분야도 각양각색이며 IP를 상품화하는 방식이나 이를 활용하는 방법도 나날이 다양해지는 중이다. IP를 이해한다는 것은 우리가 살아가는 지금의 소비 메커니즘을 이해한다는 것과 같다. 개인의 소비 패턴을 분석하기 위해서도, 비즈니스를 성장시키기 위해서도 이제 IP 비즈니스는 모두가 알아야 할 필수 요소로 자리 잡았다. 다가올 미래에는 IP, 그리고 IP 비즈니스가 점점 더 많은 소비 행동에 영향을 미치게 될 것이다.

이 책은 아직 명확하게 정리되지 않은 IP의 정체성과 개념을 정리한 뒤 그것이 어떻게 우리 삶에 침투하고 있는지, 또 어떤 방식으로 성장하고 있는지를 살펴보는 데 중점을 뒀다. 그리고 그 흐름 안에서 발견한 인사이트 역시 빠짐없이 기록했다. 책을 읽은 후에 돌이켜보면 생각보다 많은 산업이 IP 비즈니스의 공식을 따른다는 사실에 놀랄 것이다. 미처 인지하지 못했지만, 우리 삶의 여러 부분들 역시 IP 비즈니스의 맥락에서 이뤄진다는 사실도 새롭게 알 수 있을 것이다.

이 책이 많은 이에게 닿아 IP에 관한 이해를 돕고 각자의 비즈니스와 소비 퀄리티를 증진하는 길잡이로 기능하기를 바란다.

차 례

3 산업의 판을 바꾸는 IP 비즈니스 사례

4 IP 비즈니스를 향한 도약

1

IP UNIVERSE

IP 비즈니스의 시대가 왔다

IP, 어디선가 한 번쯤 들어본 것 같은데 한마디로 정리해 표현하기는 쉽지 않다. 과연 IP란 무엇이고 IP 비즈니스는 어떤 것일까? 우리 삶에 가까이 다가온 IP 비즈니스의 개념을 이해하고, IP 비즈니스가 어떻게 이뤄져 있는지를 살펴보자. 완전한 의미의 IP가 되기 위해 갖춰야 할 요건들과 IP 비즈니스의 간단한 사례들, 그리고 IP 소유 여부에 따른 기업의 구분 등 반드시 알아야 하는 핵심 정보만 골라 담았다. 오늘날 거스를 수 없는 메가 트렌드로 떠오른 IP 비즈니스를 이해하기 위한 첫걸음이 시작된다.

왜
IP 비즈니스인가?

IP란 무엇일까?

최근 소비 트렌드가 변화하며 IP 비즈니스의 시장 규모가 점차 커지고 성장 가능성이 높아지고 있다. 그와 더불어 성공을 부르는 IP 비즈니스에 대한 관심 역시 증가하는 추세다. 만약 불특정 다수에게 IP가 무엇인지 묻는다면, 각자의 시각에 따라 다양한 답변을 내놓을 것이다. 음악, 미술, 디자인 및 상표와 같은 저작권의 개념을 말하는 사람이 가장 많을 것이고, '미키 마우스'나 '슈퍼 마리오'처럼 우리가 잘 아는 유명 캐릭터를 말하는 사람도 있을 것이다. 여기서 범위를 더 넓힐 수도 있다. 크게 보면 영화나 드라마, 예능, 게임 등의 엔터테인먼트 콘텐츠도 IP에 속하고, 연예인이나 크리에이터와 같이 사람 자체가 IP로 기능하는 휴먼 IP도 존재한다.

'지식 재산권'이라는 의미의 IP는 광범위한 분야에 두루 쓰인다.

하지만 분야를 막론하고 모든 IP는 무형의 성격을 띤다는 공통점이 있다. '무형'의 성격을 가진다는 것은 손에 잡히지도 않고 그 가치를 정량화하기도 힘들다는 뜻이다. 정확한 가치로 측정돼 공학적 메커니즘을 따르는 다른 산업과 달리 IP는 공식적으로 객관화하기 어렵다. 예컨대 어떤 캐릭터가 성공할 수 있을지, 어떤 영화가 흥행할 수 있을지를 정확한 데이터로 증명해내기란 쉽지 않다. 수많은 변수가 사업의 성패에 관여하기 때문이다. 이는 IP가 가진 무한한 가능성을 보여주는 동시에, 진입 장벽이 낮은 비즈니스로서 안정성이 떨어진다는 단점을 드러낸다. 또, IP는 적은 자본으로도 누구나 뛰어들 수 있는 분야이기에 경쟁이 매우 치열하기도 하다. 결국 상황에 맞는 IP 비즈니스 전략을 구상하고 적용하는 것이 가장 중요하다.

사실 IP 비즈니스는 그 영역이 광범위한 만큼 정확한 시장 규모를 가늠하기 어렵다. IP에서 파생되는 비즈니스가 워낙 다양하기 때문이다. 이해를 돕기 위해 IP 산업 내 가장 큰 부분을 차지하는 콘텐츠 IP의 경우를 살펴보자. 국가통계포털의 자료에 따르면 2021년 한국 콘텐츠 업계의 매출 규모는 약 137조 원에 달했다. IP와 다소 무관한 광고 분야를 제외한다고 해도 약 120조 원이라는 엄청난 규모다. 여기에 IP를 통해 이차적으로 파생되는 여러 비즈니스를 고려하면 국내 IP 시장의 크기는 이보다도 훨씬 거대한 셈이다.

IP 비즈니스가 최근 많은 관심을 끌게 된 데는 기술의 발전이 주요하게 작용했다. 기술의 발전에 따라 IT 플랫폼을 활용한 비즈니스 기

국내 콘텐츠 업계의 매출 총액

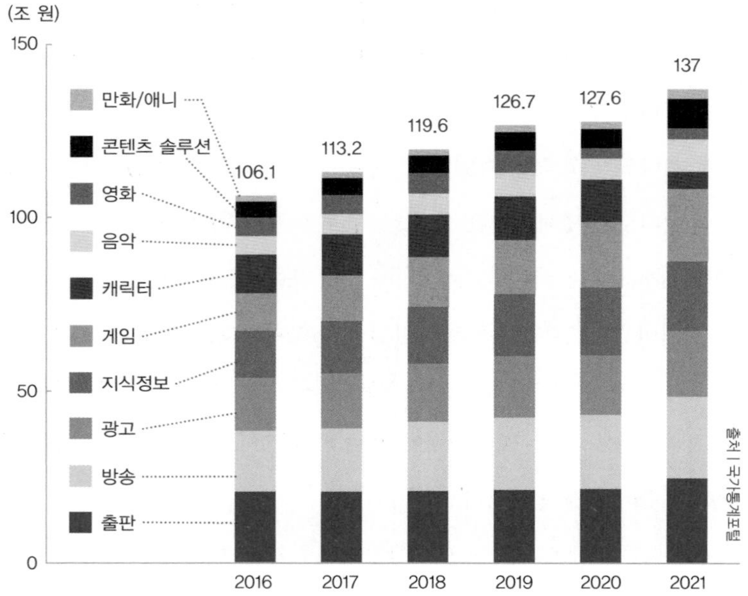

회가 늘어나면서, 급속도로 성장한 IP 비즈니스 시장에도 디지털 전환의 기회가 찾아온 것이다. 이러한 변화는 IP 자산에 관한 정량적인 분석이 가능하도록 만들었다. 점점 더 규모를 불려가는 IP 비즈니스 시장에 안정성까지 부여하는 계기가 된 셈이다. 세대교체가 이뤄지며 소비자들의 '취향 기반 소비'가 주류 트렌드로 떠오른 사실도 눈여겨볼 만하다. 개인의 취향에 기반한 소비 흐름이 곧 수많은 IP의 등장을 낳았고, 이는 군소 IP라도 핵심 고객만 얻는다면 안정적인 비즈니스를 영위할 수 있다는 확신으로 이어졌다. 빠르게 변화하는 IP 비즈니스 시장을 이해하는 일은 곧 새로운 흐름과 소비 트렌드를 읽는 일과 직결된다. 비즈니스뿐 아니라 소비문화와 라이프 스타일 전반에 신선한 발전을 가져오는 계기가 되기도 한다.

IP 비즈니스의
필수 조건 세 가지

모든 IP가 상업적인 가치를 가지는 것일까? 어떤 IP가 비즈니스로 전환될 수 있을까? 또 어떤 IP가 높은 부가가치를 창출할 수 있을까? 누구라도 IP를 쉽게 만들 수 있을까? 그렇다면 우리도 IP 비즈니스에 도전할 수 있을까?

IP를 비즈니스의 영역으로 받아들이기 위해서는 이런 질문에 대답할 수 있어야 한다. 이 책에서는 세 가지 기준을 세워 IP를 구분하고 정의했다. 아래의 내용을 알아둔다면 IP 비즈니스를 이해하는 데 큰 도움이 될 것이다.

첫째, IP는 법적·제도적 보호를 받아야 한다

IP가 비즈니스로서 작동하기 위해서는 법적인 진입 장벽이 필수적이다. 이는 IP를 소유한 이가 해당 IP의 활용과 상업화 등에 대해 일정 기간 배타적인 권리를 가진다는 뜻이다. 만약 고유한 특정 IP를 모두가 임의로 사용하고 편집할 수 있다면, IP 비즈니스는 성립 자체가 불가능할 것이다.

과거로 거슬러 가보자. 초기의 IP는 주로 예술 작품의 형태였다. 그러나 당시의 창작물들은 특별한 법적 보호를 받지 못했고, 따라서 제대로 된 산업으로 성장하는 데 어려움이 따랐다. 물론 이전에도 저작권의 양도 및 보호를 법제화하려는 시도는 있었다. 1709년 영국에서 공포된 '앤여왕법The Statute of Anne'이 그것이다. 이는 최초의 저작권법으로, 주로 출판 저작권에 관한 내용이 포함돼 있었다. 법이 보장하는 기간에 걸쳐 독점적으로 책을 제작하고 판매할 수 있는 권리인 '복제권'의 개념 역시 해당 법안에서 출발했다. 하지만 이조차 산업 규모가 크지 않다 보니 특별한 영향을 일으키지는 못했다. 오늘날의 형태에 가까운 저작권 제도가 나타난 것은 산업 혁명 이후에나 가능했던 일이다.

저작권 하면 떠오르는 대표적인 IP 기업은 흔히 '디즈니'라 불리는 월트 디즈니 컴퍼니The Walt Disney Company다. 디즈니는 자사의 IP를 매우 엄격하게 보호하는 것으로 유명하다. 불법적으로 사용되는 IP를 추적하고 차단하는 일은 물론, IP가 보호받는 기간을 관리하는 일에도 심혈을 기울인다. 그 예로 1928년 〈증기선 윌리Steamboat Willie〉라는 애니메이션을 통해 처음 등장한 캐릭터인 '미키 마우스'를 꼽을 수 있다. 원래라면 미키 마우스의 저작권 보호 기간은 지금쯤 만료되고도 남았을 것이다. 그러나 미국은 디즈니와의 비밀스러운 결탁을 통해 1976년과 1998년 두

차례에 걸쳐 저작권 보호 기간을 연장하는 법안을 발표하기에 이른다. 이는 일명 '미키 마우스법'이라 불릴 정도로 강력한 영향력을 미쳤다. 결국 해당 법을 통해 〈증기선 윌리〉의 주인공 미키 마우스는 발행된 시점을 기준으로 무려 95년 동안 제도적인 보호를 받게 됐다.

지켜볼 만한 지점은 2024년에 미키 마우스의 저작권이 만료된다는 사실이다. 이대로 미키 마우스에 대한 저작권 보호가 끝날지, 혹은 또 다른 변화가 일어날지는 아직 예상할 수 없다. 물론 저작권 보호 기간이 종료된다고 해서 미키 마우스의 IP를 완전히 자유롭게 사용하기는 어려울 것이다. 이는 미키 마우스의 디자인 때문이다. 1928년에 증기선 윌리를 타고 처음 등장한 미키 마우스의 외형은 현재 우리가 아는 모습과는 다소 차이가 있다. 디즈니는 1928년 이후 미키 마우스 캐릭터를 끊임없이 변형해 내놓으며 각각의 미키 마우스에 저작권을 부여해왔다.

출처 | 위키피디아

디즈니를 대표하는 미키 마우스는 1928년 〈증기선 윌리〉라는 애니메이션에서 처음 등장했다. 저작권 보호 기간 연장을 통해 무려 95년 동안 제도적인 보호를 받고 있는 명실공히 최고의 IP다.

그러므로 각 디자인의 저작권 보호 기간에도 시차가 존재하는 것이다. 즉, 최초로 탄생한 미키 마우스의 저작권 보호 기간이 종료된다고 해도 1928년 이후의 외형을 가진 미키 마우스의 캐릭터를 함부로 사용한다면 디즈니의 저작권을 침해하는 일이 된다. 세계 최대의 IP 회사인 만큼 저작권을 보호하는 대비책을 철저하게 마련해둔 점이 인상적이다. 이처럼 IP에 법적인 보호를 부여하는 작업은 사업의 영속성과 안정성을 위해 필수적인 단계다. IP의 권리 보호 여부는 단순히 법적 효력의 문제를 넘어 비즈니스의 시작을 좌우하는 중요한 요소가 된다.

둘째, 하나의 IP를 다양한 사업 영역으로 확장할 수 있어야 한다

이번에는 '포켓몬스터'에 등장하는 '피카츄'의 이야기를 해보자. 우리가 아는 피카츄는 어떤 모습인가? 노란 털에 빨간 볼의 외형을 말하는 것이 아니라, IP로서 상품화된 피카츄의 종류를 묻는 것이다. 피카츄가 유명해진 계기인 애니메이션에 등장한 모습부터 피카츄의 디자인을 본뜬 인형이나 피규어 등의 장난감, 공책, 펜, 스티커와 같은 문구류, 패션 의류나 잡화까지 그 종류는 셀 수 없이 다양하다. 심지어는 포켓몬빵이 등장해 (무려 두 번이나) 선풍적인 인기를 끌었고, 할리우드 영화로도 재탄생하는 쾌거를 이뤘다. 지금 바로 웹 브라우저를 열어 '피카츄'라는 세 글자를 검색하면 수천수만 가지의 상품과 서비스가 나열될 정도다. 이것이 바로 피카츄라는 단일 IP가 다양한 상품과 서비스로 확장된 '원 소스 멀티 유즈(이하 OSMU)'의 사례다. OSMU는 IP 비즈니스의

IP 비즈니스의 사업 영역 확장

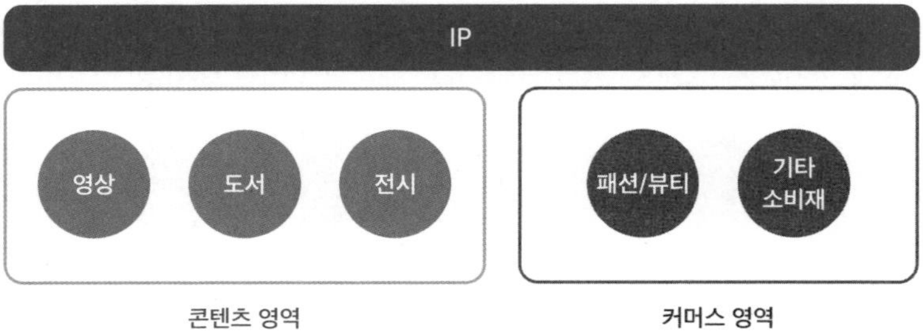

상품성을 이야기할 때 가장 주목해야 하는 요소다. 비단 피카츄뿐 아니라 우리가 익히 알고 있는 다양한 IP에 적용되고 있기 때문이다.

한 가지 예를 더 들어보려 한다. 글로벌 OTT 서비스인 넷플릭스의 인기 드라마 〈기묘한 이야기Stranger Things〉에 얽힌 사례다. 2022년까지 총 4개 시즌으로 공개된 이 시리즈물은 작품과 관련된 화려한 수상 기록 외에도 단일 IP가 문화 콘텐츠 산업에 끼치는 어마어마한 영향력을 보여준다는 점에서 의의가 있다. 〈기묘한 이야기〉 시리즈에 등장했던 주요 인물들은 현재 전부 뜨거운 인기를 등에 업은 휴먼 IP로 활약하는 중이다. 드라마 자체의 흥행도 대단했지만, 어린 나이의 주연 배우들에게 쏟아진 시청자들의 관심이 매우 열렬했던 덕이다.

주인공 '일레븐Eleven' 역할을 맡은 밀리 바비 브라운Millie Bobby Brown은 6천만 명의 인스타그램 팔로워를 거느리며 미국 10~20대의 아이콘으로 급부상했다. 그의 행보와 발언, 인스타그램에 올리는 영상 하나하나에는 모두 강한 파급력이 깃들어 있다. 나아가 그는 본인의 철학을 반영한 비건 화장품 브랜드까지 론칭했다. 그는 드라마 밖에서도 패션이나 뷰티에 관한 자신만의 정체성을 명확하게 표현해왔는데, 끝내 자신의 주관이 담긴 뷰티 브랜드를 선보임으로써 밀리 바비 브라운이라는 휴먼 IP의 확장을 만들어낸 것이다. 한편 〈기묘한 이야기〉라는 드라마 자체도 IP 비즈니스와 밀접하게 연관돼 있다. 1980년대를 배경으로 삼은 이 드라마는 실제로 당대 유행하던 음악을 사운드트랙으로 활용했는데, 드라마의 흥행으로 음원 IP의 역주행이 일어난 것이다. 이 외에도 드라마를 모티브로 제작된 패션 의류 및 잡화, 장난감, 인테리어 소품 등의 '머천다이즈Merchandise(소비자에게 제공되는 상품 일체. 이하 MD로 표기)'와 게임 론칭에 이르기까지 IP의 광범위한 확장이 발생했다.

앞서 이야기한 두 사례는 모두 IP의 무한한 확장 가능성을 대변하

출처 | 넷플릭스(MD 이미지는 온라인 자료 갈무리)

넷플릭스의 히트작 〈기묘한 이야기〉는 머천다이징을 통한 IP 확장의 성공적인 예를 보여준다.

며, 그 출발점이 콘텐츠 IP였다는 공통점을 가진다. 이와 비슷한 사례는 수없이 존재한다. DC나 마블의 콘텐츠를 비롯해, 영화에서 시작해 애니메이션, 드라마, 소설, 게임으로 뻗어나간 '스타워즈' 등이 대표적이다. 국내에서도 이미 '뽀로로', '아기상어', '방탄소년단', '오징어 게임' 등 다양한 메가 IP의 탄생이 이뤄진 바 있다.

하나의 IP가 거대한 상업적 가치를 낳은 뒤, 이를 활용해 다른 사업 영역으로 진출해가는 양상은 IP 비즈니스의 가장 큰 특징이다. 원천이 되는 IP 없이 비즈니스를 전개하는 상황에서는 흔히 사업 영역마다 다른 브랜딩과 판매 전략을 세우는 '멀티 브랜드 전략'을 활용해야 하는데, 이 전략에는 자원의 투입이 필수적일뿐더러 연쇄적인 성공에 대한 안정성 또한 낮다. 반면 IP 비즈니스는 다르다. 확실한 성공을 거둔 하나의 IP가 존재한다면 다른 사업 영역에서도 일정 수준 이상의 성과가 보장된다. 이것이 IP 비즈니스가 지닌 가치의 핵심이자 다른 산업군에서는 찾아볼 수 없는 고유한 강점이다.

'단일 IP를 어디까지 확장할 수 있는가'는 IP 비즈니스를 운영하는 모든 이가 계속해서 고민해야 할 문제다. 자신이 활용하는 IP의 잠재력과 사업 가능성을 완벽히 이해해야만 IP의 가치를 파악하는 일이 가능하다. IP를 외부에 대여해주거나 반대로 대여해오는 상황에서 오가는 금전적 대가를 조정하는 능력도 이러한 고민에서 비롯된다. 예컨대 〈스타워즈〉 시리즈를 만든 조지 루카스George Lucas 감독은 영화 제작 당시에만 해도 흔치 않았던 '상품화 권리'를 가져가면서 막대한 수입을 거둔 것으로 유명하다. 이는 IP와 OSMU의 활용에 대한 깊은 고민이 이뤄낸 쾌거와도 같다.

셋째, 설득력과 정통성을 기반으로 IP 팬덤을 확보해야 한다

IP 비즈니스가 성립되기 위한 마지막 조건은 바로 팬덤의 확보다. 일정 수준 이상의 팬덤을 형성하지 못한다면 IP의 가치는 사라지므로, 팬덤의 존재 여부가 곧 IP의 생존 조건이라고 해도 무방하다.

IP의 팬덤은 해당 IP가 최초로 활용되거나 명성을 가장 크게 얻은 분야를 중심으로 형성되는 경우가 많다. 예컨대 '포켓몬스터'는 애니메이션, '슈퍼 마리오'는 비디오 게임, '스타워즈'는 영화, '카카오프렌즈'나 '라인프렌즈'는 메신저 앱, '방탄소년단(이하 BTS)'은 K-POP이라는 본업의 영역에서 팬덤을 확보하는 식이다. 즉, 소비자를 납득시킬 만한 정통성을 기반으로, 소비자와의 접점이 많은 분야에서의 팬덤이 가장 먼저 형성돼야만 IP가 장기적으로 성공할 확률이 높아진다. 미키 마우스를 활용한 애니메이션이 당대에 인기를 끌었던 이유도 납득할 만한 스토리텔링이 존재했기 때문이다. 이러한 요소는 미키 마우스의 인기를 현재까지 유지하는 데 밑거름이 됐다. 스타워즈 역시 마찬가지다. 끊임없이 회자되는 작품성 덕분에 여전히 다양한 영역에서 활용되고 있다. 이처럼 전통성과 설득력은 IP가 팬덤을 확보하는 데 가장 중요한 요소로 작용하며, 여기에 가장 자주 활용되는 것이 바로 '콘텐츠'다. 콘텐츠는 그 자체로도 IP의 역할을 하지만, 다른 뿌리에서 출발한 IP의 성장을 돕는 하나의 전략으로도 쓰인다. 사실 콘텐츠라는 단어가 의미하는 영역은 매우 광범위하다. 게임과 음악, 소설과 만화, 영화와 공연 등 우리가 누리는 모든 것이 곧 콘텐츠다. IP는 단순히 IP로서만 존재할 때보다 콘텐츠와 결합할 때 비로소 그 빛을 발하고, 소비자들을 팬덤으로 끌어들일 수 있게 된다.

팬덤이라는 말을 다시 곱씹어보자. 이 단어와 가장 밀접하게 연관된 산업 분야는 어디일까? 바로 'K-POP'이다. K-POP은 소비자가 IP에 유독 열광적으로 깊은 애정을 보내는 분야이기도 하다. 그렇다면 K-POP에 자리 잡은 강력한 팬덤의 원동력은 무엇일까? 바로 사람이 곧 IP인 '휴먼 IP'의 존재다. 휴먼 IP는 다른 종류의 IP들이 가지기 어려운 설득력과 정통성을 이미 확보한 상태로 등장한다. 개인의 고유한 서사가 설득력을 불어넣고, 누구도 대체할 수 없는 희귀성이 정통성으로 기능하며 팬덤을 확장해가는 것이다.

글로벌 그룹으로 발돋움한 BTS의 경우를 잠깐 살펴보자. 이들의 노래와 퍼포먼스만큼 강력한 콘텐츠는 바로 그룹이 가진 서사다. 훌륭한 노래와 퍼포먼스라는 콘텐츠에 BTS의 철학과 성장 과정이 더해진 셈이다. 팬들을 겨냥한 서사의 전달력과 음악에 녹여내는 메시지, 그리고 끊임없이 소통을 시도하는 과정 자체가 하나의 거대한 콘텐츠로 완성되며 국내 음악사에 전례 없는 결과를 남겼다. 그렇게 성장한 BTS의 팬덤 '아미A.R.M.Y'는 IP 분야를 통틀어 가장 강력하고 상징적인 팬덤 중 하나가 됐다.

이제는 K-POP을 제외한 다른 IP 분야에서도 팬덤이라는 단어를 사용할 만큼, IP와의 연결성을 가진 소비자를 확보하는 일이 중요해졌다. "1,000명의 팬을 확보하라"라는 말이 널리 쓰일 정도다. 강한 팬덤은 그 숫자가 많지 않더라도 IP의 성장에 대단한 도움이 된다. 지금처럼 온라인을 통한 바이럴이 빠르게 확산되는 환경에서는 1,000명이 아니라 100명의 확실한 팬만으로도 충분하다. 마치 핀셋으로 콕 집어내는 것처럼 타깃을 세분화하고 특정 고객층만을 공략하는 기법인 '핀셋 마케팅'과도 같은 원리다. 처음에는 소수의 마니아들만을 만족시킨 뒤, 꾸준한 콘텐츠를 통해 설득력과 정통성을 부여한다면 곧 무섭게 불어나는 팬덤을 만날 수 있게 된다.

이것도 비즈니스가 된다고?
IP 비즈니스의 놀라운 확장성

IP 비즈니스의 재미있는 점은 도전의 가능성이 무궁무진하다는 것이다. 앞서 언급한 세 가지 필수 조건이 갖춰진다면 IP는 어떤 형태로든 발전할 수 있다. 캐릭터로 빵을 만들고, 메신저 앱에서 쓰던 이모티콘의 모습을 생활용품에 반영하고, 밀가루 브랜드의 로고가 개성 넘치는 패션 제품으로 재탄생하는 경험은 IP 비즈니스에서만 볼 수 있는 진귀한 풍경이다. 이 변화무쌍한 모습 자체가 콘텐츠와 마케팅의 역할을 수행하면서 예상보다 높은 사업 성과를 가져다준다. 이번 장에서는 다양한 형태로 이뤄지는 IP 비즈니스의 과정과 사례들을 소개하면서 '이것도 비즈니스가 될까?'라는 의문에 답하려 한다.

대한제분, 곰표라는 IP를 활용하다

몇 해 전, 브랜드 곰표의 제조사인 대한제분이 진행한 컬래버레이션이 큰 인기를 끌었다. 대한제분은 1953년 설립된 국내 대표 밀가루 제조 기업이다. 밀가루와 부침가루, 국수와 같은 제품을 생산하는 곳으로 그동안 트렌디한 느낌과는 거리가 먼 대중적인 이미지를 가진 기업이었다. 대한제분이 독특한 IP 비즈니스로 화제가 된 것은 2018년 선보인 '곰표 티셔츠' 이후였다. 청년층의 수요를 얻기 위해 '리브랜딩rebranding' 작업을 거치며 곰표의 로고가 인쇄된 티셔츠를 판매했는데, 이 전략이 입소문을 타고 곰표라는 브랜드에 새로운 화제성을 불어넣은 것이다. 티셔츠의 성공 이후 곰표는 의류, 과자, 핸드크림, 주방용품 등 그야말로 전방위적인 컬래버레이션을 이어가는 중이다.

사실 이와 같은 행보는 전략적인 IP 비즈니스의 사례라기보다는 '브랜드 컬래버레이션'에 가깝다. 그럼에도 곰표를 소개하는 이유는 IP와 브랜드가 유사한 궤도로 성장하는 분야이기 때문이다. 브랜드 자체가 팬덤을 확보하고 자유로운 컬래버레이션을 선보이며 여러 형태의 비즈니스로 발전한다는 점은 IP의 경향과 놀랍도록 닮았다. 스타벅스처럼 본업인 카페 외에 다양한 MD나 협업 이벤트로 주목받는 기업도 있고, MLB처럼 이제는 본래의 브랜드성(스포츠 리그)보다도 패션 브랜드로 인식되는 경우도 있다. 이런 맥락에서 곰표는 우리에게 익숙한 밀가루 브랜드가 IP로서 어떤 요소를 지녔는지, 또 어떤 컬래버레이션을 통해 성과를 거뒀는지 확인할 수 있는 좋은 사례다. 사실 곰표의 사례 이전과 이후에도 비슷한 형태의 브랜드 컬래버레이션은 자주 이뤄져왔다. 그럼에도 이 사례가 유독 성공적이라고 평가받는 데는 곰표가 IP로서의 요소들을 충실히 갖추고 있었던 공이 컸는데, 이는 다음과 같은 두 가지 이유로 정리할 수 있다.

첫째, 식품 브랜드인 곰표의 정체성이 명확했다. 즉, 브랜드 IP로서 컬래버레이션을 진행할 수 있는 범위가 넓었다는 뜻이다. 소비자들은 기본적으로 식품에 대한 거부감이 덜하다. 입으로 섭취하는 제품이 가장 깨끗하고 안전하다는 인식 때문이다. 예컨대 '밀가루 브랜드와 협업한 주방 세제'는 납득이 되지만, '주방 세제와 협업한 쿠키 브랜드'는 받아들이기 힘든 조합이다. 콘텐츠와 스토리의 존재 이전에 기본적인 거부감이 앞서기 일쑤다. 실제로 곰표의 성공 이후 유사한 컬래버레이션이 여럿 이어졌는데, 유성 매직을 닮은 음료나 딱풀 모양 캔디, 우유 팩 모양 바디워시, 구두약 초콜릿과 같은 제품들이었다. 마치 어릴 적 먹던 독특한 불량 식품을 연상시키는 콘셉트였다. 이는 곧 '펀슈머Funsumer (재

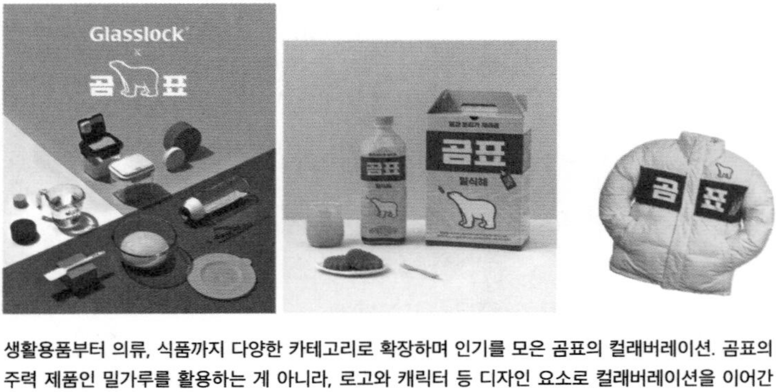

출처 | 곰표하우스

생활용품부터 의류, 식품까지 다양한 카테고리로 확장하며 인기를 모은 곰표의 컬래버레이션. 곰표의 주력 제품인 밀가루를 활용하는 게 아니라, 로고와 캐릭터 등 디자인 요소로 컬래버레이션을 이어간 게 재미있었다.

미를 뜻하는 'fun'과 소비자를 뜻하는 'consumer'의 합성어. 재미있는 소비 경험을 추구하는 고객들을 의미함)' 트렌드로 불리며 화제가 됐지만, 얼마 가지 않아 식품과 비식품을 구분할 수 없다는 문제가 제기되며 사회적 이슈로 떠올랐다. 결국 관련 법이 개정된 뒤 이와 같은 제품에 판매 제재가 내려졌다. 반면 식품 브랜드 IP인 곰표의 경우 그 원류가 밀가루이기에 기본적으로 안전성을 가진다. 이미 다양한 음식과 주류에 사용되는 만큼 소비자들의 거부감을 최소화할 수 있었던 것이다. 이는 곰표뿐 아니라 대부분의 식품 브랜드가 가지는 상대적인 장점이기도 하다.

둘째, 곰표의 캐릭터 '표곰이'가 IP적인 성격을 보유하고 있었다. 사실 식품 브랜드의 컬래버레이션이라고 해서 무조건 성공적일 수는 없다. 식품 브랜드라는 사실만으로는 IP가 갖춰야 할 다양한 요소를 충족하기도 어렵다. 아무리 친근한 브랜드라도 의류나 액세서리처럼 트렌드와 취향에 민감한 제품을 만나면 소비자의 마음을 얻기 힘든 법이다. 곰표의 상품성이 빛난 것은 단순하면서도 낯익은 백곰 캐릭터 표곰이 덕분이었다. 오래된 브랜드인 만큼 모두에게 익숙하기도 했고, 단순한 캐릭터 디자인으로 인해 시간이 지났다 해서 촌스럽거나 어색하지도 않았다. 곰표는 맥주나 아이스크림, 과자 등의 식품과 협업할 때는 곰표 고유의 밀가루 디자인을 사용하고 의류나 잡화 등의 영역에서 컬래버레이션을 진행할 때는 표곰이를 적극 활용하는 전략을 채택했다. 소비자들은 새하얀 표곰이가 그려진 상품에 뜨거운 반응을 보냈다. 사실 캐릭터는 고객의 마음을 얻고 IP만의 팬덤을 구축하는 일에 절대적으로 유리하게 작용하는 요소다. 브랜드 이미지가 특별히 진지하거나 명품 수준의 '하이엔드high-end'를 지향하는 것이 아니라면 대중적이고 친근한 캐릭터는 브랜드의 IP화에 큰 도움이 된다.

그렇다면 이제는 곰표라는 예시가 IP 비즈니스의 세 가지 요소인 **①법적 보호, ②사업 확장성, ③팬덤 확보**를 제대로 충족했는지 체크해보자. 먼저 곰표의 상표권은 대한제분이 설립된 1953년 이후로 줄곧 기업에 귀속돼 있었다. 물론 70년 전부터 다양한 컬래버레이션을 염두에 둔 것은 아니었기에, 현재까지도 상표권의 활용 범위를 계속 넓혀가는 중이다. 곰표의 상표권 등록 여부는 국내 특허정보검색서비스kdtj.kipris.or.kr에서 확인할 수 있다. 다양한 상품 분류에 따라 여러 상표를 꼼꼼하게 등록해둔 상태다. 이 상표권은 대한제분이 오랜 기간 소유해왔기에 다른 개인이나 기업이 곰표의 상표를 사용하는 것만으로도 문제가 된다. 무단 도용은 명백한 상표권 침해로 간주되며, 유사한 상표를 등록하려는 시도 역시 상표권 등록 요건에 위배되는 일이다. 법적 효력과 수요자의 인식 측면 모두에서 곰표의 상표권은 엄격한 보호를 받고 있는 셈이다.

다음으로 사업의 확장성 여부, 즉 OSMU에 대해 살펴보자. 앞서

출처 | 특허정보검색서비스

곰표의 다양한 상표권 출원 상태. 곰표의 상표권은 엄격한 법적 보호를 받고 있다.

간단히 언급했듯 곰표 IP의 가장 큰 특징은 오래된 식품 브랜드로서의 이미지와 백곰 캐릭터였다. 단순한 식품 브랜드 IP의 경우 비슷한 F&B 계열과의 컬래버레이션 정도로 그 확장성이 제한돼 있던 것에 반해, 캐릭터를 보유한 곰표는 패션과 뷰티, 생활용품 등의 다양한 영역으로 비즈니스를 확장할 수 있었다. 보통 IP의 사업 카테고리는 콘텐츠와 커머스라는 두 가지 영역으로 세분화된다. 곰표는 이 중에서도 상품을 판매하는 커머스 영역에 집중하며 폭넓은 상품 카테고리를 선보이는 데 공을 들였다. 기존 브랜드 IP의 성격을 해치지 않으면서도 20~30대의 타깃 고객을 확보하기 위한 리브랜딩 작업도 병행했다. 콘텐츠 비즈니스를 직접적으로 전개하지는 않았지만, 재미와 연관성을 고려한 프로젝트를 이어가며 간접적인 스토리텔링 콘텐츠까지 챙겼다. 영화관 체인인 CGV와 함께 팝콘을 만들거나, 밀가루의 하얀 정체성을 쿠션 및 선크림, 치약, 주방 세제 등에 녹여내거나, 밀을 이용한 맥주와 스낵을 만든 작업이 대표적이다. 쉽게 이야기하자면 '말이 되는' 사업군으로의 확장을 지향한 것이다.

조금 더 비즈니스적으로 접근해보자. 곰표의 카테고리 확장은 2018년을 시작으로 5년 이상 이어졌다. 2022년, 대한제분은 그동안 발을 뻗었던 영역인 문구와 생활용품 등을 사업 목적에 정식으로 추가했다. IP로서 곰표의 가치를 충분히 확인했고, 그 과정에서 밀맥주와 같은 히트 상품도 발굴해냈으니 외부 협업을 통한 로열티 수취보다는 '밸류체인Value chain'을 내재화해 직접 사업을 해보려는 의지로 해석된다. 이는

IP 비즈니스의 정석과도 같은 사업화 과정이다.

기업이 실행하는 컬래버레이션은 보통 홍보를 통한 리브랜딩 수단에 그치고는 한다. 이런 경우에는 사업 영역별로 밸류 체인을 내재화해 부가가치 창출에 직접 관여할 필요가 없다. 위탁 생산을 맡긴다 해도 위탁의 과정을 관리할 인력을 배치해야 하니 번거로워진다. 따라서 초기의 IP 비즈니스는 기획단을 중심으로 해당 분야의 전문 업체와 협업을 진행한 뒤, 적절한 수익을 배분받거나 로열티를 가져가는 방식을 주로 취한다. 이게 가장 합리적인 선택이기 때문이다. IP 비즈니스를 실행할 때는 초·중기의 적은 매출을 감수하고 로열티를 얻으며 수익성을 확보하는 편이 좋다. 시간을 두고 쌓이는 데이터가 곧 사업 타당성을 가져다줄 것이다. 사업성이 확인되지 않은 상태에서 직접 비즈니스를 전개하는 일은 투자금 회수에 관한 리스크를 부르기 십상이다. 곰표 역시 3~4년간 IP의 사업성을 확인하는 기간을 가졌다. 충분한 근거와 데이터를 수집한 뒤에야 직접 밸류 체인을 끌어온 것이다. 이와 같은 대한제분의 움직임은 IP 사업화의 단계별 행동 계획을 알려주는 좋은 예시다.

그렇다면 IP 비즈니스의 마지막 조건인 팬덤 형성은 어떨까? 곰표는 팬덤을 확보하는 것에도 성공했을까? 2023년 3월 《한국경제》와 진행한 인터뷰에서 대한제분 측은 지금까지 진행한 컬래버레이션 프로젝트의 목적이 '곰표의 리브랜딩'과 '20~30대 청년층 대상 브랜드 인지제고'에 있었다고 밝혔다. 즉, 브랜드 IP에 새로운 팬덤을 끌어오려는 시도가 컬래버레이션의 출발점이었던 셈이다. 본디 20% 수준이었던 인지도가 3년 사이 50%를 웃도는 수치로 올라서면서 프로젝트는 성공적으로 마무리됐다. 기존에 없던 20~30대의 타깃 팬덤을 확보한 곰표는 한층 과감하고 유머러스한 프로젝트를 진행하며 공격적인 전략을 펼칠 수 있었다.

곰표의 성공은 사측의 노력과 의사결정의 적합성 등 여러 요인이 복합적으로 작용한 결과다. 그러나 애초에 곰표가 가진 IP 특유의 강점이 없었다면 성공적인 브랜드 컬래버레이션을 이루기는 쉽지 않았을 것이다. 브랜드 IP의 새로운 시사점을 밝혀준 곰표가 앞으로 전개해갈 비즈니스의 방향에도 기대를 보낸다.

줄 서는 팝업 스토어에서 발견하는 IP 비즈니스

이번에는 한 IP가 다양한 방식을 거쳐 소비자에게 다가가는 모습을 소개하려 한다. 짧은 기간 운영되는 오프라인 매장인 '팝업 스토어 pop-up store'의 사례다. 팝업 스토어는 현재 IP 업계에서 가장 활발히 활용하는 마케팅 방식 중 하나다. 팝업 스토어의 개최 현황을 살피는 일만으로도 지금 어떤 IP가 주목받고 있는지, 또 얼마나 큰 팬덤을 어떤 방식으로 확보하고 있는지를 한눈에 확인할 수 있을 정도다. 카카오페이지의 인기 연재작인 웹소설 〈데뷔 못 하면 죽는 병 걸림〉, 게임 캐릭터였다가 리브랜딩을 거쳐 새로운 인기를 얻은 '쿵야', K-POP 걸그룹 뉴진스와 르세라핌, 애니메이션 영화 〈더 퍼스트 슬램덩크〉, 한국인 개그맨이 연기하는 일본인 콘셉트의 예능 캐릭터 '다나카'까지 최근 화제가 됐던 IP들은 모두 성공적인 팝업 스토어 경험을 가지고 있다. 상기한 IP들은 일반 대중에게는 얼핏 낯설게 느껴질 수도 있지만, 해당 IP를 소비하는 팬들에게는 무척 강력한 영향력을 가진 의미 있는 존재다. 팝업 스토어의 성공 여부도 이와 연관돼 있다. 대중이 체감하는 인지도보다는 해당 IP가 보유한 팬덤의 결집력과 충성도가 가장 큰 영향을 미친다.

2년에 걸쳐 연재된 웹소설 〈데뷔 못 하면 죽는 병 걸림〉은 누적 조회 수 4억 2천만 회를 기록하며 카카오페이지 내 현대 판타지 장르에서 1위를 차지한 작품이다. 2022년에는 카카오페이지의 매출 1위에 자리하며 대대적인 흥행에 성공했다. 2023년 5월, 여의도에 위치한 백화점 '더현대 서울'에서 열린 〈데뷔 못 하면 죽는 병 걸림〉의 팝업 스토어는 일주일 동안 1만 명의 입장객을 모으며 화제를 낳았다. 이는 2023년 상반기에 강력한 팬덤을 형성한 뒤, 팝업 스토어 첫날 1,200명의 밤샘 '오픈런(오프라인 매장의 영업시간 이전부터 줄을 서는 것을 뜻하는 신조어)'을 부추긴 〈더 퍼스트 슬램덩크〉보다도 뜨거운 반응이었다. 팬들은 현장에서 해당 IP를 활용한 인형, 키링, 포토 카드, 포스터 등 다양한 상품을 소비하고 인증 사진을 남겼다. 인원 제한으로 입장에 실패한 팬들은 아쉬운 경험담을 나누며 SNS에 입장 팁을 공유하기도 했다.

오픈런 없이는 팝업 스토어에 입장하는 것조차 어려울 정도지만, 아이러니하게도 〈데뷔 못 하면 죽는 병 걸림〉은 여전히 많은 대중에게 낯선 IP다. 같은 콘텐츠 IP인 〈슬램덩크〉 시리즈만큼 대중적이지도 않고, K-POP 그룹과 달리 실존 인물이 참여하는 작품도 아니다. 소설 속에서

출처 | 카카오페이지(왼쪽), KW북스(오른쪽)

일주일 동안 1만 명의 입장객을 모은 웹소설 〈데뷔 못 하면 죽는 병 걸림〉의 팝업 스토어.

는 7인조의 K-POP 그룹이 주인공으로 활약하지만, 어디까지나 가상의 이야기에 불과하다. 그러나 IP 비즈니스에서 대중성은 생각만큼 중요하지 않다. 어떤 IP의 형태로 구현돼 있는지도 마찬가지다. IP는 단지 팬덤이 원하고 소비하는 방향으로 끊임없이 발전해갈 뿐이다. 이러한 특별함이 IP 비즈니스의 가장 큰 특징이다. 팝업 스토어의 개최도 동일한 맥락에서 이해할 수 있다. 상시 매장은 모든 대중을 위해 열려있다는 느낌이 강한 반면, 팝업 스토어는 해당 IP를 소비하고 상품을 적극적으로 구매해줄 팬들을 위한 특별하고 한정적인 공간으로 조성된다. 이와 같은 마니아 문화는 IP 시장 전반을 떠받치는 대전제다. 대중성 확보를 고민하는 대신, 철저히 마니아 단계의 팬덤만을 타깃으로 삼겠다는 전략이다.

곰표라는 밀가루 브랜드가 패션과 생활용품 등의 영역으로 진출한 것이 IP 비즈니스의 카테고리 확장 사례라면, 팝업 스토어는 IP의 판매 채널과 경험을 확장한 대표적인 사례다. 기존에 인지하지 못했던 IP들이 어느새 탄탄한 팬덤을 거느리며 수면 위로 떠올라 사업성을 증명하는 중이다. 이는 IP의 확장과 그에 따른 효과가 무궁무진함을 의미한다.

그렇다면 팝업 스토어만의 특별함은 무엇일까? 어떤 차별점이 IP의 팬덤을 팝업 스토어에 열광하도록 만드는 것일까? 정답은 'IP에 대한 직간접적인 체험'에 있다. 팝업 스토어는 말 그대로 짧게는 하루, 길어도 몇 달간 잠시 나타났다가 감쪽같이 사라지는 형태다. 우리가 흔히 접하는 상시 매장이 판매를 위해 만들어졌다면, 팝업 스토어는 소비자의 경험에 집중하는 편이다. 굿즈나 MD 등으로 불리는 IP 상품을 판매하는 행위 역시 수익성보다는 소비자의 경험 증대를 고려한 결과다.

일반적으로 팝업 스토어에서 판매하는 상품은 해당 장소에서만 구할 수 있는 한정 상품이다. 소비자가 직접 팝업 스토어에 방문하고 결제하는 과정을 거쳐야만 소유할 수 있다는 점에서, 희소가치에 따른 특별한 소유 경험을 선물한다. 한편, 팝업 스토어가 제공하는 서비스는 소비뿐만이 아니다. IP의 콘셉트를 반영한 포토 존과 셀프 촬영 부스, 한정 콘텐츠 공개, 창작자와의 만남 등 다양한 이벤트가 열리기도 한다. 예컨대 〈데뷔 못 하면 죽는 병 걸림〉의 팝업 스토어에서는 등장인물의 일러스트와 함께 '거울 셀카'를 찍을 수 있는 포토 존을 운영하거나 당첨 확률이 높은 뽑기 이벤트를 진행했다. 여기에 SNS의 인증 사진 문화까지 더해지면 강력한 바이럴 마케팅 효과도 얻을 수 있다. 직접적인 소비 경험을 주기 어려웠던 IP를 오프라인의 형태로 풀어내고 팝업 스토어라는 제한된 방식으로 선보이는 일련의 흐름이 IP 산업에 새로운 트렌드로 자리 잡은 셈이다. 특히나 강세를 보이며 팝업 스토어 문화를 주도하는 것은 10~20대의 여성 소비자들이다. 이들은 트렌드의 흐름에 가장 예민하면서도 높은 소비력을 갖췄으며, SNS를 통한 자발적 홍보에도 적극적이다. 흩어진 팬덤을 모아 커뮤니티를 형성하고 IP와 관련된 해시태그를 창작하며 결속력을 다지기도 한다. 최근의 IP 비즈니스는 이들을 중심으로 생성되고 확산되는 중인데, 이는 그만큼 IP 업계가 10~20대 여성들의 소비문화에 민감하게 반응한다는 의미다.

한편, 팝업 스토어 문화에도 반작용은 발생한다. 바로 IP의 상품 주기가 짧아지는 현상이다. 팝업 스토어는 짧은 기간 안에 강렬한 홍보 효과를 남기는 공간이다. 팝업 스토어의 종료 이후 인상적인 후속 기획이 준비되지 못한다면, 해당 IP는 일시적인 트렌드로 머물다 다른 IP에 밀려 시장에서 사라지고 말 것이다. 특정 기억의 파급이 강했다는 것은 곧 그 파급을 뛰어넘을 후속 기획이 필요함을 의미한다. 치밀한 기획력과 상품성 등의 IP 비즈니스 전략이 없다면, 팝업 스토어가 되려 IP의 상품 주기를 단축해 악영향을 끼치는 존재가 될 수 있다. 이에 다음 장에서는 IP 비즈니스를 실행하기 전 필수적으로 이해해야 할 전략들을 살펴보려 한다.

IP 비즈니스에 진입하는 첫 단계,
파레토 법칙과 롱테일 법칙 이해하기

IP 비즈니스에 진입하기 위해서는 IP가 어떤 원리를 통해 상업적으로 작동하는지를 이해해야 한다. 여기에는 여러 고려 요소가 동반되는데, 그중 첫 번째로 살펴볼 것이 바로 '파레토 법칙Pareto's principle'과 '롱테일 법칙Long tail principle'이다. 이 둘은 IP 비즈니스 외에도 이미 수많은 사업 영역에서 활용되고 있다.

파레토 법칙은 '상위 20%가 전체의 80%를 해낸다'라는 문장으로 설명된다. 상위 20%에 속하는 고객들이 전체 매출의 80%를 담당하는 식이다. 반대로 롱테일 법칙은 비주류이자 다수인 80%의 시장에서 기회를 찾는 전략을 말한다. 이 장에서는 이미 수많은 사례로 증명된 파레토 법칙을 설명하는 대신 IP 분야에 특화된 롱테일 법칙을 더욱 깊이 살펴보려 한다.

우선은 IP 비즈니스의 기반이다. IP 비즈니스는 개개인의 취향에 기반한 채 출발하므로 소수의 IP가 시장을 장악하는 일은 거의 일어나지 않는다. 제조업 혹은 타 서비스업과 비교했을 때 초기 투자 비용이 낮아 진입이 쉽고, 누구든 도전할 수 있어 소수의 소비자만 확보해도 이익이 발생한다. 애초 롱테일 법칙으로도 시장 기회를 낚아채는 것이 얼마든지 가능한 구조라는 뜻이다. 부쩍 늘어난 1인 크리에이터나 인플루언서들이 대표적인 예다. 규모를 막론하고 참여자들이 모두 이익을 얻을 수 있는 IP 산업은 파레토 법칙과 롱테일 법칙이 공존하는 독특한 분야다.

IP 비즈니스에서 롱테일 마켓이 확장된 배경에는 '취향'에 기반한 소비문화의 확산이 숨어있다. 앞서 언급했듯 오늘날에는 개인의 취향에 맞춘 각종 수요와 공급이 시장을 채워가는 중이다. 비즈니스 측면에서 볼 때, 이러한 추세는 과거의 '소품종 대량 생산'에 대응하는 형태다. 과거에는 경제성이 떨어진다는 평가를 받았지만 이제는 기술의 진보로 문제를 해결하는 것이 가능해졌다. 정보 기술과 데이터 기술을 통해 잠재 수요자를 파악한 뒤 이들을 세밀하게 타기팅함으로써, 기업은 숨은 소비자를 발굴하거나 재고의 부담을 줄이는 등 생산과 판매를 효율적으로 관리하고 있다.

롱테일 마켓을 형성하는 중소형 IP들은 이처럼 작지만 충분한 상업성을 품은 수요들과 매칭되며 성장하는 중이다. 중소형 IP라고 해서 결코 품질이 떨어지는 것은 아니다. 오히려 타깃으로 삼은 고객과 진출하려는 분야, 그리고 콘텐츠를 활용한 접근 방식이 확실한 방향성을 띠고 있기에 니치마켓을 공략하기에 알맞다. 만약 이와 같은 상황에서 잠재적인 시장 확장성까지 끌어낸다면, 한층 대중적이고 넓은 시장으로 비즈니스를 확장해갈 수도 있다. 따라서 IP 비즈니스는 개인이나 스타트업처럼 작은 기업이 진출하기에 유리한 시장이기도 하다.

IP 홀더와 IP 플랫폼의 차이 파악하기

IP 없이도 IP 비즈니스를 하는 회사

IP에 관한 이야기를 할 때 주로 등장하는 기업은 디즈니나 워너 브러더스Warner Bros, 닌텐도Nintendo, 소니 그룹Sony Group Corporation처럼 IP를 직접 보유한 회사들이다. 하지만 대부분의 IP 비즈니스는 'IP를 소유한 자의 영역'과 'IP의 소유자와 협업해 비즈니스를 하는 자의 영역'으로 분리된다. 전자는 보통 'IP 홀더holder'나 'IP 소유자' 혹은 '라이선서licensor'라 불리며, 후자는 'IP 플랫폼platform'이나 'IP 대여자' 혹은 '라이선시licensee'라 불린다. 최근에는 IP 산업의 발전으로 비즈니스의 범위가 크게 확장됐기 때문에 'IP 홀더'와 'IP 플랫폼'이라는 용어가 가장 적합할 듯하다.

이 구분에 따르면, 앞서 언급했던 디즈니나 워너 브러더스 등의 기업은 모두 IP 홀더에 속한다. 한편 최근 들어 IP 플랫폼들은 IP 홀더와의 공격적인 협업으로 그 규모를 빠르게 확장하고 있다. 대표적인 예가 콘텐츠 IP 플랫폼인 넷플릭스다. 유사한 형태로는 콘텐츠와 크리에이터 IP를 두루 활용하는 플랫폼인 유튜브, 트위치Twitch 그리고 국내 기업인 아프리카TV 등이 있다. 음원 IP 시장 역시 활성화된 상태다. 해외에서는 스포티파이Spotify, 국내에서는 멜론과 지니뮤직 등이 음원 IP 플랫폼으로 활약하는 중이다. 웹툰 혹은 웹소설을 서비스하는 카카오페이지, 네이버 웹툰, 네이버 시리즈 등도 IP 플랫폼에 속한다.

많은 이가 IP 비즈니스를 IP 홀더의 관점에서만 바라보지만, IP 비즈니스에 도전한다면 IP 홀더와 IP 플랫폼의 전략을 구분해야 한다. 이에 따라 투입되는 물적·인적 자본과 사업 전략, 전개 방식 등 모든 요소가 달라지기 때문이다. 실제로 IP 비즈니스를 영위하는 플랫폼 기업 중에서도 자신들의 정체성을 인지하지 못한 채 IP 홀더의 시각만을 고집하는 경우가 있다. 물론 사업 진행 자체는 가능하겠지만, 이를 효율적인 방법이라 보기는 어렵다.

IP 홀더와 IP 플랫폼의 차이

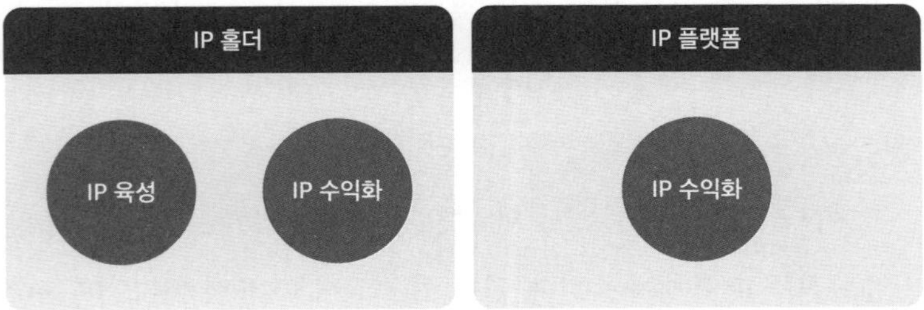

그렇다면 IP 홀더와 IP 플랫폼의 비즈니스에는 어떤 차이가 존재할까? 가장 큰 차이는 중요시하는 작업의 방향성이다. IP 홀더는 직접 IP를 개발하고 육성하는 역량과 인프라를 구축하는 것이 중요하고, IP 플랫폼은 이를 활용한 비즈니스 모델과 수익 배분 설계에 초점을 맞춰야 한다. 물론 장단점도 다르다. IP 홀더는 성공적인 IP를 개발하거나 육성했을 때 따라오는 과실과 직결되는 존재다. 이는 우리가 IP 비즈니스에 관해 생각할 때 주로 IP 홀더인 기업을 떠올리는 이유이기도 하다. 국내에서는 'BTS'를 탄생시킨 하이브와 '핑크퐁'을 만든 더핑크퐁컴퍼니 등이 대표적인데, 이들은 세계적으로 유명해진 메가 IP를 만들어내며 빠르게 성장하는 데 성공했다. 반면, 단점은 IP를 개발하고 육성하는 일에 초기 비용과 리소스가 필요하다는 것이다. IP의 종류에 따라 적게는 수천만 원에서 많게는 수십, 수백억 원까지 투입된다. 특히 드라마와 영화 같은 콘텐츠 IP나 게임 IP의 투자 비용이 큰 편이다. 이들 IP는 기본적으로 큰 투자를 실행해 더 큰 수익금을 얻어내는 '하이 리스크 하이 리턴High Risk High Return'의 성격을 띤다.

한편, IP 홀더의 단점은 고스란히 IP 플랫폼의 장점이 된다. IP 플랫폼은 IP 개발을 위한 초기 비용과 인적 리소스를 투입하지 않고도 이미 상업성을 갖춘 IP를 활용할 수 있다. 물론 대가를 지불해야 하지만, 리스크 없이 IP를 활용하는 일이 가능하다는 점에서 안정적이다. 수익성이 확보된 IP라면 플랫폼과 홀더가 모두 이익을 거둔 후 배분할 수 있게 된다. 수익은 제한적이지만 그만큼 위험성도 낮은 것이다.

물론 IP 비즈니스가 성장하면 중장기적으로 IP 플랫폼이 IP 홀더의 영역에 진출하기도 하고, 반대로 IP 홀더가 직접 IP 플랫폼을 운영하는 모습을 보이기도 한다. 콘텐츠 및 캐릭터 IP를 육성하는 동시에 디즈니플러스Disney+라는 자체 OTT 플랫폼을 론칭한 디즈니의 사례가 대표적이다. 하지만 이러한 행보는 디즈니처럼 강력한 IP 역량이 전제된 때에만 원활하게 진행할 수 있다. 확장 사업의 안정성을 확인하기 전까지는 IP 홀더와 IP 플랫폼 사이의 비즈니스 영역을 구분해야 한다. 성장단계의 IP 홀더가 너무 이르게 자체 플랫폼을 운영했다가는 'IP 홀더의 함정'에 빠지기 쉽다. IP 플랫폼에는 높은 수준의 개방성과 수용성이 요구되는데, IP 홀더가 만든 플랫폼은 해당 특성을 갖추지 못해 외부 IP를 끌어들이는 일에 어려움을 겪기 때문이다. 결국 확장에 실패한다면 '그들만의 리그'로 전락해버리고 만다. 특정 IP에 과하게 의존하는 형태로 그의 비즈니스를 서포트하는 수준에 그치게 된다는 뜻이다. 따라서 진정한 IP 플랫폼으로 성장하기 위해서는 IP 홀더와 IP 플랫폼의 역할을 명확히 구분할 필요가 있다.

IP 홀더와 IP 플랫폼, 누가 더 유리한가?

그렇다면 IP 비즈니스에서 홀더와 플랫폼 중 어느 쪽이 더 사업에 유리할까? 아쉽게도 절대적인 답은 없다. IP 홀더와 IP 플랫폼의 모델은 선택의 문제다. IP를 개발하고 육성할 역량이 된다면 IP 홀더로 출발하는 것이고, 플랫폼 비즈니스를 운영할 수 있는 기술과 리소스가 뒷받침

된다면 플랫폼으로 출발하는 것이다. 홀더와 플랫폼은 결국 IP 비즈니스의 생태계 안에서 공존하는 관계다.

다만 두 비즈니스 모델은 각자의 뚜렷한 특징을 가진다. IP 홀더의 경우, 비교적 작은 리소스로도 사업을 시작할 수 있다는 것이 장점이다. 본인의 역량과 의지만 존재한다면 캐릭터나 콘텐츠를 만드는 일에 도전할 수 있다. 우리에게 친숙한 수많은 IP도 이런 방식으로 탄생했다. 특히 만화나 소설처럼 1인 창작이 가능한 영역은 지금도 꾸준히 메가 IP를 탄생시키고 있다. J. K. 롤링Joan K. Rowling이 홀로 집필한 판타지 소설 〈해리 포터〉 시리즈가 얼마나 큰 성공을 거뒀는지는 굳이 설명하지 않아도 될 것이다. 이 밖에도 개인 크리에이터의 캐릭터 IP나 음원, 미술 작품 등 창작 영역을 비롯해 유튜브 및 틱톡을 기반으로 한 콘텐츠 크리에이터까지 다양한 결과물이 IP 비즈니스의 영역으로 편입되는 시대가 왔다. IP 홀더로서 성공한 이후에는 다양한 협업 파트너와 함께 IP의 사업화를 도모할 수도 있고, 해당 IP의 세계관을 기반으로 한 파생 IP를 만들어낼 수도 있다.

반면 IP를 보유하지 못한 플랫폼의 경우에는 초기의 비즈니스 전개에 많은 리소스를 투입해야 한다. 플랫폼을 구축한 뒤 상업성을 갖춘 IP를 '소싱sourcing'할 재원이 필요한 것이다. 타 플랫폼과의 경쟁에서도 이겨야 하고 IP 홀더와의 이해관계를 풀어낼 필요도 있다. 해당 산업 내의 IP 숫자는 제한적인 데 반해 이를 사업화하려는 하는 기업은 많으니 IP 소싱에 얽힌 경쟁이 치열할 수밖에 없다. 누구나 탐내는 핵심 IP라면 더욱 그렇다. 그러나 이 과정을 극복한 IP 플랫폼은 IP 홀더 이상의 부가가치를 창출해내며 생태계에 큰 영향을 미치는 성공을 거두기도 한다.

K-POP 산업으로 이해하는 IP 홀더와 IP 플랫폼

K-POP 엔터테인먼트 시장에는 IP 홀더와 IP 플랫폼에 엮인 흥미로운 이야기가 많다. 이미 우리는 과거에는 상상도 할 수 없었던 상황을 맞이하는 중이다. 'MTV', '빌보드 차트', '그래미 어워드'와 같이 세계의 주류 무대에서 K-POP 아티스트들이 보여주는 놀라운 실적은 매일 새로운 역사를 경신하고 있다.

K-POP 산업의 대표적인 IP는 단연 아이돌 그룹이다. 소위 '4대 엔터테인먼트 기업'으로 불리는 하이브와 SM엔터테인먼트(이하 SM), JYP엔터테인먼트(이하 JYP), YG엔터테인먼트(이하 YG)의 영향력은 여전히 강력하지만, 해당 라인업에 속하지 않는 중소기업의 아이돌 그룹에서도 뚜렷한 성공 사례가 등장하고 있다. 보이그룹의 시장성이 월등했던 과거와 달리 걸그룹의 실적이 상승한 것도 특징적이다. 블랙핑크, 에스파, 르세라핌, 뉴진스 등의 걸그룹이 단일 앨범 판매량 100만 장을 돌파하는 기염을 토하며 시장성을 인정받는 중이다. K-POP의 시장 규모가 커짐에 따라 그 온기가 고루 퍼지며 다양한 IP가 탄생하고 있다.

K-POP 비즈니스 모델의 중심에는 앨범 판매, 공연, 음원 수익, 광고 계약이 존재한다. 상기한 네 가지 영역에서 대부분의 매출이 발생하므로 회사는 이 영역들에서 IP의 부가가치를 극대화하기 위해 총력을

다한다. 이런 맥락에서 볼 때 국내 K-POP 엔터테인먼트 업체는 진정한 의미의 IP 홀더에 가깝다. 역량 있는 멤버를 캐스팅하는 일부터 연습생 관리, 보컬 및 댄스 트레이닝, 카메라 테스트, 언어와 인성 교육까지 다양한 프로세스를 통해 스타를 만들어내는 일종의 인프라를 구축하기 때문이다. 이렇게 트레이닝된 연습생들은 혹독한 선발 과정을 거쳐 그룹으로 구성된 뒤 완성형 IP의 모습으로 데뷔하게 된다. 해외 뮤지션들의 매니지먼트 구조와는 확연한 차이를 보이는 시스템이다. 해외의 경우, 스타를 제작해내는 시스템보다는 재능 있는 뮤지션을 발굴하고 그들의 앨범 발매와 활동을 도와주는 정도가 매니지먼트의 역할이다. IP의 선정부터 제작까지를 오롯이 책임지며 홀더의 기능을 톡톡히 해내는 엔터테인먼트 업체의 움직임이 K-POP 시장의 성행에 큰 몫을 보탠 셈이다.

국내 4대 K-POP 엔터사의 최근 실적(연결 기준)

	SM		JYP		YG		하이브	
	2021년	2022년	2021년	2022년	2021년	2022년	2021년	2022년
매출액 (억 원)	7,016	8,508	1,939	3,459	3,216	3,912	12,559	17,762
영업이익 (억 원)	675	910	579	966	253	466	1,902	2,369
영업이익률 (%)	9.6	10.7	29.9	27.9	7.9	11.9	15.1	13.3

출처 | 각 사

아이돌 그룹이 데뷔를 거쳐 성공적으로 안착하고 팬덤을 확보하면 상업성을 갖춘 팀으로 거듭나는데, 여기서부터 각 사의 움직임은 두 갈래로 나뉜다. IP 홀더로서의 비즈니스 모델이 되는 경우, 혹은 IP 홀더와 플랫폼이 융합된 형태의 비즈니스 모델이 되는 경우다.

앞의 표는 2021년과 2022년에 각 사가 기록한 매출액과 영업이익, 그리고 영업이익률을 보여준다. 하이브의 BTS가 상대적으로 높은 부가가치를 가진다는 점을 고려하더라도 눈에 띄는 것은 JYP의 영업이익률이다. 타사보다 적게는 2배, 많게는 3배까지 높은 모습이다. 차이점은 영업이익률만이 아니다. 쉬운 비교를 위해 SM과 JYP 두 회사만을 비교해보자. 2022년, JYP의 매출액은 3,459억 원으로 8,508억 원인 SM의 40% 수준이었다. 하지만 양사의 영업이익은 900억 원대로 영업이익 자체에는 큰 차이가 없다. 매출액이 확연히 적은데도 영업이익은 비슷한 상황이다. 이 숫자가 바로 단순 IP 홀더와 IP 홀더에 플랫폼의 기능까지 더해낸 모델 사이의 차이를 설명한다.

SM과 하이브는 매니지먼트 외에도 각각 버블(SM의 IT 계열사인 디어유에서 운영), 위버스라는 플랫폼 비즈니스를 함께 전개하고 있다. 이 플랫폼은 메신저와 SNS의 형태가 합쳐진 형태로, 아티스트와 팬의 소통을 돕는 창구다. 버블에는 SM과 JYP 소속의 아티스트 IP가, 위버스에는 하이브와 YG 소속의 아티스트 IP가 핵심적으로 포진해있다. IP를 보유한 홀더들이 본격적으로 플랫폼 사업을 전개하는 모습이다. 버블의 경우, 모회사인 SM의 IP를 활용한 단순한 수익 구조와 높은 수익성을 보이며 2021년 코스닥에 상장하는 쾌거를 이루기도 했다. IP를 개발하고 육성하는 단계를 생략한 채 이미 유명한 IP의 소통 서비스를 운영하는 것만으로 수익성을 인정받은 것이다. 이런 플랫폼 외에도 SM과 하이브는 콘텐츠, 공연 등 다양한 비즈니스를 직접 운영하는 중이다. IP 사업을 내재화하며 수많은 계열사와 사업 부문을 직접 영위하고 있다. 회사의 매출이 다각화된 상태인 데다 외부 플랫폼에 대한 의존도가 적으니, 협상이나 수수료 측면에서 경쟁 우위를 가져가기도 쉽다. 매출액 역시 큰 편이고, 폭넓은 비즈니스 역량을 보유함으로써 새로운 사업 전략을 펼칠 수도 있다.

반면 JYP는 아이돌을 육성하고 매니지먼트하는 IP 홀더 비즈니스에 집중한다. 매출액과 영업이익률의 차이가 바로 여기서 발생하는 것이다. 기업에 소속된 아티스트들의 MD를 판매하는 자사 쇼핑몰만 보더라도 차이를 체감할 수 있다. 타사들은 일찌감치 자체 판매 사이트를 운영하고 있었으나, JYP는 2022년에 들어서야 판매 사이트를 오픈했다. 그간 자사의 IP를 외부에 대여하고 로열티를 수취하는 일에만 집중한 것이다. 잘할 수 있는 분야에 몰두하는 JYP의 성향이 반영된 듯하다. 그 결과 JYP는 효율적으로 리소스를 관리하며 높은 수익성을 확보할 수 있었다. 이처럼 IP를 외부에 대여해주는 식으로 운영한다면 비즈니스는 외부 업체나 플랫폼이 담당하고, 홀더 측은 개런티나 수익만 정산받는 구조가 가능하다. 매출은 상대적으로 적지만 수익성 자체는 높아지는 방식이다.

두 케이스 중 어떤 비즈니스 모델이 좋거나 나쁘다고 특정하기는 어렵다. 기업에게는 이익이 가장 중요할 것 같지만, 시장 장악력이나 사업 확장성 등의 맥락에서는 매출액 역시 유의미한 지표다. 사업 방식에 따라 매출에 차이가 발생할 수도 있다. 이는 철저한 선택의 문제다. 사실 규모가 큰 기업 중에는 IP 홀더와 플랫폼이 결합된 형태의 모델이 다수인데, CJ ENM이 대표적이다. CJ ENM은 영화와 드라마, 예능 등의 콘텐츠 IP를 제작하는 홀더이기도 하지만, 직접 보유한 티빙과 tvN, 그룹사인 CGV 등을 통해 이를 서비스하는 플랫폼도 함께 운영하고 있다. 한편, CJ ENM의 자회사인 스튜디오드래곤은 플랫폼 모델 없이 콘텐츠 제작에만 집중하는 IP 홀더다. 이처럼 최근에는 같은 집단 안에서도 다른 전략을 사용하며 회사의 상황과 외부 환경에 따라 유연한 의사결정을 내리는 사례가 늘었다.

IP 홀더가 플랫폼 비즈니스에까지 진출한다면 숫자로는 표현하지 못할 강한 영향력이 생기기도 한다. 밸류 체인의 내재화로 한 회사 내에서 IP의 탄생부터 제작, 서비스, 부가 사업까지 모두 관리할 수 있기 때문이다. 플랫폼 비즈니스가 성공을 거둔 뒤에는 직접 보유한 IP 외에도 외부 IP를 끌어와 사업을 확장하며 두 마리 토끼를 잡을 수도 있다. 그러나 단점도 명확하다. 바로 과도한 리소스다. IP를 육성하는 일에도 수많은 인력과 비용이 투입되는데, 여기에 플랫폼까지 직접 사업화하기 위해서는 어마어마한 리소스가 필요하기 마련이다. 고정비가 늘어나는 것은 기업이 사업을 영위해나가는 데 막대한 부담이 된다. 또한 사업을 유지하고 매출을 안정화하기 위해서는 꾸준한 IP 공급이 이뤄져야 한다는 점도 문제다. IP 플랫폼은 직접 IP를 보유할 수 없어 외부의 IP를 영입해야 한다. 아무리 IP 홀더라고 해도 본인의 IP만으로 모든 사업을 내재화하기에는 한계가 있다. 결국 기업의 바깥에서 IP를 끌어들여야만 비즈니스를 원활히 운영할 수 있다. 디즈니 같은 대기업이 디즈니플러스를 통해 IP 홀더와 플랫폼을 융합한 모델을 유지할 수 있는 것은 디즈니 외에도 마블이나 루카스필름Lucasfilm, 20세기 스튜디오20th Century Studios, 픽사 애니메이션 스튜디오Pixar Animation Studios 등 수많은 IP 홀더를 보유한 덕분이다. 강력한 기업으로 평가받는 디즈니조차 자신이 보유한 IP의 파워 외에도 경쟁력 있는 IP를 계속 영입해야 하는 입장이다.

그렇다면 K-POP 산업 내에서 순수한 IP 플랫폼으로 기능하는 기업도 존재할까? 아쉽게도 4대 엔터테인먼트는 기본적으로 IP 홀더의 특징을 띠기 때문에 IP 플랫폼만의 역할로 비즈니스를 전개하는 데는 한계가 있다. 이 외에도 유통이나 콘텐츠, 공연, 커뮤니티 등 다양한 영역에서 K-POP 전문 플랫폼들이 운영되고 있지만, 아직 4대 엔터테인먼트 기업만큼 규모가 큰 곳은 그리 많지 않다. 산업 특성상 IP 홀더의 협상력이 강하기도 하고, 문화를 사업화한 영역이라 디지털 전환이 느린 탓이다. 다만 최근 들어 원더월(콘텐츠, MD, 메시지)이나 메이크스타(앨범, MD 펀딩), 마이뮤직테이스트(공연)와 같은 스타트업 서비스가 등장하며 업계에도 새로운 흐름이 포착되는 중이다.

뺏기지 않아야 한다! IP 록인을 위한 경쟁

고객을 유입하는 것도 중요하지만, IP 플랫폼은 IP의 유입을 보다 중점적으로 생각해야 한다. 플랫폼에게는 IP가 곧 프로덕트다. 어떤 IP를 서비스할 수 있는지가 곧 사업 경쟁력과 서비스의 생존 여부로 직결된다. 사실 수요자인 고객과 공급자인 IP 중 무엇이 더 중요한지 묻는 것은 '닭이 먼저냐 달걀이 먼저냐'를 따지는 것과 비슷한 문제다. 하지만 적어도 서비스 초기에는 고객만큼, 혹은 그 이상으로 IP의 '록인lock-in(소비자가 다른 기업의 서비스로 이동하지 않고 계속 우리 회사만을 소비하도록 가둬두는 전략)'에 집착할 필요가 있다. 고객이 IP를 따라오게 만드는 것보다 IP를 확보한 뒤 고객을 모으는 일이 훨씬 효율적이기 때문이다. 종종 스스로를 IP 플랫폼으로 인지하지 못한 채 양질의 IP 대신 소비자를 모으는 일에만 급급한 기업을 볼 수 있다. 이는 소비자도 쉽게 모으지 못할 뿐더러 궁극적으로는 소비자와 IP 모두를 놓치는 결과를 낳는다. 서비스의 생존만이 아니라 장기적인 성장과 브랜딩을 고려해서라도 IP 확보를 우선시해야 한다.

이를 위해 많은 플랫폼들은 전략적인 선순환 구조를 구축한다. IP가 머무를 수 있도록 매력적인 환경을 조성한 뒤, 보다 많은 IP를 확보해 사용자를 함께 끌어옴으로써 다시 IP를 유입시키는 식이다. 이런 구조가 완성되면 플랫폼은 특정 IP에 의존하지 않고도 원활한 비즈니스를 전개해나갈 수 있다. IP의 제품 생애 주기PLC, Product Life Cycle와 관계없이 꾸준히 새로운 IP를 공급받는 일도 가능해진다. 보통 IP 홀더는 기업이 보유한 IP의 상업적 가치가 떨어지면 스스로 새로운 IP를 육성해내야 하고, 이 육성이 실패할 경우 매출이 하락하는 등의 강한 타격을 입는다. 하지만 순환 구조를 구축한 플랫폼은 또 다른 IP로 콘텐츠를 채움으로써 타격을 방어할 수 있다. 이것이 IP 플랫폼의 경제적 해자economic moat인 셈이다.

그렇다면 플랫폼 측은 어떤 방법을 동원해 IP를 록인해야 할까? IP 플랫폼들의 기본적인 역할은 크리에이터들이 더욱 효과적으로 서비스를 활용할 수 있도록 사업 영역을 정하고 UI(사용자 환경)와 UX(사용자 경험)를 발전시키는 것이다. 플랫폼 내에서 이뤄지는 상품 판매나 마케팅, 브랜드 협업 등 다양한 서비스를 제공하는 일도 필수적이다. 하지만 가장 중요한 요소는 금전적인 혜택이다. IP를 소유하지 않은 IP 플랫폼은 IP 홀더가 플랫폼에 참여해 금전적 이득을 취할 수 있게 함으로써 보다 많은 IP를 끌어오는 것을 첫 번째 목표로 한다. 그러기 위해서는 당연히 플랫폼 스스로가 수익화 구조를 갖추고 있어야 하는데, 이는 IP 비즈니스뿐 아니라 중개 형태를 띠는 플랫폼 비즈니스가 갖춰야 할 가장 기본적이면서도 중요한 자격 요건이다.

이를 위해 IP 플랫폼들이 보편적으로 사용하는 방식은 광고 수익 배분이다. 유튜브가 대표적인데, 콘텐츠에 따라붙는 광고 수익을 유튜브와 크리에이터가 배분해 갖는 방식이다. 이미 잘 알려진 비즈니스 모델이지만, 광고 산업 비즈니스의 특성상 대량의 사용자를 확보할 필요가 있기에 긴 시간과 대규모 투자가 수반되는 경우가 잦다. 쉽게 말하자면

'일이 커지'는 데다 초기에 광고 수익 구조를 만들기가 어렵다는 뜻이다.

조금 더 작은 규모의 기업이 이른 시기에 이익을 내기 위해서는 IP를 직접적으로 판매하는 구조가 필요하다. 웹툰이나 웹소설 플랫폼, 넷플릭스 같은 OTT, 그리고 유료 구독 형태의 줄글을 서비스하는 네이버 프리미엄콘텐츠 등이 여기에 해당한다. 앞서 말한 유튜브에도 프리미엄 정책이 존재하므로 IP의 직접 판매가 가능하다. 대중보다는 특정 영역을 타깃으로 삼은 IP 플랫폼들이 노려볼 만한 시장이다. 이런 방식으로 IP 플랫폼의 위치를 공고히 다지는 데 성공한 회사들이 있다. 이미지 저작권 업체인 게티 이미지Getty Images와 셔터스톡Shutterstock, 음원 저작권 업체인 아트리스트Artlist와 같은 IP 거래 플랫폼이다. 이 중 게티 이미지는 단연 업계 선두에 속한다. 1995년에 설립된 이 기업의 2022년 매출액은 9억 2,624만 달러(한화 약 1조 2천억 원)에 달하며, 전 세계에 협업 파트너(크리에이터) 50만 명을 보유하고 있다.

우리에게도 친숙한 이들 플랫폼은 창작자인 IP 홀더의 창작물과 소비자를 중개해주는 IP 거래 플랫폼이다. 소비자는 게티 이미지나 셔터스톡에 일정 금액을 지불함으로써 IP 홀더(여기서는 주로 포토그래퍼, 영상 제작자)들이 업로드한 이미지와 영상 콘텐츠를 상업적으로 활용할 수 있고, 플랫폼은 IP 홀더에게 소비자로부터 수취한 금액의 일부를 배분한다. 아트리스트도 마찬가지로 이미지나 영상이 아닌 음원 IP를 거래한다는 사실만이 다를 뿐이다. 작곡가와 프로듀서들이 음악을 만들어 아트리스트에 업로드하면, 소비자들은 일정 금액을 지불하고 음악을 구매한 뒤 여러 용도로 활용한다. 아트리스트에 가입한 IP 홀더들은 본인의 창작물을 통해 유의미한 수입을 창출할 수 있게 된다. IP 홀더가 꾸준한 창작 활동을 할 수 있도록 플랫폼 측에서 기본적인 수익 기반을 마련해주는 셈이다. 이들 회사는 명확한 수익 배분 방식을 통해 진입 장벽이 낮은 편인 IP 거래 플랫폼 시장 속에 공고한 지위를 확립했다. 이미지나 영상, 음원처럼 물리적 · 지리적 · 언어적으로 제한을 받지 않는 IP의 특징을 살려 해외 시장으로 진출하는 일에도 빠르게 성공했고, 결국 양질의 IP 콘텐츠를 더 많이 확보할 수 있게 됐다.

효과적으로 시장 점유에 성공한 게티 이미지와 셔터스톡, 아트리스트의 공통점은 IP 비즈니스의 복잡한 요소를 걷어내고 수익 창출에만 집중했다는 것이다. 이 같은 확실한 수익 보장은 IP를 록인할 수 있는 강력한 요소다. 비즈니스 자체의 구조도 간단하다. 단순하게 IP를 거래하는 방식이다. IP 홀더는 창작물을 제공하고, 고객은 창작물을 구매하고, 플랫폼은 중간에서 사용자 편의성 개선과 수수료 정산만을 담당하면 된다. 효과적인 수익 배분은 IP 비즈니스에서 롱테일 시장을 장악하는 데 큰 발판이 되며, 플랫폼은 이를 기반으로 양질의 IP를 확보할 기회를 노릴 수 있다.

물론 단순 중개와 수익 배분에만 집중할 경우, 마켓 내에서 롱테일 시장을 점유하는 것에만 그치게 될 수 있다는 한계점도 존재한다. 해당 분야의 비즈니스 특성상, 고객 개별화customize 구조를 세우거나 아주 퀄리티가 높은 창작물을 고가에 제공하는 것보다는 누구나 접근하고 활용하기 쉬운 창작물을 합리적인 가격에 제공하는 일이 더 보편적인 가치로 통하기 때문이다. 그러나 롱테일에서 머문다고 해도 이미지나 음원처럼 산업 규모가 큰 시장에서는 훌륭한 규모의 매출 성장도 가능하다. 즉, 무엇보다도 중요한 일은 해당 시장의 규모와 플랫폼의 포지션, 향후 성장 방향에 대한 다각도의 고민을 거친 끝에 적절한 수익 배분 전략을 세우는 것이다.

주도권을 나눠 갖는 공생 관계

일반적으로 IP 비즈니스의 주도권은 IP 홀더에게 있지만, 대형 플랫폼처럼 수많은 이용자를 보유한 경우에는 주도권을 쥐는 쪽이 역전되기도 한다. 시장을 독과점하면 경쟁사가 사라지고 선택지가 줄어들어 IP 공급자와 수요자는 모두 하나의 플랫폼으로 모이기 마련이며, 플랫폼은 독과점이 낳은 막강한 시장 장악력을 바탕으로 사업을 확장해나가게 된다. 수많은 크리에이터를 탄생시킨 창구이자 국내 IP 산업의 확장에도 적잖이 기여한 플랫폼인 유튜브와 인스타그램이 대표적이다. 반면 한국은 IP 홀더 분야에서 매우 강한 면모를 보이고 있는데 영화나 드라마, 게임과 같은 콘텐츠 IP, K-POP 아티스트 IP, 캐릭터 IP 등 각 영역에서 글로벌 마켓으로 확장된 메가 IP가 다수 존재한다. 국내의 IP 플랫폼 역시 유튜브와 인스타그램에 비하면 아직은 작은 수준이지만, 각자의 영역에서 니치마켓을 장악하며 빠르게 덩치를 불리는 중이다. 이들의 규모가 더 커져 이미 글로벌 시장에서 활약 중인 IP 홀더의 영향력과 함께 성장하게 된다면, 조만간 국내에서도 대형 IP 플랫폼의 탄생을 볼 수 있을 것이다.

사실 IP를 가진 채로 출발하는지, 그렇지 못한 채로 출발하는지의 문제는 플랫폼의 상황적인 조건 중 하나일 뿐이다. 비즈니스의 성패나 성장을 가리는 결정적인 요인은 아니라는 뜻이다. IP의 소유 여부를 떠나, 사업 분야 및 IP에 대한 명확한 이해와 스스로 갖춘 경쟁력, 사업화 역량 등에 따라 비즈니스의 방향을 결정하는 요령이 필요하다. 좋은 IP를 보유했음에도 그를 직접 사업화하는 일에 집착하는 바람에 제대로 된 IP 부가가치를 창출하지 못하거나, 플랫폼으로서 준수한 성장세를 보이다 IP 소유에 지나치게 매달린 나머지 플랫폼 파워를 잃는 사례도 얼마든지 존재한다. 반대로 IP 홀더로 시작했으면서 플랫폼 비즈니스로의 진출에도 성공하고, 플랫폼이 IP를 직접 육성하며 성장한 사례도 있다. IP 비즈니스는 '이런 길은 성공하고, 이런 길은 실패한다'는 공식이 정해지지 않은 분야다. 모든 것은 자신이 스스로 창출해내는 경쟁력과 외부 환경에 따라 달라진다.

해외로 눈을 돌려, 재미있는 사례를 하나 만나보자. 몇 해 전 스눕독Snoop Dogg, 릴 야티Lil Yachty, 릴 베이비Lil baby, 미고스Migos, 50센트50 Cent, 카디 비Cardi B 등 미국의 대표적인 힙합 뮤지션들과 협업하며 업계의 주목을 산 브랜드가 있었으니, 바로 랩 스낵RAP SNACKS이다. 제임스 린지James Lindsay가 설립한 이 회사는 이름 그대로 래퍼들과 협업해 감자칩 등의 스낵 상품을 판매하는 곳이다. 제임스 린지는 원래부터 힙합을 좋아했고, 평소에도 여러 스낵을 섞어 새로운 맛을 만들어볼 정도로 스낵을 즐겼다고 한다. 그는 마케팅 분야에서 커리어를 쌓아왔으며 래퍼 믹 밀 Meek Mil의 브랜드 매니저로 일하기도 했다.

랩 스낵은 과자 봉지 정면에 래퍼의 초상을 프린팅한 형태로 제작된다. 래퍼들이 직접 상품을 기획하고 포장지의 디자인 등에 참여하기도 한다. 때로는 포장지에 QR코드를 삽입하는데, 이 코드는 래퍼들의 신곡이나 미공개곡의 링크로 연결되며 훌륭한 홍보 수단이 된다. 가장 중요한 부분은 역시 수익 배분이다. 랩 스낵은 판매량에 따라 래퍼들에게 일정한 로열티를 지불하기도 하고, 프로젝트의 성공에 따라 마일스톤milestone(프로젝트 진행 과정에서 반드시 거쳐야 하는 중요 지점이자 체크 포인트)을 정해 정산금을 지불하기도 한다. 프로젝트에 참여한 래퍼는 자연스럽게 본인의 상품이 성공적으로 판매될 수 있도록 여러 마케팅 수단을 동원하게 된다. 아티스트의 홍보 참여를 유도하고, 합리적인 수익 배분

출처 | 랩 스낵

랩 스낵에서 판매되는 스낵 제품들. 래퍼들의 초상이 봉지에 인쇄돼 있다.

구조를 구축함으로써 IP의 주도권을 공유해 비즈니스를 이어 나가는 전략이다. 무엇보다 아티스트가 본인의 SNS 등을 이용해 마케팅을 진행해주니 랩 스낵은 별도의 마케팅 비용을 들이지 않고도 유기적인 성장을 이뤄낼 수 있다는 점이 효과적이다.

물론 랩 스낵도 지금과 같은 사업 전략만으로는 비즈니스 규모를 더욱 키우거나 꾸준히 유지하는 데 무리가 있다. 머지않아 많은 도전에 직면하게 될 것이다. 초반에는 재미와 흥미로 소비되는 것이 가능하나, 결국 사업에 영속성을 불어넣는 것은 소비자에게 꾸준히 어필할 수 있는 서비스와 상품이기 때문이다. 다만 완벽히 새로운 영역에서 아티스트 IP를 활용하고, 또 그 사업의 주도권을 함께 공유함으로써 시장에 빠르게 진입해 존재감을 알린 랩 스낵의 전략 자체는 상당한 영감을 준다. 이처럼 IP 비즈니스의 주도권을 두고 경쟁을 벌이기보다는, 함께 IP를 육성하고 비즈니스하는 공생 관계를 형성하는 것은 매우 중요한 작업이다. 이는 더 많은 메가 IP가 탄생하는 계기가 될뿐더러, 보다 영리하게 국내외 시장에서 사업을 펼칠 수 있는 기반을 만드는 일이기 때문이다.

IP 비즈니스에서는 1등이 아니어도 살아남을 수 있다

빠르고, 뾰족하고, 유연하게! 니치마켓을 공략해 매스마켓으로

스타트업 업계에서 책을 하나 추천하라고 한다면 많은 사람들이 페이팔의 창업자이자 벤처캐피털 투자자인 피터 틸Peter Thiel의 저서 《제로 투 원》을 꼽을 것이다. 스타트업 종사자 및 창업자가 익혀야 할 시장 분석과 사업 전략에 대한 노하우를 담고 있는 이 책에서 저자 피터 틸은 스타트업에는 0에서 1을 만들어내는 창조와 혁신이 필요하다고 말한다. 대부분의 시장은 이미 기존 기업이 점유한 상태이므로 경쟁력을 갖출 수 있는 니치마켓에서부터 시작해 고객의 저변을 확대하라는 의미다. 그렇게 무에서 유를 창조해낸 이후에는 고객의 피드백과 시장 상황에 맞춰 서비스를 개선하고 수익성을 키우며 단단한 사업 영속성을 갖춰나가면 된다. IP 비즈니스에서도 역시 비슷한 전략이 필요하다. '작지만 확실한 시장을 공략하는 것'을 통해 '니치마켓에서 매스마켓으로 비즈니스를 확장하는 것'은 IP 비즈니스의 전개를 위해 필수적으로 갖춰야 할 자세다.

니치마켓 전략은 비즈니스의 기본 전략 중 하나로 꼽히곤 한다. 그렇다 해서 모든 비즈니스에 적합한 전략이라고 말하기는 어렵다. 니치마켓을 노리는 방법도 결국은 비즈니스에 속하기에 매출과 이익을 내는 것이 필수다. 극도로 좁은 시장인 니치마켓에서 이익 창출이 가능하려면, 협소한 시장 규모에 맞춰 투자 비용도 아주 적게 들여야만 경쟁력을 갖추면서 점차 시장을 확대해갈 수 있다.

그렇기 때문에 니치마켓이라고 하면 보통 IT 스타트업의 영역으로 분류하는 경우가 많다. 여태껏 수많은 IT 스타트업이 레버리지leverage를 극대화하기 위해 플랫폼에 사용자를 모으고 머무르게 하는 일에 집중해왔다. 이는 당장의 수익보다는 향후 수익화할 수 있을 만한 '토대'를 만드는 작업이다. 이런 공식을 통해 여러 빅테크 업체가 신화 같은 성과를 이뤄냈고, 이를 지켜봐 왔던 투자사들이나 비즈니스 업계 모두가 이 공식을 신뢰해왔다.

하지만 이와 같은 사업 구조는 1등만이 과실의 대부분을 차지하는 승자독식Winner takes it all의 구조다. IT라는 플랫폼의 특성상 사용자가 곧 자산이기 때문에 1등 사업자에 대부분의 트래픽이 집중되기 마련이다. 1등과 2등은 궁극적으로 6:3 혹은 7:2 정도의 점유율을 구축한다. 운이 좋다면 2등까지도 돈을 벌 수 있다. 하지만 2등 아래에 있는 기업들은 나머지 파이를 두고 무의미한 경쟁을 이어가야 한다. 우리에게 친숙한 기업인 유튜브와 구글, 페이스북과 인스타그램, 카카오와 네이버가 이에 해당하는 성공 사례다.

아직 쿠팡과 네이버, SSG, 11번가 등이 한창 격전을 벌이고 있는 국내 이커머스 산업이나 티빙, 웨이브가 경쟁하는 국내 OTT 산업, 무신사를 필두로 엎치락뒤치락 경쟁 중인 국내 패션 플랫폼 등의 업계는 점유율이 분산돼 있어 누구도 제대로 돈을 벌지 못한다. 이는 플랫폼 산업의 주요한 특징으로, 확실한 1등이 등장해 그를 중심으로 '산업 내 통합 Consolidation' 작업이 진행된 뒤에야 시장이 정리되고 이익을 얻는 업체가 생기게 된다.

더 무서운 점은 따로 있다. 모든 비즈니스가 그렇듯, IT 업계에도 영원한 1등은 없다는 점이다. 60~70% 수준의 점유율을 가진 기업이라도 언제든 무너질 수 있다. 대표적인 예로, 70%대의 점유율을 보이던 중국 온라인 유통 기업 알리바바의 시장 점유율은 현재 50% 아래까지 떨어졌다. 국내에서도 싸이월드나 네이트온 등의 점유율이 순식간에 꺼져버린 사례가 존재한다. 이는 IT 서비스의 다이내믹한 운명을 보여주는 단적인 예시다.

니치마켓을 노리며 등장한 뒤 점차 시장 점유율을 늘려가는 전략을 쓰는 IT 스타트업도 결국 상위 포식자가 되지 못하면 시장에서 사라진다. 모든 기업이 함께 성장하는 구조가 잘 형성되지 않는 IT 기업의 특성상, 거대한 성공 후에 얻는 실적은 달콤하겠지만 한 번도 성공하지 못한 채 사라질 가능성 또한 높다. 어떻게든 살아남는다고 해도 후발 주자가 꾸준히 등장하고 시장의 변화 속도 역시 빠르기 때문에, 조금이라도 대응이 늦는 순간 곧바로 뒤처지게 된다.

작은 성공으로 확보하는 비즈니스 영속성

하지만 IT에 기반한 플랫폼의 성격을 띠고 있으면서 **굳이 1등을 하지 않아도, 수백만의 사용자를 모으지 않아도, 1,000명의 고객으로도 충분히 이익을 낼 수 있는 비즈니스가 바로 IP 비즈니스다.** 니치마켓에서 꾸준히 살아남는 일도 가능하다.

IP의 가장 큰 특징은 '유일성'이다. 같은 제품과 서비스를 만드는 회사는 있지만 같은 IP를 만드는 회사는 단 한 곳도 없다. 조금 친숙한 예를 들어보려 한다. EBS의 '펭수' 캐릭터다. 펭수를 좋아하는 이들은 펭수 외의 다른 캐릭터는 물론, 그와 유사한 펭귄 캐릭터를 봐도 펭수에게 느끼는 것과 동일한 감정을 느끼지 못한다. K-POP 분야에서도 마찬가지다. EXO를 좋아하는 팬이 같은 소속사의 NCT를 좋아하게 될 수도 있지만, 그렇다 해서 NCT를 볼 때 느껴지는 감정이 EXO를 볼 때의 감정으로 대체되는 것은 아니다. 팬이 아닌 사람들에게는 'SM에서 데뷔한 보이그룹'이라는 공통점으로 묶이는 그룹일 수 있겠지만 팬들에게 둘은 전혀 별개의 IP로 여겨진다. 이것이 바로 IP의 유일성이다.

IP 플랫폼의 경우도 마찬가지다. 유일성이 보장되는 IP가 가진 높은 인지도는 플랫폼에게 큰 무기가 된다. 대체할 수 없는 IP의 힘을 바탕으로 플랫폼은 유기적인 성장을 이뤄낼 수 있다. 보통 비즈니스를 시작하는 단계의 기업이 가장 어려워하는 부분은 마케팅과 홍보다. 제대로 된 마케팅과 홍보 방안을 구축하는 것도 어렵지만, 그에 필요한 비용과 리소스가 부담으로 작용하기 때문이다. 하지만 IP 플랫폼의 경우는 다르다. 이미 인지도를 가진 데다, 다른 곳에서는 접할 수 없는 고유한 경험을 주는 IP를 활용해 비즈니스를 전개하다 보니 사업 초기부터 타깃팅된 마케팅을 진행하는 것이 가능하다. 플랫폼이 입수해온 IP의 SNS나 커뮤니티가 이미 활성화된 상태가 대다수라, 타깃 구매층에게 상품을 집중적으로 노출시킬 수도 있다. 예컨대 펭수와의 컬래버레이션을 진행한 상품이나 서비스를 알리는 데 펭수가 운영하는 SNS만큼 좋은 홍보 채널은 없을 것이다. 이는 IP 비즈니스가 기본적으로 팬덤 이코노미에 기반하고 있기 때문에 가능한 일이다. 팬을 자처하는 이들은 유일한 경험을 선물하는 IP에게 열광한다. 그 열광의 힘을 바탕으로 IP 플랫폼은 유기적인 성장을 유도할 수 있게 된다.

여러 차례 이야기했듯 IP 비즈니스는 작은 시도로도 출발할 수 있다. 물론 거대 IP를 개발하는 과정에는 그만큼 어마어마한 투자가 개입되는 경우도 많지만, 캐릭터 IP와 크리에이터 혹은 인플루언서 등 휴먼 IP, 콘텐츠 IP 등은 개인 작업실에서도 충분히 탄생할 수 있다. 작은 규모로 시작이 가능하다 보니 손익분기점 또한 높지 않아 일정한 수입만 발생한다고 하면 꾸준히 생존할 수 있고, IP를 잘 관리하면 시간이 지나도 많은 이에게 사랑받으니 사업 영속성도 뛰어나다. 화제성과 고유성을 가진 IP를 확보한다면 고객을 빼앗기지 않고 자신만의 사업 영역을 구축할 수도 있다. 카카오톡 같은 메신저는 다수의 사용자가 하나의 앱으로 통일해서 사용해야 유용성이 있지만, IP의 고유성은 소비자가 여러 IP를 찾아 나서고 또 소비하도록 만든다. 설령 대중이 아니라 해도 확실한 마니아와 팬들이 존재하는 곳, 그곳에서 IP 비즈니스는 시작된다.

2

IP UNIVERSE

IP 비즈니스의 영역

IP와 IP 비즈니스가 무엇인지에 대해서는 충분히 살펴봤다. 이제부터는 IP 비즈니스가 실제 각 산업에서 어떻게 발전하고 있으며 또 어떤 방식으로 사업화됐는지, 앞으로 우리가 주목해야 할 키워드는 무엇인지 이야기해보자. K-POP, 캐릭터, 콘텐츠, 그리고 크리에이터 이코노미와 브랜드 IP까지 우리가 몰랐던 IP 비즈니스에 대해 살펴보는 시간이다.

아티스트 IP로 성장하는 엔터테인먼트 산업

설명이 필요 없는 K-POP 산업

최근 몇 년간 K-POP 시장이 보여준 성장세는 실로 엄청났다. 전통적인 미국 팝 시장과는 다른 K-POP만의 방식으로 신인 발굴 및 육성 시스템을 구축하고, 다년에 걸쳐 해외 시장을 공략한 결과다. 이제는 주류로 자리 잡은 K-POP 산업이 지금까지 어떤 성과를 내왔는지 먼저 숫자를 통해 확인해보자.

2022년 기준 연간 앨범 판매량은 7,700만 장을 돌파했고, SM, JYP, YG, 하이브 등 주요 4개 상장 엔터사의 합산 매출액 역시 3조 3천억 원을 넘어섰다. 2017년만 하더라도 4대 엔터사의 전체 매출이 1조 원에 미치지 못했던 것을 생각하면, 5년 만에 회사 규모가 3배 이상 늘어난 셈이다. 이와 동시에 '빌보드 핫 100' 차트(빌보드에는 싱글 차트인 '빌보드 핫 100'과 앨범 차트인 '빌보드 200'의 두 메인 차트가 있다. 빌보드 핫 100은 한

K-POP 앨범 판매량 추이

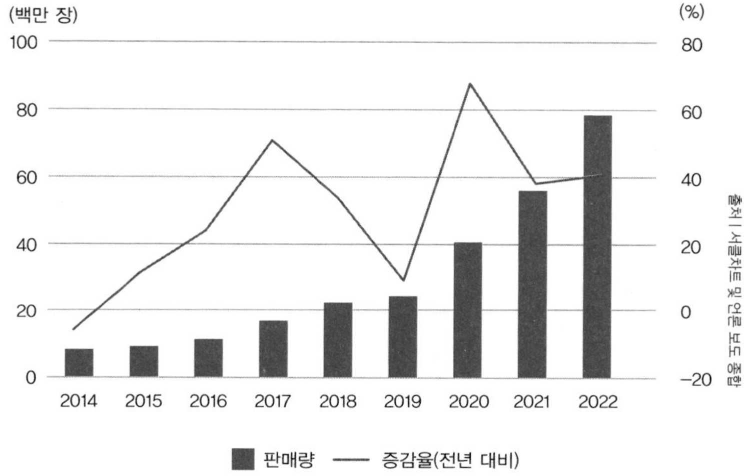

국내 4대 K-POP 엔터사의 합산 매출액 추이

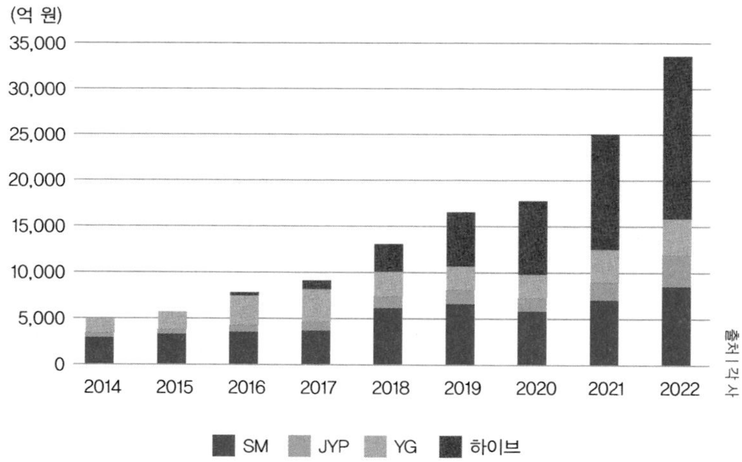

곡의 성적을 보여준다)에 진입하는 K-POP 곡도 늘어나, K-POP이 국내 시장뿐만 아니라 전 세계의 주류 문화로 자리 잡아가는 모습을 보여주고 있다.

K-POP 산업의 디지털 전환

K-POP 내에서는 통상 데뷔 시기에 따라 아이돌의 세대를 구분하는데, 가장 최근의 세대가 2019년 이후에 데뷔한 그룹들이 속한 4세대다(세대 구분은 정확한 기준이 없어, 온라인상의 다양한 정보를 고려해 주관적으로 정의했다). 1세대(HOT, 핑클 등)가 산업의 기틀을 만들고, 2세대(동방신기, 빅뱅, 소녀시대 등)가 일본, 중국 등 아시아 시장을 개척했다면, 3세대(EXO, BTS, 블랙핑크, 트와이스 등)는 K-POP을 글로벌 무대로 옮겨놨다. 그리고 4세대(아이브, 뉴진스, 투모로우바이투게더 등)에 이르며 K-POP은 그동안 확고히 구축해온 시스템을 통해 거대 산업으로 자리매김했다. 사실 아직까지 K-POP 시장의 정점에 서 있는 것은 3세대 아이돌이다. BTS와 블랙핑크, 트와이스 등이 활발히 활동하며 앨범 판매량이나 공연 등에서 여전히 높은 성과를 보이고 있는데, 점차 4세대에서도 메가 IP들이 등장하면서 이를 관리하는 엔터테인먼트 업계에도 변화가 일고 있다.

가장 큰 변화는 디지털 전환이다. 전통 산업이 디지털로 전환되며 발생하는 가장 큰 경제적 혜택은 비즈니스의 공간적 · 시간적 제약이 크게 줄어든다는 점이다. 사실 K-POP 시장에서는 아이돌이라는 휴먼 IP가 핵심이기 때문에, 다른 IP 자산에 비해 일정 부분 한계점이 있었다.

예컨대 미국에서 수익을 내기 위해서는 한국에 있는 아이돌이 실제로 미국에 가서 활동해야 하고, 그 과정에서 물리적 시간과 금전적 비용이 들어간다. (형태가 달라 직접적인 비교는 어렵지만) 같은 IP라도 1920년대에 탄생한 미키 마우스나 1930년대에 탄생한 슈퍼맨과 배트맨, 1980년대에 등장한 슈퍼 마리오는 사람이 아닌 캐릭터이기 때문에, 시간의 흐름에서 자유롭고 이를 상업화하는 데 물리적인 제약도 없다.

그러나 오늘날 기술의 발전으로 인해 K-POP IP 역시 물리적 공간의 한계를 어느 정도 극복할 수 있었다. 지금까지 K-POP을 비롯한 대부분의 엔터 산업은 그 어떤 분야보다도 전통적인 방식으로 운영돼 왔던 것이 사실이다. 그야말로 처음부터 끝까지 모두 사람이 하는 일이기 때문에 자동화나 표준화가 어려웠다. 캐스팅이나 트레이닝, 제작 등에 있어 기본적인 매니지먼트 인력 체계를 잡는 것이 전부였다. 음악을 만들고, 공연을 하고, 촬영을 하는 등 아티스트가 물리적으로 움직여야만 매출이 발생하는 구조였다. 특히, 공연의 경우에는 이동의 제약을 비롯해 공간 및 좌석 수 제한 등 물리적인 한계가 뚜렷했다. 디지털 전환이 매우 어려운 산업이었던 것이다.

한창 코로나19로 오프라인 활동이 제한되던 2020년, 국내 4대 엔터사의 매출은 소폭 감소하는 것에 그쳤는데, 이는 하이브 소속의 BTS가 글로벌 시장에서 전례 없는 성과를 만들어내며 기여한 덕분이었다. 하이브를 제외한 3사의 매출과 영업이익은 모두 감소하며, K-POP이 얼마나 오프라인에 의존하는 비즈니스 모델인지를 여실히 드러냈다. 사실 글로벌 시장을 본격적으로 공략하기 시작한 K-POP 기업들은 디지털 전환의 중요성을 일찌감치 깨닫고 있었으며, 작은 도전들을 꾸준히 시도하기도 했다. 다만 전환의 시기가 이렇게 빨리 오게 될 것이라고는 예상하지 못했을 뿐이다.

2020년, 코로나19가 불러온 팬데믹을 겪으면서 K-POP 업계는 디지털 전환에 박차를 가했다. 유튜브나 인스타그램 등 기성 플랫폼의 인프라를 적극 활용했고, 위버스와 버블 같은 자체 플랫폼으로 시장을 재편했다. 시장 상황이 크게 바뀌며 기업 간 합종연횡도 이어졌다. 네이버와 하이브, YG가 서로 지분 투자를 통해 하나의 연합체가 됐고, SM과 JYP가 또 다른 동맹을 구축해 버블의 운영사인 디어유의 지분을 소유했다. 특히 이 시점에 국내 최대 규모의 K-POP 플랫폼인 네이버의 브이라이브가 하이브의 위버스와 통합(2022)된 것과 카카오가 SM을 인수(2023)한 것은 K-POP IP의 힘이 얼마나 거대한지 알 수 있게 하는 대

출처 | 디어유

디어유는 아티스트와 프라이빗 메시지로 소통하는 서비스인 버블을 운영하며, 팬 플랫폼의 수익화를 이끈 대표적인 기업이다. 일정 요금을 지불하고 원하는 아티스트를 구독하면, 팬들은 외부에 공개되지 않은 아티스트의 사진과 글을 받아볼 수 있다.

2022년 디어유 지분 구조

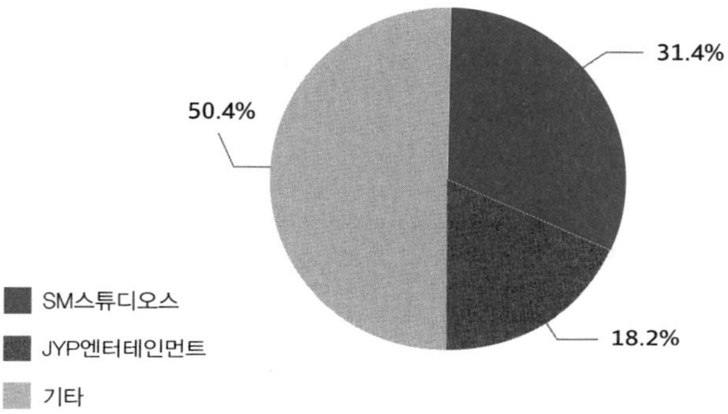

출처 | 디어유

목이었다. 엔터테인먼트 산업과 IT 기술이 만나 '엔터테크 산업'으로 발전하고 있음을 보여주는 의미 있는 사건들이었다.

스트리밍 시대, 100만 장의 앨범이 팔리는 이유는 무엇일까?

그렇다면 엔터테인먼트 산업의 디지털 전환은 IP 비즈니스에 어떤 변화를 가져왔을까? 가장 큰 변화는 IP의 부가가치가 크게 늘어났다는 점이다.

K-POP의 핵심 지표로 인식되는 앨범 판매를 먼저 살펴보자. 대부분의 소비자가 스트리밍streaming 서비스로 음악을 감상하는 요즘, 어떻게 매번 초동(앨범 발매 후 일주일 판매량) 기록을 갈아치우며 수백만 장에 달하는 앨범을 판매할 수 있는지 의문이 든다. 이때 IP 커머스의 개념을 놓치지 않기 위해서는 단순히 '음악을 듣는다'는 앨범 본연의 기능에만

집중해서는 안 된다. 물론 앨범 판매량이 비약적으로 늘어난 데는 국내외 K-POP 시장의 성장세가 주요하게 작용했지만, K-POP 산업 내 IP 홀더와 플랫폼이 선보인 판매 전략이 제대로 맞아 들어갔다는 사실을 간과할 수 없다. 팬들이 앨범을 구매하는 이유는 앨범 자체에 대한 소장 욕구보다도 앨범 내 화보나 포토 카드와 같은 구성품, 그리고 팬 사인회 응모권 때문인 경우가 많다. 우리가 마주하는 K-POP 앨범은 상당 부분 머천다이징merchandising화됐으며 이제 업체들은 시장 상황과 상품의 성격에 맞게 앨범 제작과 판매 과정에 있어 다양한 판매 전략을 수립해두고 있다.

먼저 K-POP 앨범의 경우 최소 2종 이상으로 제작하는 게 일반적이다. 팬들은 기본적으로 아티스트와 관련된 하나의 상품으로서 앨범을 수집하고자 하는 욕구가 있는데, 이를 위해 업체들은 다양한 버전으로 앨범을 제작함으로써 한 앨범을 여러 개씩 소비하도록 유도한다. 1장 살 앨범을 2장 이상 구매하도록 만드는 것이다. 앨범의 디자인이나 구성품에 차이를 주는 것은 물론, 수록곡을 다르게 구성하는 경우도 있다. 최근에는 컴백 주기가 빨라져 1년 동안 3개의 앨범을 내는 경우도 있지만, 보통 신규 앨범의 발매 수는 1년에 1~2개 수준이다. 따라서 앨범을 한 번 발매할 때 팬들의 소장 욕구를 자극해 판매량을 최대로 늘리기 위한 전략으로서 다종 출시를 활용하는 셈이다. 2022년 데뷔한 걸그룹 뉴진스(하이브의 레이블인 어도어 소속)의 경우, 일반 앨범 외에도 가방 버전 3종을 추가로 선보여 좋은 반응을 이끌었다. 팬덤이 아닌 일반인들도

출처 | 어도어

화제가 된 뉴진스의 앨범 디자인. 뉴진스의 데뷔 음반인 〈New Jeans〉는 한정판인 가방 버전 3종을 비롯해, 블루북 버전 7종(멤버별, 단체, 랜덤), 위버스 버전 1종까지 총 11종으로 출시됐다.

호기심에 구매할 수 있을 만큼 신선한 시도였다는 평가다.

앨범의 구성품은 보통 포토 북이나 가사집, 포토 카드 등인데, 판매를 촉진하는 핵심은 단연 포토 카드다. 포토 카드는 한때 품절 대란을 일으켰던 포켓몬 빵의 띠부띠부씰(스티커)과 비슷한 개념이다. 원래는 본 상품을 사면 딸려 오는 구성품에 가까웠지만, 이제는 오히려 포토 카드를 갖기 위해 앨범을 구매하는 팬들이 대다수다. 앨범에는 통상 1종의 포토 카드가 포함돼 있고 카드 속에는 해당 아이돌 그룹의 멤버의 셀카 초상이 담겨있다. 포토 카드는 랜덤으로 증정되기 때문에 내가 가장 좋아하는 일명 '최애' 멤버의 카드를 얻게 될 수도 있고 그렇지 못할 수도 있다. 그러니 팬들은 자연스럽게 여러 장의 앨범을 구매하게 되는 것이다. 재미있는 사실은 멤버가 6명이라고 해서 단순히 6종의 포토 카드만 존재하는 게 아니라는 점이다. 소속사의 공식 온라인 몰이나 위버스 샵, 사운드웨이브 등의 여러 판매처를 통해 각기 다른 포토 카드가 배분되는 경우가 많다. 즉, 그룹 멤버의 인원수에 다시 판매처를 곱한 만큼의 숫자가 실질적인 포토 카드의 가짓수가 된다. 랜덤 증정인 만큼 모든 종류의 앨범을 수십 장씩 산다고 하더라도 포토 카드를 전부 모으기는 어렵기에 팬들은 서로 포토 카드를 교환하거나 거래하는 등의 방식으로 본인만의 컬렉션을 완성하는데, 이런 현상도 이제는 하나의 팬덤 문화가 됐다.

앨범을 구매하는 마지막 이유는 바로 팬 사인회다. 팬 사인회는 내가 가장 좋아하는 아이돌을 직접 대면할 수 있는 상당히 흔치 않은 기회로, 팬들 사이에서는 삼대가 덕을 쌓아야 갈 수 있는 특별한 행사로 여겨지기도 한다. 적게는 20명, 많게는 50명까지 소규모로 진행되는 팬 사인회는 단순히 앨범에 사인을 해주는 것 외에도 간단한 공연을 선보이고 서로 이야기를 나누는 팬 미팅, 함께 앨범을 들어보는 청감회 등 다양한 프로그램을 동반하는 형태로 진행된다. 팬 사인회의 참석자는 보통 앨범 구매자 중에서 추첨을 통해 선발하는데, 앨범을 많이 구매할수록 선발 확률이 높아지기 때문에 팬들 중에는 팬 사인회에 참석하기 위해 앨범을 수백 장씩 대량으로 구매하는 경우도 적지 않다.

한편, 코로나19 이후 대면 팬 사인회가 불가능해지자 업계는 멤버와 1:1로 영상 통화를 할 수 있는 '영상 통화 팬 사인회' 시스템을 도입했는데, 그 반응 역시 뜨거웠다. 영상 통화로 인해 거리의 제약이 사라지자 국내외 다양한 지역에서 앨범 구매가 이어졌다. 멤버들이 직접 해당 지역에 방문하거나 팬들이 이동하지 않고도 온라인을 통해 심도 있는 커뮤니케이션이 가능하다는 사실은 업계의 비즈니스 구조가 변하는 데 상당한 영향을 끼쳤다.

K-POP 앨범 및 MD 판매는 파레토 법칙이 강하게 적용되는 사례다. 앨범이 100만 장 팔렸다고 하면 일반 대중들은 100만 명의 팬이 이를 구매했을 것이라고 여기겠지만, 실상은 그렇지 않다. K-POP의 생태계를 조금 아는 사람들은 다양한 버전의 앨범, 포토 카드 등의 요소를 고려해 실제 구매자의 수는 앨범 판매량보다 20~30%가량 적을 것이라고 예상하는데, 사실 실제 앨범 구매자 수는 그 수치보다도 현저히 적은 수준이다. 대중성이 낮은 아이돌일수록 격차는 더욱 벌어진다. 이는 그만큼 K-POP이 흡입력 높은 휴먼 IP에 기반한, 마니아적 성향이 강한

K-POP 앨범 판매 세그먼트

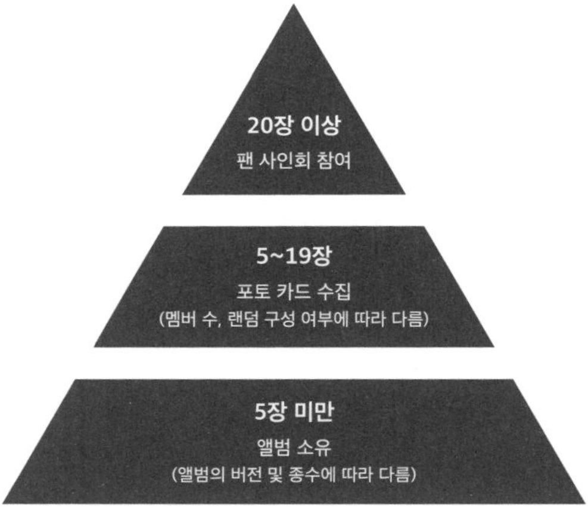

비즈니스 구조를 갖고 있다는 뜻이다. 매출의 상당 부분을 차지하는 상위 구매자들이 사실상 전반적인 구매 수량을 좌지우지한다고 해도 과언이 아니다. 그래서 많은 아이돌이 데뷔 초기에는 강력한 (소수의) 팬덤을 기반으로 성장한 후 점차 대중으로 저변을 넓히는 전략을 사용한다. 앨범을 1~2장만 사더라도 일단 팬덤의 범위가 넓어지면, IP의 입장에서는 롱런long-run할 수 있는 가능성이 커지기 때문이다.

온라인 콘서트가 답이었을까?

K-POP 공연 시장 역시 팬데믹 이후 큰 변화를 겪었다. 이 시기를 기점으로 등장한 온라인 콘서트는 K-POP을 넘어 전 세계 음악 시장의 새로운 지평이자 비즈니스 모델로 여겨졌다. 글로벌 최대 공연 업체인 라이브네이션Live Nation은 변화된 환경에 대응해 발 빠르게 온라인 공연을 제공함으로써 코로나19 상황에서도 기업 가치가 잠깐의 급락 이후 다시 회복해 꾸준히 상승하는 모습을 보여줄 수 있었다. K-POP 역시 다수의 언론을 통해 온라인으로 진행된 K-POP 콘서트들, 이를테면 BTS의 '방방콘'이나 블랙핑크, 슈퍼주니어의 온라인 콘서트 성공 사례를 보도했다. 분명 온라인 콘서트의 비즈니스 모델에는 커다란 장점이 있었다. 콘서트를 진행하는 데 들어가는 비용은 고정돼 있는 반면, 좌석 수의 제한이 없다 보니 이를 통해 실현할 수 있는 매출 역시 한계치가 없었다. 전 세계에 있는 팬들이 모두 관람한다고 하더라도 서버만 감당할 수 있다면 가능했다. 티켓 가격이 4~5만 원 수준으로 낮아진다고 하더

라도 적어도 수십만에서 수백만 명이 모이기 때문에 매출이 기하급수적으로 증가하는 구조였다.

하지만 현실은 이상과 달랐다. 일단 공연이 가진 본래의 취지상, 오프라인의 경험을 온라인이 대체하기에는 역부족이었다. 팬들이 공연에 가는 이유는 같은 공간에서 서로 교감하며 함께 즐기기 위함인데, 온라인에서는 그 경험을 충족시킬 수 없었던 것이다. 그런 이유로 팬데믹이 마무리 단계에 들어서며 온라인 콘서트는 재차 오프라인의 형태로 빠르게 복귀했다. 다른 문제는 실제 온라인 공연을 제대로 수익화할 수 있는 IP가 생각보다 많지 않다는 점이었다. 온라인이라고 해도 공연 진행에 필요한 비용은 오프라인과 비슷하기 마련이다. 그러나 공연 티켓은 앨범 등과 달리 중복 구매가 불가능하기 때문에 충성 고객과 일반 고객의 객단가 차이가 딱히 존재하지 않는다. 여기에 온라인 공연은 기본적으로 오프라인 공연보다 단가가 낮다 보니 모객이 원활하게 이뤄지지 않으면 큰 수익을 기대하기가 어려웠다. 이러한 이유들은 온라인 콘서트의 수요가 당초의 기대와 달리 빠르게 수그러드는 원인으로 작용했다.

그렇다 해서 온라인 콘서트가 아예 사라진 것은 아니다. 팬데믹이 끝난 후에도 영상 통화 팬 사인회가 하나의 문화처럼 자리 잡았듯, 오프라인과 온라인이 합쳐진 하이브리드 형태의 콘서트가 등장하며 IP의 부가가치를 더욱 끌어올리는 계기가 됐다. 오프라인 콘서트를 진행하는 동시에 온라인 송출과 VOD 등의 부가 판매를 진행하고, 여기에 온오프라인 MD 판매까지 추가하며 단일 공연의 매출을 극대화하는 경우도 늘었다. 또한 온라인 콘서트를 통해 시시각각 고객의 피드백을 모니터링 하고 양방향 소통이 가능하도록 구성해, 회를 거듭할수록 콘서트의 퀄리티가 높아지고 아티스트와 팬의 소통 방식도 개선되는 결과를 가져왔다. 오프라인 콘서트의 한계를 온라인 콘서트를 통해 극복함으로써 팬들과의 접점을 늘리고 매출까지 확대해나간 것이다.

시장의 판도를 바꾼 걸그룹의 등장

기술적인 변화 외에 재미있는 점은 같은 K-POP 아이돌 내에서도 보이그룹과 걸그룹의 IP에 차이점이 존재한다는 것이다. 가장 큰 차이점이 바로 '대중성'이다. 3세대로 접어들며 K-POP은 대중성보다는 팬덤형 문화를 지향하는 모습을 보여왔다. 소비력이 낮은 대중보다는 소비력이 강한 팬덤을 기반으로 성장하는 방법을 택한 것이다. 이런 성향은 보이그룹에서 더욱 분명히 나타난다. 과거 K-POP 산업에서 보이그룹에 대한 여성 팬덤의 소비는 꾸준했던 반면, 걸그룹에 대한 남성 팬덤의 소비는 그렇지 못했던 추세가 반영된 결과다. 상황이 이러니 걸그룹이 살아남기 위해서는 일반 대중을 타깃으로 해야 했고 이 타기팅은 그룹의 콘셉트부터 음악, 비주얼 등 전반적인 기획에 반영됐다. 당연히 경제적으로 크게 성공하는 K-POP IP는 보이그룹 쪽이었고, 시장에서는 소위 '보이그룹이 돈이 된다'라는 인식이 강하게 생겼다. 그러다 3세대 후반 트와이스와 블랙핑크 같은 메가 IP가 등장하고, 4세대에 접어들어 에스파, 아이브, 르세라핌, 뉴진스 등 인기 그룹이 잇달아 등장하며

출처 | 각 아티스트 소속사

대중성을 무기로 K-POP 시장의 판도를 바꾸기 시작한 걸그룹들. 글로벌 팬덤을 확보하기 시작한 3세대 대표 걸그룹 블랙핑크와 트와이스(위), 그리고 4세대를 대표하는 아이브와 뉴진스(아래).

판도가 달라졌다. 대중성뿐만 아니라 앨범 판매량, 티켓 파워, 음원 등 전반적인 지표가 보이그룹과 유사하거나 그 이상을 기록하기 시작한 것이다.

이처럼 걸그룹의 저력이 상승한 이유는 K-POP의 저변이 확대됐기 때문이다. 걸그룹은 처음부터 대중성을 노리는 기획으로 데뷔하기에, 소비자들 역시 보이그룹보다 걸그룹을 더 친숙하게 여기곤 한다. K-POP에 입문하는 이들도 걸그룹부터 살펴보는 일을 선호하는 편인데, 이는 해외 팬덤에게도 적용되는 공식이다. 특히 블랙핑크와 트와이스의 활약은 걸그룹이 글로벌 시장에서 성공할 수 있음을 증명하며

K-POP의 영역을 크게 확대하는 데 기여했다. 실제로 두 그룹 이후의 후배 걸그룹들은 3세대보다도 빠른 속도로 성장하는 중이다.

보이그룹의 시대가 저물고 걸그룹의 시대가 열렸다기보다는, 보이그룹과 걸그룹이 함께 성장하며 K-POP 산업 전체의 파이를 키우고 있다고 보는 편이 합당하다. 걸그룹의 성장은 K-POP이 더 이상 일부 마니아 팬덤의 문화가 아니라 한층 대중적인 장르로 확장됐다는 사실을 뜻한다. 여기에 군 복무 문제에서 자유롭다는 점, 레드벨벳이나 트와이스처럼 데뷔 7년차가 지나고도 재계약을 체결하는 그룹이 늘고 있다는 점, 또 이들의 퍼포먼스 퀄리티가 나날이 향상되고 있다는 점 등은 비즈니스적인 관점에서 걸그룹을 살펴볼 때도 충분히 매력적인 요소로 꼽힌다.

다양하게 진화하는 K-POP

K-POP의 디지털 전환은 팬 사인회나 공연에서만 그치지 않는다. 사실 두 사례는 온라인으로의 전환이라기보다는 온오프라인이 합쳐진 하이브리드의 성격이 강했는데, 최근 K-POP 매니지먼트의 움직임은 여기서 한발 더 나아갔다. 특히 SM의 자회사인 디어유의 경우 K-POP의 소비층이 글로벌로 확대되는 과정에서 생겨난 비즈니스 기회를 놓치지 않고, 온라인 환경에서 수익화에 성공했다는 점에서 시장의 기대를 받았다. 많은 금액을 쓰는 코어core 팬덤뿐만 아니라 라이트light한 팬들도 부담 없는 가격대에 아티스트와 메시지를 주고받을 수 있는 서비스인 버블을 론칭하며, 코스닥에 성공적으로 안착했다.

이처럼 K-POP은 비즈니스 모델의 다각화 및 시의적절한 디지털 전환을 통해 거대 산업으로 발전하고 있다. 매니지먼트라는 IP 홀더의 영역과 이를 사업화하는 IP 플랫폼의 역할이 비교적 잘 구분돼 있으면서도 서로 간의 영역을 조금씩 공유하는 흥미로운 산업으로, 앞으로도 그 성장이 무척이나 기대된다.

크리에이터 이코노미가 이끄는 IP의 개인화

누구나 IP를 만들 수 있는 시대

최근 IP 비즈니스 업계에서 '팬덤 이코노미'와 함께 가장 많이 회자되는 말이 바로 '크리에이터 이코노미'다. 사실 크리에이터라는 용어가 본격적으로 사용된 시기는 그리 오래되지 않았다. 지금과 같은 크리에이터의 의미가 정착된 시점이 유튜브, 인스타그램, 틱톡 등이 대중화되기 시작한 2017~2018년부터라고 가정하면 대략 5~6년 정도가 지난 셈이다. 크리에이터 이코노미의 역사는 이보다 더 짧아서 이 말이 본격적으로 사용된 지는 2년도 채 되지 않는다. 그만큼 새로운 개념이라 할 수 있지만, 크리에이터 이코노미는 최근 거론되는 IP 비즈니스의 상당 부분을 커버할 정도로 그 의미가 광범위하며 현재 많은 이가 다양한 IP 영역에서 인플루언서, 스트리머, 유튜버, 왕홍网红(중국에서 인플루언서를 부르는 말), 그리고 크리에이터라는 이름으로 활동하고 있다.

현재의 크리에이터 이코노미는 전통 매체와 대중 매체가 붕괴하면서 탄생했다. 여전히 TV의 파급력은 강력하지만, 콘텐츠와 IP를 접하는 경로가 다양해지면서 대중 매체의 영향력은 계속 줄어드는 추세다. 이른바 '문화의 조각화' 현상이다. 이는 과거 일방향으로 이뤄지던 콘텐츠 보급 방식이 소비자의 수요를 적극 반영하는 양방향 형태로 변화하고, 콘텐츠를 유통하는 매체 또한 여러 갈래로 나뉘며 개개인이 느끼는 문화가 타인과 큰 차이를 보이는 현상을 말한다. 서로 공유하던 문화가 비슷비슷하던 과거와 달리, 요즘은 개인화된 매체와 알고리즘으로 나만의 취향에 따라 콘텐츠를 '디깅digging(어떤 것에 집중해서 파고드는 것)'하며 향유할 수 있다. 이러한 현상을 등에 업고 등장한 소비 트렌드가 바로 '취향 소비'다. 개인의 취향이 강력한 동인으로 작용하는 취향 소비에서는, 누군가에게는 전혀 필요 없다고 느껴지는 상품이 다른 누군가에게는 큰돈을 주고서라도 꼭 갖고 싶은 물건이 된다.

과거를 떠올려보자. 예전에는 TV, 신문, 영화, 잡지 등 획일화된 대중 매체들로만 IP를 접할 수 있었다. 가장 큰 미디어인 TV 내에서도 방송사의 수가 적었고 그마저도 딱히 차별화돼 있지 않았다. 매체가 얼마 없으니 IP 사이에도 뚜렷한 차이점이 없어 개성과 다양성을 충분히 반영하지 못했다. 시간이 흘러 매체가 분산된 후에야 IP의 종류도 서서히 다양해질 수 있었는데, 한때는 새로운 매체인 만화나 비디오가 불건전한 창구라는 인식이 퍼질 정도로 기존의 대중 매체와는 전혀 다른 방식의 창작적 표현이 이뤄졌다. 크리에이터 IP의 성장도 이와 같은 맥락에서 바라본다면 이해가 쉬울 것이다. 이들은 매체와 채널이 분산되는 과정에서 파격적인 창작력을 내세우며 급부상할 수 있었다.

개인화된 IP로 사업성을 증명하다

크리에이터 이코노미는 애초 전통 매체와는 반대되는 영역에서 출발했고, 개인 간의 소통과 교류를 중심으로 성장하다 보니 철저히 개인화된 공급과 수요를 기반으로 하고 있다. 예컨대 최근에는 대중에게 필요한 물건이 아닌 특정 소비자에게만 소구력이 있는 물건도 라이브커머스를 통해 홈쇼핑의 형태로 판매하거나, 크리에이터만을 위한 유통 플랫폼과 매니지먼트 시스템도 새롭게 등장했다. TV 홈쇼핑만큼 높은 거래액을 보이진 않지만, 판매자의 라이프 스타일에 공감하는 많은 소비자들이 생겨나며 하나의 크리에이터 이코노미 생태계가 만들어지고 있는 것이다.

기성 매체나 기업에서 제작하는 콘텐츠가 유튜브 등의 뉴미디어에서 상대적으로 약세를 보이는 것은 크리에이터 이코노미가 가진 특유의 메커니즘과 잘 맞물리지 않기 때문이다. 크리에이터 이코노미에 속한 소비자들은 기성 서비스에 대한 기본적인 거부감이 존재하고, 일방적인 소통 방식을 부정한다. 반면 개인화된 IP들은 친근감 있는 태도로 접근한 뒤 소비자의 피드백과 요청 사항을 적극 반영하며 기존의 틀을 깨는 시도에 나선다. 크리에이터들이 스스로 만든 IP를 소비자와 함께 성장시키고, 소통하는 과정이 반복되며 IP의 확장이 일어나는 셈이다.

크리에이터 이코노미 생태계가 가장 활발한 분야는 역시 SNS다. 본디 SNS의 용도는 서로 이야기를 나누고 일상을 공유하는 소셜 네트워킹이다. 그러나 사용자가 크게 증가한 이후 인플루언서나 크리에이터라 불리는 사람들이 등장했고, 이들은 높은 인기를 구가하며 존재 자체로 하나의 IP가 되는 일에 성공했다. 활동 영역 또한 뷰티, 패션, 푸드, 자동차 등 각종 소비재는 물론, 웹툰, 에세이, 여행, 유머까지 여러 분야에 다양하게 퍼져있다.

크리에이터 이코노미가 인플루언서와 커머스를 중심으로 성장하던 중 새롭게 합류한 이들이 바로 유튜버와 BJ다. 이들은 유튜브, 트위치, 아프리카TV 등에서 실시간 방송을 하거나 콘텐츠를 제작하는 일명 '콘텐츠 크리에이터'들인데, 최근 크리에이터 이코노미의 성장과 함께 가장 큰 성공을 거둔 IP 비즈니스의 주역이기도 하다. 블로그나 인스타그램에서 성장한 크리에이터들이 주로 뷰티나 패션, 식품 등 커머스 영역에 집중돼 있었다면, **이들은 크리에이터 이코노미를 콘텐츠 영역으로 확장했다.** 직접 콘텐츠를 제작하는 방법으로 기성 콘텐츠의 공식을 탈피한 뒤 소비자를 끌어모았고, 그 결과 유튜브 생태계는 상상 이상으로 크게 확장될 수 있었다. 이들의 파급력은 단순히 수십만의 구독자 수나 광고 수익, 시청 시간 등의 수치적인 의미를 넘어, 대중의 라이프 스타일과 사회, 문화 전 영역에 실시간으로 영향을 끼쳤다. 여기에 그치지 않고 틱톡, 릴스, 쇼츠와 같은 숏폼 플랫폼의 부흥으로 크리에이터 이코노미의 파워는 또 한 번 수직 상승했다. 누구나 콘텐츠 크리에이터가 돼 스스로를 IP화할 수 있게 됐고, 크리에이터라는 직업으로도 경제적 · 사회적인 성공을 거둘 수 있다는 사실을 증명했다. 물론 크리에이터 이코노미의 확장이 불러온 부정적인 면을 간과해서는 안 된다. 하지만 비즈니스의 측면에서 볼 때, 본격적인 콘텐츠 플랫폼의 등장으로 커머스와 콘텐츠 등 주요 영역을 모두 아우르는, 보다 진보된 의미의 이코노미 생태계가 완성된 것은 분명한 사실이다.

크리에이터 IP의 수익화, 플랫폼과 공생하는 방법

크리에이터가 IP를 수익화하는 방식은 크게 **①창작물을 수익화하는 경우**와 **②크리에이터 본인 자체를 수익화하는 경우** 두 가지로 나뉜다. 판매하는 재화로는 실물 MD, 디지털 MD, 서비스 상품 등이 있다. 수익화 방법도 자유롭게 정하는 편이다. 현재는 직접 IP를 상품화해 본인이 매출을 챙기는 방식, 외부 업체에 맡긴 뒤 로열티만 수취하는 방식, 전문 파트너와의 협업을 통해 업무를 분담하는 방식 등이 일반적이다. 크

IP 수익화를 위한 기준

IP 종류	재화 종류	수익화 방법
창작물 크리에이터 본인	실물 MD 디지털 MD 서비스 상품	직접 진행 외부 진행 파트너 협업

리에이터들은 각자의 상황에 맞게 자체 IP를 점검한 후 여러 서비스와의 협업을 통해 IP 부가가치를 증대할 수 있다.

최근 들어 유튜브나 인스타그램, 틱톡이 크리에이터의 수익화를 지원하기 위해 다양한 기능을 추가하고 있지만, 이들은 기본적으로 크리에이터를 알리고 소통하는 공간이지 수익화에 특화된 플랫폼은 아니다. 반면, 이미 기회를 포착한 여러 국내 스타트업들은 크리에이터 IP를 수익화할 수 있는 다양한 서비스를 내놓은 상태다. 아직은 작은 규모의 시장이지만, 아래 표에서 볼 수 있듯이 높은 성장성을 바탕으로 빠르

크리에이터 IP의 수익화를 돕는 각종 서비스

구분	대표 서비스
MD	마플, 오라운드, 얼킨캔버스
크리에이터 플랫폼	비스테이지
MCN	샌드박스 네트워크, 트레져헌터, DIA TV
교육 콘텐츠	클래스101, 패스트캠퍼스
캐릭터 문구류	젤리크루
크라우드 펀딩	와디즈, 텀블벅
재능 거래	숨고, 크몽
IP 투자	뮤직카우, 테사, 열매컴퍼니
디지털 콘텐츠	OGQ마켓, 카카오 이모티콘, 위버딩

게 비즈니스를 키워가는 기업들이 많다. 여기에 포함된 기업 중 일부는 3부에서 자세히 다뤄볼 예정이다. 이와 같은 동향은 국내 스타트업들이 크리에이터 IP 영역에서 얼마나 많은 도전을 하고 다양한 커버리지coverage를 확보하려 노력하는지를 잘 보여주는 부분이다.

IP를 플랫폼 없이 자체적으로 직접 수익화한다는 것은 상품 기획, 서비스 기획, 마케팅, 유통, 물류, C/S까지 커머스와 관련된 영역 전반을 모두 해낼 만한 역량을 갖추고 고정비를 감당하겠다는 뜻이기도 하다. 그 때문에 많은 크리에이터 IP는 각 영역별로 전문화된 플랫폼과 파트너십을 맺고 IP 비즈니스를 전개하며 한정된 리소스로 인한 제약을 극복한다. 이들은 커머스, 매니지먼트, 교육 콘텐츠, 마케팅, 펀딩까지 다양한 영역의 수익화를 돕는 것은 물론, 크리에이터가 IP와 콘텐츠 개발에만 집중할 수 있도록 비즈니스와 관련된 여러 제반 업무를 함께 수행한다. 혼자서 모든 업무를 감당할 수 없는 크리에이터들에게 IP 플랫폼은 중요한 생태계 동반자인 셈이다.

레페리를 통해 보는 크리에이터 커머스 시장

초기의 크리에이터 이코노미는 인플루언서를 주축으로 움직였다. 이들은 블로그와 같은 텍스트 기반의 플랫폼을 중심으로 제품이나 서비스를 리뷰하며 자신의 인지도와 영향력을 쌓아갔다. 이 과정에서 팬덤을 구축하고, 그들에게 공동 구매를 제안하거나 추천인 코드 입력을 부탁하는 방식으로 상품을 판매해 수수료를 수취함으로써 수익을 낼 수 있었다. 지금도 이들은 인스타그램과 유튜브, 라이브 커머스 플랫폼으로 무대를 옮겨 활발히 활동 중이며, 이 과정에서 몇몇 인플루언서는 기업화될 정도로 크게 성공하기도 했다.

2013년 뷰티 MCN으로 출발해 뷰티 및 라이프 스타일 인플루언서 비즈니스로 사업 모델을 확장한 레페리는 대표적인 크리에이터 이코노미 기업 중 하나다. 일반적인 MCN의 비즈니스 모델은 유튜브를 기반으로 활동하며 PPL과 같은 광고 상품, 조회 수 수입, 시청자들의 도네이션(금전적 후원) 등을 주요 수입원으로 삼는 콘텐츠 크리에이터가 주축이 되는 경우가 많다. 반면 레페리에는 특별한 차이점이 있다. 앞서 제시한 세 가지 수입원 외에도 직접 제품 기획에 참여하거나 제품 판매에 나서는 등 보다 직접적인 방식으로 크리에이터의 수익화를 지원한다는 사실

출처 | 레페리

뷰티 MCN으로 출발해 뷰티 및 라이프 스타일 인플루언서 비즈니스로 사업 모델을 확장한 레페리. 실질적인 수익화가 가능한 영역으로 비즈니스 역량을 집중하고, 크리에이터 양성과 관리에 큰 힘을 쏟은 것이 꾸준한 성장의 비결이다.

이다. 대표적인 소속 크리에이터로는 뷰티 영역에서 흔치 않은 남성 유튜버인 레오제이가 있는데, 그의 유튜브 채널은 2023년 6월 기준 구독자만 116만 명이 넘는다. 2022년에는 라이브 방송을 통해 아이브러시 제품을 2만 개 이상 판매해 하루 만에 6억 원의 매출을 달성했으며, 달바나 에뛰드하우스, LBB, 아이소이 등의 뷰티 브랜드와 협업하며 기록적인 판매 성과를 보이기도 했다. 커머스 영역에서 강점을 나타내는 레페리는 2022년 5월 모바일 라이브 커머스 전문 레이블인 라이버스를 설립해 쇼호스트를 육성, 영입하는 등 라이브 커머스 역량 강화에 더욱 집중하고 있다.

레페리가 다른 MCN들과 달랐던 점은 크게 두 가지다. 첫째는 실질적인 수익화가 가능한 영역에 집중했다는 것이고, 둘째는 크리에이터 양성과 관리에 많은 공을 들였다는 것이다. 특히 회사가 일찍부터 매출 성장보다 수익화에 집중했다는 사실은 많은 시사점을 내포한다. 현재 동종 업계에서 흑자 경영을 일구는 기업이 손에 꼽을 정도라는 점을 감안하면, 작은 규모라 해도 매년 꾸준하게 흑자를 기록하는 레페리의 성과에는 상당한 의미가 있다.

또한 회사가 크리에이터와 팬덤의 생애 주기에 맞춰 뷰티에서 인테리어, 라이프 스타일 등으로 영역을 확장해가는 모습은 크리에이터 이코노미에 인상적인 메시지를 던진다. 시간이 흐를수록 신규 팬덤의 유입은 더뎌지고 기존의 팬덤과 함께 성장하는 양상을 띠는 크리에이터 IP의 입장에서, 변화에 적응하지 못한 채 트렌드에 뒤처진다면 크리에

레페리 실적 추이

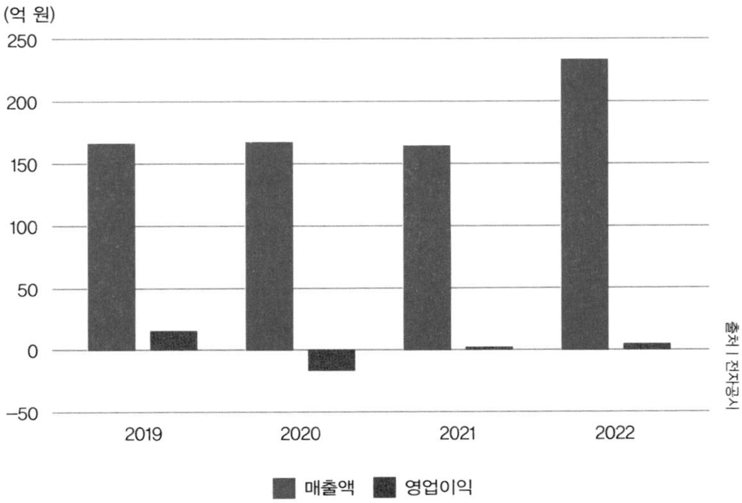

이터로서의 라이프 사이클 역시 종료되기 마련이다. 레페리의 영역 확장은 이를 고려한 대안으로 보인다. 회사 차원에서 그들이 가장 잘할 수 있는 방향을 제시하고 지원함으로써 크리에이터들의 시장 가치를 지켜내겠다는 결정인 것이다.

세대를 넘나드는
캐릭터 IP

점점 진화하는 캐릭터 IP 시장

IP 사업이 전개되는 방식도 시대에 따라 나름의 트렌드를 따른다. 하지만 예나 지금이나 변하지 않는 가장 강력한 IP 공급 수단은 역시 콘텐츠다. 콘텐츠 없이 IP를 개발하기란 불가능에 가까울뿐더러 모든 IP는 자기만의 콘텐츠를 갖고 있기 때문이다. 콘텐츠와 함께 접하는 IP가 대중에게는 가장 광범위하고 보편적이며, 콘텐츠 없이는 IP가 제대로 개발되기 어려울 정도다. 그만큼 IP에 있어 콘텐츠는 매우 중요한 요소다. 특히 캐릭터 IP와 콘텐츠는 서로 분리될 수 없는 사이이다. 콘텐츠 IP 없이는 캐릭터 IP도 존재할 수 없고, 캐릭터 IP 없이는 콘텐츠 IP가 존재할 수 없다.

한국콘텐츠진흥원에서 밝힌 2018년 한국 캐릭터 산업 시장의 매출 총액은 12조 원 수준으로 그 규모가 상당하다. 2010년 5조 9천억 원에 머물던 것이 8년 만에 2배 이상 성장한 셈이니 속도 또한 빠르다. 최근 몇 년간의 성장률(7~8%)을 고려하면, 2023년 현재 한국 캐릭터 산업의 시장 규모는 15조 원을 돌파했을 것으로 추정된다. 캐릭터 IP의 주요한 출처는 게임이나 영화, 만화, 드라마, 소설 등의 다양한 콘텐츠인데, 요즘에는 크리에이터들이 만들어낸 오리지널 캐릭터 IP 또한 각광을 받고 있다. 대규모의 자본과 인력이 투입돼 만들어진 기존의 캐릭터 IP와 달리, 1인 크리에이터의 소규모 비즈니스를 중심으로 확산되는 것이 특징이다.

대부분의 사람은 유아기부터 청소년기까지의 시기에 캐릭터 IP를 처음 접하고 소비한다. 생애 주기를 고려했을 때, 이 시기에 만화나 게임 같은 콘텐츠를 가장 많이 소비하기 때문이다. 디즈니나 마블 캐릭터, 드래곤볼, 도라에몽, 키티, 슈퍼 마리오 등 상당수의 캐릭터 IP들이 이런 방식으로 팬덤을 형성했다. 다만 유아기의 고객을 타깃으로 삼는 캐릭터 IP는 철저히 해당 연령대만을 위해 기획됐기에 성인이 된 소비자에게 소구하기가 어려운 반면, 청소년기의 고객을 타깃으로 한 캐릭터 IP는 소비자가 성인이 된 후에도 꾸준한 인기를 구가하는 경향이 있다. 시간이 흐른 뒤에도 그들의 인기가 여전한 이유는 우리가 청소년기에 느낀 강렬한 사용자 경험을 쉽게 지워내지 못하기 때문이다. 각 캐릭터의 서사는 물론, 그들과 함께 울고 웃었던 기억, 친구들과 함께 이야기를 나누며 즐겼던 시간들이 평생 잊을 수 없는 추억으로 남아 세월이 흘러도 꾸준히 관심을 환기하는 것이다. 최근의 사례로는 2023년 1월에

출처 | 에스엠지홀딩스

〈더 퍼스트 슬램덩크〉는 470만 관객을 동원하며 박스 오피스 1위를 석권했다.

개봉한 영화 〈더 퍼스트 슬램덩크〉가 대표적이다. 〈슬램덩크〉 시리즈는 1990년대 후반과 2000년대에 걸쳐 유행했던 고전적인 콘텐츠지만, 시간이 흐른 지금에도 흥행 기록을 쓰는 등 커다란 화제성을 낳았다. 오픈런이 이어졌던 팝업 스토어에서는 등장인물의 유니폼과 등번호를 상품화한 MD가 매진되기도 했다. 캐릭터 IP가 가진, 세대를 초월하는 강력한 힘을 엿볼 수 있는 대목이다.

종이 만화에서 웹툰, 그리고 인스타툰까지

2000년대 초반까지 만화는 만화 잡지와 만화책처럼 인쇄물이 주를 이뤘다. 1982년 창간된 《보물섬》의 뒤를 이어 《아이큐 점프》, 《소년 챔프》 등 만화 잡지가 등장했으며, 이 시기에는 특히 일본 만화가 상당한 강세를 보였다. 그러다 2000년대 중후반부터 인터넷과 모바일을 통해 만화가 빠르게 보급되면서, 종이 만화 시장은 급격히 축소되고 '웹툰webtoon' 시장이 크게 성장했다.

이후 국내 만화 시장은 웹툰 중심으로 재편됐고, 파편화돼 있던 채널들도 네이버 웹툰, 카카오페이지 등 대형 IP 플랫폼을 중심으로 통합됐으며, 만화의 형태도 상당히 달라졌다. 사운드나 그래픽 효과 등이 더해지고 양옆으로 넘기는 방식이 아니라 위아래로 스크롤하는 방식으로 감상하게 되니, 콘텐츠도 이에 맞춰 변하게 됐다. 여기에 해외에서도 만화 시장이 디지털 환경으로 옮겨가며 한국 IP의 영향력이 글로벌로 확장되는 효과도 있었다.

이제 한국에서 웹툰은 체계적인 시스템과 많은 자원이 투입되는 하나의 커다란 산업으로 자리매김했으며, 이러한 변화는 고스란히 캐릭터 IP 산업에도 영향을 미쳤다. 콘텐츠를 통해 표현되는 캐릭터 IP는 지

출처 | 디앤씨웹툰비즈

한국은 웹툰 시장 자체를 개척하다시피하며 〈나 혼자만 레벨업〉과 같은 메가 IP를 탄생시켰다. 이 작품은 인기에 힘입어 게임으로 2차 가공되기도 했다.

금까지 애니메이션, 영화, 게임 등 여러 콘텐츠와 함께 성장해왔다. 이때 기성 콘텐츠는 제작 시간과 비용, 인력 등이 대규모로 필요해 개인이 아닌 기업의 영역에 속하는 경우가 많았다. 하지만 만화와 웹툰은 달랐다. 작가 혼자서도 거대한 세계관을 만들고 캐릭터, 콘텐츠 등 여러 IP를 탄생시킬 수 있는 힘을 갖고 있었다. 이렇게 탄생한 웹툰은 〈신과 함께〉의 사례처럼 단일 콘텐츠 IP를 영화나 뮤지컬 등 여러 콘텐츠 영역으로 버티컬vertical 확장하며 무궁무진한 가능성을 증명했다. 〈신과 함께〉는 영화로도 제작돼 시리즈 두 편이 모두 천만 관객을 모으며 흥행에 성공했는데, 만약 이를 처음부터 블록버스터 영화로 기획했다면 지금처럼 큰 성공을 거두지는 못했을 수도 있다. 즉, 영화 제작의 한계를 감안하지 않고 자유롭게 창작했던 것이 긍정적인 결과를 이끌어냈다는 것이다. 영화 〈신과 함께〉의 흥행은 이미 확보된 팬덤과 탄탄한 스토리 라인, 만화로 구현된 비주얼 효과 등을 기반으로 국내 콘텐츠 업계에 기념비적인 IP 확장 성공 사례로 평가받는다.

이렇게 성장한 웹툰은 최근 또 한 번 변화된 모습을 보이고 있다. 신인 작가나 크리에이터들을 중심으로 기존 웹툰 플랫폼을 벗어나 (만화를 감상하는 입장에서는) 비주류 플랫폼인 인스타그램에서 연재하는 인스타툰이 확산되고 있는 것이다. 인스타툰은 웹툰의 위아래 스크롤 방식과 달리 종이 만화와 유사하게 좌우로 넘겨 보는 형태로, 소박하고 일상적인 이야기를 주로 다룬다. 또한 우리가 알고 있는 만화처럼 호흡이 긴 스토리텔링 방식이 아니라, 캐릭터 IP를 중심으로 한 짧은 에피소드식

출처 | 인스타그램

신인 작가들의 창작 캐릭터 IP를 중심으로 전개되는 인스타툰.
대부분 일상적인 에피소드를 다룬다.

구성이 대부분이다. 2023년 6월 기준, 인스타그램 내에서 '인스타툰'이라는 해시태그로 작성된 게시물만 하더라도 184만 개가 넘을 만큼 그 인기가 대단하다. 웹툰의 비즈니스 모델이 콘텐츠 판매와 같은 서비스 매출에 집중한다면, 이런 콘텐츠들은 캐릭터 IP를 활용한 머천다이징에 집중한다. 오픈형 플랫폼에서 무료로 소비되는 콘텐츠인만큼 캐릭터를 빠르게 소비자들에게 각인시킨 후 다양한 상품화 가능성을 끌어올리는 것이다.

쉽고, 심플하게! 캐릭터 IP의 변화

최근 이런 방식으로 크게 성공한 캐릭터 IP가 바로 캐릭터 브랜드 무직타이거의 '뚱랑이'다. 자동차 회사 디자이너로 일하다가 디자인 회사 스튜디오무직을 설립한 송의섭 대표는 스타트업 미디어 EO와의 인터뷰를 통해 "원래 담당하던 자동차 디자인이라는 것이 공장과 회사가 있어야 가능한 일이다 보니, 조직에서 스스로 할 수 있는 일과 스스로 결정할 수 있는 것의 한계를 느꼈다"고 창업 배경에 대해 설명했다. 디자인 역량을 가진 개인으로서 도전해볼 수 있는 일이 바로 뚱랑이와 같은 캐릭터를 만드는 일이었던 것이다. 송의섭 대표의 답변을 그대로 인용한 이유는 이것만 보더라도 크리에이터 IP가 갖고 있는 특징을 직관적으로 알 수 있기 때문이다.

캐릭터 IP의 가장 큰 특징은 시장에 대한 진입 장벽이 높지 않다는 것이다. 적지 않은 투하 자본과 리소스, 그리고 상당한 준비 시간이 필요한 다른 IP와 달리, 캐릭터 IP는 간단한 장비와 개인 역량만 갖춘다면 부담없이 시작해볼 수 있다. 서비스형 소프트웨어SaaS, Software as a Service를 통해 개인 판매 사이트를 쉽게 구축할 수 있고, 판매 및 마케팅 솔루션, 디자인 프로그램 등의 도움을 받아 혼자서도 IP를 만들고 관리할 수 있다. 기술과 인터넷이 끊임없이 발전하며 하나의 IP를 만들고 관리하는 데 필요한 리소스를 빠르게 줄이고 있는 셈이다.

무직타이거도 그렇게 탄생했다. 2021년 12월 국내 스타트업 채널톡과 진행한 인터뷰에 따르면, 송 대표는 처음에 500만 원의 사업

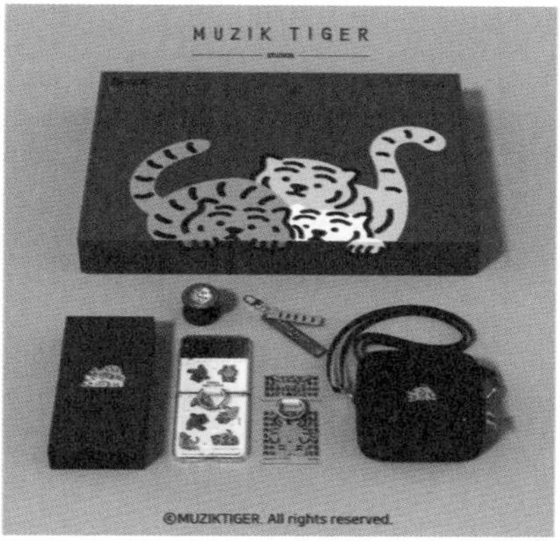

출처 | 스튜디오무직

2022년 5월 출시됐던 뚱랑이와
갤럭시 Z 플립의 컬래버레이션 상품.

자금으로 뚱랑이 캐릭터를 만들었다고 한다. 그랬던 것이 현재는 매달 100건 이상의 컬래버레이션 제안을 받고 있으며 연간 수십억 원의 매출을 올리고 있다. 스튜디오무직의 매출은 주로 캐릭터 IP의 머천다이징을 통해 발생한다. 무직타이거는 자사 쇼핑몰을 론칭할 만큼 10~20대에게 널리 알려진 브랜드로, 상품 종류만 해도 수백 가지가 넘는다. IP 홀더인 스튜디오무직이 자사 쇼핑몰을 통해 직접 사업화를 진행하기도 하며, 외부 브랜드와의 컬래버레이션을 통해 매출을 내기도 한다. 삼성전자, 광동제약, LG생활건강, 배스킨라빈스, 홈플러스, 락앤락, 세븐일레븐 등 업종과 제품 관계없이 유수의 기업들과 다양한 컬래버레이션을 이어가고 있다. 이에 힘입어 2022년에는 국내 대표 IP 기업인 대원미디어로부터 투자를 받았으며, 대원미디어는 스튜디오무직의 지분 30%를 보유함과 동시에 무직타이거 IP에 대한 공동 원작자 지위를 획득한 것으로 알려졌다(2022년 전자공시 기준). 스튜디오무직의 뚱랑이는 개인 크리에이터의 캐릭터 IP로 출발했지만, 이를 꾸준히 성장시킨 후 전문 IP 기업과 협력하며 향후 IP 가치가 계속 상승할 수 있는 기틀을 마련한 것이다.

요즘 캐릭터 IP가 살아남는 법

뚱랑이를 포함해 '잔망루피(뽀롱뽀롱 뽀로로)', '고심이(최고심)', '라이언(카카오프렌즈)'처럼 최근 주목받는 캐릭터 IP의 가장 큰 특징은 소통이다. 온라인을 기반으로 그 어느 때보다 사용자들과 소통하기 좋은 환경이 만들어져 있기 때문에, 캐릭터 IP를 보유한 IP 홀더들은 무엇보다 소통하는 일에 적극적이다. 잘나가는 캐릭터 IP의 경우 인스타그램 팔로워 수가 수만에서 많게는 수십만에 육박해 웬만한 연예인이나 인플루언서의 인기에 버금간다.

캐릭터 IP에게 인스타그램은 집 같은 존재다. 인스타그램을 기반

인스타그램을 통해 소통하는 캐릭터 IP들.
팬들이 공감할 법한 내용을 캐릭터의 세계관에 자연스레 녹여낸다.

출처 | 카카오프렌즈 스튜디오, 잔망루피, 최고심 인스타그램

으로 사람들과 소통하고 그 과정에서 다양한 피드백을 받은 후 이를 캐릭터에 흡수시켜 고유한 세계관과 개성을 구축한다. 뚱랑이 역시 하루에 하나씩 게시글을 업로드하며 팬들과 일상을 공유하고 소통을 이어간다. 이때 뚱랑이만의 말투나 톤앤매너를 설정해 캐릭터의 의인화 효과를 극대화하는데, 이는 사용자들에게 친근감을 더해주며 호감을 강화시키는 역할을 한다. 또 다른 매력으로 인기를 끌고 있는 고심이의 경우 삐뚤삐뚤하면서 귀여운 그림체도 큰 관심을 받고 있지만, 그림에 포함된 말풍선을 통해 그만의 캐릭터성을 강하게 드러내는 것이 인기의 주요 요인이다. 매우 긍정적이면서도 남의 시선을 신경 쓰지 않는 자유로운 표현 방식으로 MZ세대의 강력한 지지를 받고 있다.

수익 모델도 다변화하고 있다. 인스타그램에 이어 최근에는 '카카오 이모티콘'이 캐릭터 IP가 널리 알려지는 플랫폼 중 하나가 됐다. 카카오 이모티콘의 경우 머천다이징에만 집중하던 캐릭터 IP에 디지털 굿즈라는 새로운 수익 모델을 제시한 사례로 볼 수 있다. 카카오에 따르면 서비스에 등록된 전체 이모티콘은 30만 개, 누적 매출 1억 원 이상을 기록한 이모티콘은 1,392개라고 한다(2021년 기준). 물론 아직은 시장 규모가 크지 않고 앱 마켓 수수료(30%)와 카카오에 지불하는 수수료(40%)를 제외하면 작가에게 주어지는 것은 대략 30% 수준이지만, 월 수입 1억 원을 기록하는 작가가 나올 만큼 잠재력이 큰 시장이기도 하다. 캐릭터 IP를 만드는 크리에이터들에게 이모티콘 수익은 귀한 수입원 중 하나다. 과거에는 전혀 존재하지 않던 시장이기 때문에, NFT Non Fungible Token 나

메타버스Metaverse처럼 디지털 산업의 발전으로 다양한 신규 수입원이 개척되는 것은 캐릭터 IP에 분명 긍정적인 일이다.

이와 같은 캐릭터 IP 시장의 확대는 창작 생태계를 자극해 IP 홀더뿐만 아니라 IP 플랫폼에도 새로운 기회를 가져다준다. 성공하는 하나의 IP가 수많은 부가가치를 만들어내는 IP 산업의 특징을 살려, '뽀로로'와 '핑크퐁'처럼 글로벌에서 성공하는 한국 캐릭터 IP를 더 많이 만날 수 있길 기대해본다.

브랜드를 통해 구현하는 IP 비즈니스

패션 업계의 브랜드 라이선싱

최근 몇 년간 패션 업계의 가장 큰 화두를 꼽으라면 '브랜드 라이선싱Brand Licensing'이 아닐까. 요즘 길을 가다 보면 MLB(야구), NBA(농구), NFL(풋볼)과 같은 미국 프로 스포츠 리그는 물론, 디스커버리Discovery, 내셔널지오그래픽National Geographic, CNN과 같은 미디어 채널, 코닥Kodak, 켈로그Kellogg's, 팬암Panam, 예일Yale, 빌보드Billboard 등의 여러 브랜드의 로고가 표시된 옷이나 패션 제품을 착용한 사람들을 쉽게 볼 수 있다. 업계에서는 이를 브랜드 라이선싱이라고 부른다. 패션과는 관계없지만 많은 사람들에게 익숙한 각종 브랜드를 패션 브랜드로 재탄생시키고, 이를 다양한 형태로 제작해 판매하는 것이다. 이러한 움직임은 대부분 국내에서 주도하고 있는데, 국내 기업이 해외 기업에 브랜드 로열티를 제공하고 패션 사업을 전개하는 방식이다. 이렇게 제작된 패션 제품들은 오

국내에서 판매 중인 라이선싱 브랜드

브랜드	기존 사업 분야	국내 사업자
MLB	미국 프로야구 리그	F&F
디스커버리	다큐멘터리 채널	F&F
FIFA	국제축구연맹	코웰패션
BBC Earth	다큐멘터리 채널	코웰패션
코닥	필름, 카메라	하이라이트브랜즈
폴라로이드	즉석 사진기	하이라이트브랜즈
NBA	미국 프로농구 리그	한세엠케이
스노우피크	캠핑	감성코퍼레이션
예일	미국 대학교	워즈코퍼레이션
CNN	뉴스 채널	스톤글로벌
내셔널지오그래픽	다큐멘터리 채널	더네이쳐홀딩스
NFL	미국 풋볼 리그	더네이쳐홀딩스
지프	자동차	더네이쳐홀딩스

히려 국내에서 해외로 역수출되기까지 하는 등 K-패션을 주도하며 오늘날 하나의 비즈니스 전략으로 자리 잡았다.

브랜드 라이선싱의 대표 주자는 F&F와 대명화학(코웰패션과 하이라이트브랜즈 등 20여 개의 패션 법인을 자회사 및 관계사로 두고 있다), 그리고 더네이쳐홀딩스와 같은 기업들인데, 이 중 F&F는 브랜드 라이선싱 비즈니스로 성장해 최근 연 매출 2조 원에 달하는 패션 공룡이 됐다. F&F가 선보인 MLB는 브랜드 라이선싱의 가장 대표적인 사례로 꼽힌다. F&F를 창업한 김창수 회장은 삼성출판사, 아트박스를 거쳐 F&F를 창업한 인물로 출판, 캐릭터, 브랜드 라이선싱까지 평생을 IP 비즈니스와 관련된 사업에 바친 IP 전문가다.

사실 전통적인 의미에서 브랜드 라이선싱 사업은 해외에 있는 인기 브랜드를 상사나 패션 기업이 판권 계약을 맺고 국내로 들여오는 것을 뜻했다. 삼성물산, LX인터내셔널(LX인터내셔널의 패션 사업은 LG상사 시절 분리돼 현재 LF가 됐다), SK네트웍스처럼 상사업을 하는 기업들이 국내 패션 산업의 주요 브랜드 라이선싱 기업이었다.

이후 브랜드 라이선싱 사업이 점차 발전을 거듭하던 중 F&F의 MLB가 한국은 물론 중국 등 해외 시장에서 소위 대박을 터뜨리며 그 범위가 크게 확장되는 계기를 만들었다. F&F 역시 설립 초기에는 주로 베네통Benetton, 시슬리Sisley, 레노마Renoma와 같은 해외 패션 브랜드를 국내로 들여와 판매했는데, 1997년 패션 브랜드가 아닌 MLB라는 미국 프로야구의 상표권을 국내로 들여와 이를 활용한 패션 제품을 판매하기 시작했다. 당시 박찬호 선수가 LA 다저스에서 큰 활약을 보이며 국내에서는 MLB에 대한 인지도나 친숙함이 크게 올라가던 상황이었다. 이후 F&F는 MLB 브랜드 라이선싱 사업에 힘입어 큰 성장을 이루고, 브랜드 라이선싱 사업의 새로운 지평을 열게 된다. 1999년에는 미국 포털사이트였던 '야후'와 제휴해 패션 브랜드를 만들기도 했으니, 이 회사가 얼마나 브랜드 라이선싱에 진심이었는지 짐작이 간다. 지금도 그렇지만 이러한 행보는 당시로서는 무척 파격적인 시도였다.

단순한 브랜드가 아닌 브랜드 IP

패션 업계에서 이렇게 승승장구하고 있는 브랜드 라이선싱 사업이지만, 아직도 많은 사람들에게는 어색하게 느껴지기도 한다. 하이라이트브랜즈가 론칭한 코닥어패럴의 경우 기성세대에겐 카메라와 필름 브랜드로 더욱 익숙하지만, 젊은 세대에겐 그와 동시에 패션 브랜드로도 인식된다. 디스커버리나 내셔널지오그래픽도 마찬가지다. 초기에는 기존 다큐멘터리 채널의 이미지가 강하다 보니 다소 거부감을 느끼는 사람들도 있었지만, 현재는 젊은 세대부터 기성세대까지 다양한 고객층으로부터 큰 사랑을 받고 있다.

사실 이런 라이선싱 브랜드는 젊은 세대에서 더욱 즐겨 찾는다. 처음에는 단순히 재미와 호기심으로 접근하지만, 제품의 퀄리티나 디자인 등 상품 본연의 요소들이 꾸준히 좋은 모습을 보일 경우 서서히 패션 브랜드로 인식하게 된다. 브랜드를 제공하는 패션 사업자들도 단순히 유명 브랜드의 이름만을 가져와 판매하는 게 아니라, 기존 브랜드 정체성과 유사한 점들을 잘 공략해 소비자의 브랜드 인지가 자연스럽게 패션으로 확장되도록 유도한다. 예컨대 디스커버리나 내셔널지오그래픽은 도전적인 탐험 정신을 내세워 아웃도어 의류에 주력하고, 지프Jeep는 자동차의 강인하고 단단한 이미지를 살린 여행 가방을 선보인다. 즉, 기존 브랜드의 정체성을 유지하며 고객이 갖고 있는 브랜드 인지를 최대한 살리는

출처 | 코닥어패럴

코닥어패럴은 카메라 브랜드에서 패션 브랜드로까지 영역을 확장하는 데 성공했다.

것이다. 한편, 기존 브랜드가 패션과 접점이 적은 코닥어패럴의 경우 필름 제조사로서의 정체성을 강조하기 위해 단편 영화제를 개최하거나, 지역 사진관과 컬래버레이션을 진행하는 등 브랜드 정체성을 유지하기 위한 다양한 노력을 기울인다. 이런 점들이 기존 브랜드의 마니아층과 젊은 신규 고객에게 긍정적인 요소로 작용하는 것이다.

IP 비즈니스와 다소 멀어 보일 수 있는 패션 브랜드 이야기를 이렇게 길게 꺼낸 것은, 이들의 브랜드 라이선싱 사업이 IP 비즈니스의 전략을 그대로 활용하고 있기 때문이다. 하나의 브랜드가 기존 사업 영역에서만 머무는 것이 아니라, 마치 IP처럼 다양한 사업 영역으로 확장하는 이른바 **'브랜드 IP'의 개념이 탄생한 것이다.**

브랜드 IP들이 패션이라는 전혀 새로운 분야로 확장할 수 있었던 것은 이들이 IP 비즈니스의 3요소를 갖춘 덕분이다. ①상표권이나 디자인권에 의한 법적인 보호를 받을 수 있고, ②단일 브랜드로 여러 가지 사업에 진출할 수 있으며, ③브랜드만의 팬덤을 구축하고 확장할 수 있다는 점이 브랜드의 IP화를 이뤄냈다. 실제로 이러한 시도가 사업 전략이나 성과 측면에서 모두 성공적인 결과로 이어진 점을 고려하면 **기존 사업에 IP 비즈니스 전략을 입혔을 때 얼마나 강한 파급력을 보이는지 확인할 수 있다.**

브랜드 IP 비즈니스 전략① 확장 가능한 영역을 파악할 것

브랜드 IP를 활용해 커머스 사업을 전개할 때 가장 중요한 것이 '기존 제품(또는 서비스)을 어떤 다른 영역으로 확장할 것인가?'를 정하는 일이다. 예컨대 패션은 커머스 중에서도 취향이 가장 적극적으로 반영되는 예민한 영역이기 때문에 보통은 문구, 생활용품, 장식품, 레저용품 등 진입 장벽이 조금 더 낮은 영역의 확장을 우선시한다. 앞서 소개한 곰표의 사례와 유사하다. 한두 번은 재미로 소비할 수 있지만, 지속적인 비즈니스로 자리 잡기 어렵기 때문에 브랜드와 어울리는 제품군이 어느 쪽인지 우선적으로 파악할 필요가 있다. 이와 함께 확장을 단기 프로젝트로 가져갈지, 장기적인 회사의 사업 방향으로 가져갈지도 정해야 하기 때문에 여러 단계의 사전 검증이 필요하다.

예를 들어 무인양품MUJI은 생활용품과 가구, 의류 등 다양한 제품을 판매하는 브랜드지만 제품 자체보다는 모던한 라이프 스타일과 심플함을 강조하는 무형 가치에 집중했다. 이것이 가장 예민할 수 있는 패션 제품군에서의 성공적인 안착을 도왔다. 무인양품이 생활용품의 제품적 · 기능적 측면만 내세웠다면 카테고리 확장은 어려웠을 것이다. 사람들 머릿속에 한번 각인된 이미지를 바꾸기 쉽지 않을뿐더러, 특히 그게 생활용품과 패션 사이의 거리감이라면 이를 좁히기는 더욱 어렵기 때문이다. 이는 브랜드 IP뿐만 아니라 다른 IP의 확장에도 동일하게 적용되는 논리다. 앞서 언급했던 MLB나 디스커버리, 내셔널지오그래픽은 애초에 실물 상품이 존재하지 않는 브랜드다. 하지만 그들이 갖고 있는 콘텐츠가 무형의 가치를 생성했고, 이를 소비하는 팬덤이 형성되며 자연스럽게 패션으로 카테고리 확장이 가능했다. 이처럼 브랜드 IP는 브랜드가 가진 이미지가 어떤 상태에 있는지에 따라 확장 범위가 결정된다. 그래서 브랜드 IP의 기존 이미지와 인식 등 내재적 가치를 키우고 파악하는 것이 브랜드 IP로서 사업을 확장하는 데 우선적으로 필요한 작업이다.

브랜드 IP 비즈니스 전략② 컬래버레이션을 활용할 것

브랜드 IP가 새로운 비즈니스 영역에 도전하는 것은 캐릭터나 콘텐츠, 크리에이터 등 다른 산업군의 IP가 사업을 확장하는 것보다 훨씬 더 어려운 일이다. 이때 사용할 수 있는 전략이 바로 컬래버레이션이다. 새로운 영역에 본격적으로 진출하지는 않더라도, 다른 산업군에 속한 브랜드와의 협업을 통해 상품을 홍보하고 IP로서의 정체성을 확장하는 기회가 된다. 한 번 분야를 넓혀둔 브랜드 IP는 추후 새로운 고객군이나 사업 기회를 확보하기도 수월해진다. 컬래버레이션은 보통 각자의 전문 영역만을 담당하고, 정해진 기간에만 진행하는 팝업 형태로 이뤄지다 보니 업무 자체도 원활하게 진행할 수 있다.

이때 강제로 디브랜딩debranding(제품이나 서비스에서 해당 브랜드를 축소하거나 제거하는 것)되는 것을 피하기 위해 조심해야 할 부분도 있다. 첫 번째는 우리 브랜드가 확장할 수 있는 영역과 해당 영역에 속한 브랜드는 어떤 곳들이 있는지 파악하는 것이다. 패션 영역은 고객 반응이 예민하고 파급 효과가 강할 뿐만 아니라, 빠르게 변하는 트렌드로 인해 어느 곳보다 브랜드 생명 주기가 짧은 분야다. 디자인, 입점 채널, 룩북, 매장 위치 등 브랜드에 미치는 변수가 다양해 상당히 많은 리소스가 수반되는 분야이기도 하다. 패션 영역에서 브랜드가 노후화되면 자칫 기존 브랜드까지 함께 시장에서 도태될 수 있기에 그만큼 신중한 고민이 필요하다. 이는 IP 확장의 어려운 점이기도 한데, 하나의 IP로 다양한 사업을 영위하는 만큼 한 분야에서 브랜드 이미지가 나빠지면 동기화돼 있는 모든 사업 영역이 타격을 입게 된다. 따라서 브랜드와 관련된 의사결정 전반이 조심스러울 수밖에 없다. 이런 것들을 감당할 수 있는지, 내부에 이를 다룰 수 있는 역량을 보유하고 있는지도 고민해야 한다.

두 번째는 컬래버레이션을 하게 될 영역 혹은 브랜드가 우리의 주요 고객군의 선호와 일치하는지 파악하는 것이다. 기존 브랜드를 강화하거나 소비층을 확장할 수 있는 컬래버레이션인지를 고객 관점에서 판단해야 한다. 컬래버레이션을 하나의 도전이라고 보고 굉장히 새로운(낯선) 형태의 프로젝트를 선보이는 경우도 있는데, 이는 좋은 결과로 이어지지 않을 수도 있다. 우리 브랜드의 기존 고객이 전혀 관심을 갖지 못할 컬래버레이션은 신규 고객군의 관심도 확보하지 못할 가능성이 높기 때문이다. 컬래버레이션 자체가 마케팅의 성격을 띠고 있는 만큼, 초기에 바이럴 집단이 형성되지 못하면 소리소문없이 사라질 위험이 크다. 특히 컬래버레이션에 익숙지 않은 브랜드라면 더욱이 너무 다른 이종 산업 혹은 브랜드와의 컬래버레이션은 조심하는 편이 좋다.

세 번째는 컬래버레이션을 표현할 수 있는 콘텐츠 방식이 무엇인지 파악하는 것이다. 방법이 무척 다양하기 때문에 어떤 콘텐츠를 활용할지는 브랜드마다 천차만별이겠지만, 컬래버레이션 자체가 색다른 시도인 만큼 그동안 진행해왔던 채널 외에 고객과의 새로운 접점을 만들어보길 추천한다. 온라인 마케팅을 주로 전개하는 브랜드라면 오프라인 행사를 시도하거나, 무형의 서비스를 제공하는 회사라면 실물 상품을 제공하는 등 그동안 고객에게 전달하지 못했던 사용자 경험을 주는 것이 컬래버레이션을 알리는 가장 효과적인 방법이다. 컬래버레이션은 시장에서 우리 브랜드가 어디쯤에 자리 잡고 있는지를 파악하는 데 상당한 도움이 된다. 우리 브랜드 IP가 융화될 수 있는 다른 브랜드가 존재하는지, 존재한다면 어떤 곳들인지 대략적으로 살펴보면서 보다 객관적인 제삼자의 눈으로 우리 브랜드를 파악할 수 있다.

브랜드 홀더가 곧 IP 홀더인 무신사

이처럼 다양한 IP 비즈니스를 펼칠 수 있는 브랜드 IP를 키워내는 것 또한 하나의 비즈니스 모델로 자리 잡았다. 나아가 이들은 단순히 소수의 브랜드만 소유하고 운영하는 것이 아니라 여러 브랜드 IP를 거느린 IP 홀더로 성장하고 있다.

패션 및 뷰티 업계가 특히 이런 멀티 브랜드 홀더 전략에 적극적이다. 프랑스에 본사를 둔 글로벌 럭셔리 기업 LVMH나 세계 최대의 화장품 회사인 로레알이 대표적인 브랜드 홀더 기업이며, 국내에서는 앞서 언급했던 F&F나 대명화학 같은 곳이 대표적이다. 브랜드뿐만 아니라 유통 업계의 브랜드 IP 육성도 활발하다. 국내 대표 패션 유통 플랫폼인 무신사의 경우 무신사파트너스(투자), 무신사스튜디오(운영 지원) 등을 통해 다양한 브랜드 IP를 인큐베이팅incubating하고 투자하며, 운영까지 지원해주는 시스템을 갖추고 있다. 자사가 육성한 브랜드 IP가 무신사에서 제품을 판매하고 성장하며 이를 통해 다시 자사가 성장하게 되는 하나의 생태계를 구축한 것이다. 특히 패션 브랜드 디스이즈네버댓과 커버낫의 경우 무신사와의 협업을 필두로 2022년 매출 규모가 각각 400억, 1,200억 원 수준으로 늘어나며 폭발적인 성장세를 보이고 있다. 무신사의 이러한 방식은 기업이 IP를 키워내는 방식과 같으며, 왜 브랜드 비즈니스에서도 IP적 시각의 접근과 체계적인 시스템이 중요한지를 보여주는 사례이기도 하다. 높은 거래액은 물론, 젊고 트렌디한 이미지를 보유한 무신사는 많은 브랜드 IP가 선호하는 플랫폼 중 하나로 확실히 자리매김했다.

F&B에서도 이런 움직임이 있다. GFFG와 CNP컴퍼니는 브랜드 IP와 멀어 보이는 F&B 영역에서 새로운 시도를 이어가고 있는 기업들이다. 두 회사는 모두 F&B 비즈니스를 기반으로 하고 있으나, 여러 외식 브랜드 IP를 보유한 IP 홀더이기도 하다. GFFG는 수제 버거 브랜드인 다운타우너, 크림 도넛으로 유명한 카페 노티드, 퓨전 레스토랑 호족반 등 다수의 외식 브랜드를 보유하고 있으며, CNP컴퍼니 역시 수제 베이커리 카페인 아우어베이커리와 새로운 스타일의 분식집인 도산분식을 비롯해 20여 개의 외식 브랜드를 보유하고 있다.

이들의 특징은 음식뿐만 아니라 공간이 주는 이미지와 분위기, 캐릭터나 디자인 요소를 활용한 브랜딩으로 젊은 고객을 모으고 있다는 점이다. 음식점을 F&B로서만 접근한 게 아니라 사용자 경험 측면에서

출처 | 각 사 유튜브

디스이즈네버댓과 커버낫은 무신사와의 협업 이후 눈에 띄는 성장세를 기록했다.

출처 | GFFG 링크드인

MZ세대가 줄을 서는 외식 브랜드로 유명한 GFFG.
외식 분야에서 브랜드를 하나의 IP로 성장시킨 사례로 꼽힌다.

도 함께 고려해 고객이 아닌 팬덤을 만들고 그들이 공간에서 음식과 함께 다양한 경험을 얻어갈 수 있도록 설계했다. 공간이 주는 사용자 경험이 브랜드 IP의 콘텐츠 역할을 하는 셈이다. 이를 기반으로 카페 노티드의 경우 편의점에서 판매되는 빵부터 맥주, 젤리, 우유 등 다양한 상품으로 브랜드를 확장시켰으며, CNP컴퍼니는 유통과 플랫폼 영역으로 진출해 나이스웨더(문화 요소가 가득한 신개념 편의점)와 푸딘코(맛집 지도 앱) 같은 브랜드를 만들어내기도 했다. 이들은 F&B 기업이라기보다는 크리에이티브를 통해 새로운 사용자 경험을 만드는 브랜드 빌딩 전문가에 가까우며, 회사의 경쟁력 또한 이런 부분에 집중돼 있다. 시대에 맞는 다양한 브랜드 IP를 키워낼 수 있는 능력을 보유함으로써 F&B 영역에서도 브랜드를 하나의 IP로 성장시킨 사례인 것이다. 이제 브랜드 역시 팬덤을 확보하고 사업을 확장할 수 있는 IP로서의 분석과 접근이 필요한 시대가 됐다.

스몰 브랜드, 인디 브랜드…… 브랜드 IP가 주목받다

최근 브랜드 IP에 대한 관심이 급증하며 투자도 계속 이어지고 있다. 앞서 언급한 GFFG가 2022년 말 300억 원의 대규모 투자를 유치했고, 2023년 1월에는 그릭 요거트 브랜드인 그릭데이를 운영하는 스위트바이오가 100억 원을, 2023년 3월에는 동명의 아웃도어 브랜드를 운영하는 헬리녹스가 400억 원가량의 투자를 유치했다. 물론 브랜드 투자는 과거에도 자주 있었고 그 영역도 다양했지만, 분명 최근 들어 국내 중소형 브랜드가 많은 주목을 받고 있는 것은 분명한 사실이다. 이처럼 크고 작은 브랜드 IP들이 시장의 이목을 끌게 된 이유는 무엇일까?

1. 플랫폼 성장의 과실

국내 패션, 뷰티, 식품 영역의 '버티컬 커머스 플랫폼vertical commerce platform (특정 카테고리의 제품을 전문적으로 판매하는 곳)' 시장은 과거 수년간 경쟁이 격화된 뒤 몇몇 업체를 중심으로 빠르게 재편돼 가고 있다. 종합 커머스 플랫폼인 쿠팡, 네이버, SSG, 11번가 등을 필두로 버티컬 플랫폼 영역에서는 무신사(패션), 올리브영(뷰티 · 건강), 마켓컬리(식품)처럼 대표 플랫폼들이 이미 굳건히 자리 잡은 상태이며, 단기간 내 이들의 자리를 비집고 들어가기는 어려운 상황이다. 플랫폼 간의 경쟁은 치열하게 계속되겠지만, 적어도 신규 업체의 진입 장벽은 상당히 높아졌다.

플랫폼이 성장 및 성숙 단계에 진입하면 자연스럽게 상품 구성이 첫 번째 경쟁력이 된다. 좋은 상품을 소싱해야 하고 좋은 브랜드를 찾아야 한다. 다른 곳에 없는 상품이면 더 좋다. 자연스럽게 브랜드에 기회가 많아질 수밖에 없다. 최근 플랫폼들은 경쟁력 있는 상품을 소싱하기 위해 PB Private Brand(자체 브랜드) 네트워크를 구축할 만큼 상품 소싱에 사활을 걸고 있다. 앞서 무신사가 자체 브랜드인 무신사스탠다드를 키우면서도 무신사파트너스, 무신사스튜디오 등을 통해 투자, 육성, 판매 생태계를 구축하는 것이 대표적인 사례다. 플랫폼이 성장하면 상품 소싱 경쟁력이 중요해지고 좋은 브랜드와 상품에 기회가 오는 것은 당연한 수순이다. 초기에는 유명하고 고객들이 가장 많이 찾는 상품을 소싱하지만, 시간이 지나면 스토리나 브랜딩, 콘셉트 등이 강한 상품에 집중하게 되며 이는 브랜드 IP에도 똑같이 적용된다.

2. 시장 상황의 변화

금리 이야기를 빼놓을 수 없다. 모든 투자 사이클은 금리에 따라 달라지는데, 모험 자본(위험 부담은 있지만 많은 이익을 가져올 가능성이 있는 사업에 대한 자본금) 투자는 더욱 그렇다. 소위 커머스 플랫폼의 성장 공식은 선투자를 통해 매출액, 즉 시장 점유율을 끌어올리고 서비스를 고도화한 뒤, 일정 수준에 도달하면 수수료를 올리거나 광고를 붙이는 식으로 수익화하는 것이다. 다만 문제는 이 단계까지 가는 데 상당한 시간과 자금이 필요하다는 점이다. 금리 인상으로 자본 시장이 얼어붙은 상황에서 과거처럼 대규모 자금을 투자하며 여유롭게 기다려줄 수 있는 인심 좋은 투자자가 사라졌다. 성장을 포기하면 도태될 수밖에 없는 게 플랫폼 산업인데, 투자자들의 눈은 자연스럽게 수익성과 안정성이 보장된 산업으로 옮겨가는 중인 것이다.

브랜드 IP 비즈니스는 플랫폼과 달리 제조업의 성격을 띤다. 원가에 마케팅비와 판매 관리비, 마진을 붙여서 판매하고 정해진 마진율대로 이익을 가져간다. 가격 및 제품에 경쟁력이 있다면 대부분 수익이 난다. 브랜드 업체가 플랫폼처럼 수년씩 대규모 적자를 보고 있다면, 이는 경영 상황 자체를 의심해야 할 만큼 적자가 용인되기 어려운 분야다. 물론 승자독식 구조인 플랫폼처럼 이익률이 높진 않을 수 있지만, 작고 단단하게 오래갈 수 있다. 가끔 글로벌 브랜드로 확장해 크게 성공하는 경우도 있으니 요즘 같은 시장 상황에서 투자자들에게는 브랜드 IP가 더욱 매력적으로 느껴질 수 있다.

3. 활발해진 전략적 투자

최근 자본시장이 침체되며 금융자본인 재무적 투자자FI, Financial Investor의 투자 활동은 크게 위축된 반면, 그동안 차곡차곡 현금을 쌓아둔 전략적 투자자SI, Strategic Investor(기업형 벤처캐피털이나 기업의 자기자본에 투자하는 투자자)들은 저렴해진 가격으로 좋은 브랜드에 투자할 수 있게 됐다. 특히 소비재 기업의 투자가 활발하다. 롯데, CJ, LF, 신세계, GS, 아모레 등 대기업들이 잇달아 기업형 벤처캐피털을 설립하고 브랜드 IP 투자에 나서고 있다. 이들의 타깃은 자사의 소비재 산업과 관련된 기업들로, 당연히 특색 있는 브랜드 IP도 그 영역에 들어온다. 요즘에야 벤처캐피털이 소비재 투자도 많이 하지만, 전통적으로 이들은 기술 창업 영역인 딥테크 deep tech 와 IT, 바이오에 집중해왔다. 반면 전략적 투자자들은 협업 시너지를 중요하게 생각하는 만큼 유관 산업 투자를 선호한다. 이는 브랜드 투자가 늘어나는 또 하나의 이유가 됐다.

4. 한 단계 높아진 확장성과 성장성: 멀티 브랜드 전략, 브랜드의 IP화

소비재 영역은 내수 시장의 한계가 명확하고 빠른 트렌드 변화로 인해 상품 주기가 짧아 확장성과 성장성이 떨어진다고 평가받아 왔다. 그러나 최근 GFFG와 CNP컴퍼니 같은 F&B 기업이나 젠틀몬스터와 탬버린즈를 성공적으로 론칭한 아이아이컴바인드 등이 브랜드 빌더 모델의 가능성을 증명하며 이러한 한계를 상당 부분 극복해가고 있다. IP 비즈니스에 있어 멀티 IP, 멀티 브랜드 전략이 필수적으로 적용돼야 하는 이유가 바로 이 때문이다.

여기에 브랜드들이 IP화되며 기존과 다른 새로운 영역으로 비즈니스를 확장하고, 다양한 컬래버레이션을 통해 로열티 수취가 늘어나면서 수익성의 증대를 가져오고 있다. 즉, 제조업 비즈니스가 아니라 IP 비즈니스로서 매출이 발생하는 것이다. 브랜드 중에서도 이런 IP 매출이 발생할 수 있는 곳이라면 당연히 더욱 매력적으로 느껴질 것이다. 또한 브랜딩 역량 자체가 높아지며 많은 국내 브랜드가 해외로 수출되는 것은 물론, 장기간 생존하는 브랜드들도 점차 늘어나고 있다. 예컨대 대표적인 아이웨어 브랜드인 젠틀몬스터는 론칭 이후 벌써 10년이 지났음에도 여전히 트렌디하고 혁신적인 시도로 시장과 대중의 커다란 주목을 받고 있다. 수년 내 국내에서 이런 브랜드가 더욱 많이 나올 수 있을 것으로 기대된다.

3

IP UNIVERSE

산업의 판을 바꾸는 IP 비즈니스 사례

IP 비즈니스를 활용해 새로운 시장을 개척해나가는 회사 중에는 디즈니의 사례처럼 우리에게 친숙한 기업이 많다. 그러나 3부에서는 규모가 크거나 익숙한 기업들 대신, 새로운 아이디어와 사업 방식으로 IP 비즈니스를 성장시킨 스타트업과 우리가 여태 잘 알지 못했던 해외의 IP 비즈니스 기업을 다뤄보고자 한다. 이들을 통해 어떤 사업 전략이 IP 비즈니스에 활용되고 있는지, 그 전략을 어떻게 적용할 수 있을지 고민해보자.

넷플릭스와 디즈니로 알아보는 IP 비즈니스와 콘텐츠 비즈니스의 차이

넷플릭스와 디즈니의 차이점은 뭘까?

먼저, 이 분석은 기업 간의 우열을 가르고 비교하려는 의도가 아님을 밝힌다. 우리가 들여다봐야 할 것은 각 기업이 전개하는 비즈니스 방식의 차이점이다.

기업의 성격을 가장 잘 반영하는 것은 바로 매출액의 구성 비중이다. 기업이 어떤 사업을 펼치는지, 또 어느 분야에서 수익을 내는지 가장 직관적으로 알 수 있기 때문이다. 넷플릭스의 경우 매출액 중 99% 이상이 스트리밍에서 발생한다. 대부분이 구독 매출이라는 뜻이다. 모태 비즈니스인 DVD 대여 사업이 여전히 존재하긴 하지만, 그 비중은 미미한 수준이다. 따라서 넷플릭스의 매출을 분석할 때는 매출액의 구성 비중 중에서도 사업별 비중보다는 지역별 비중을 한층 중점적으로 살펴야 한다. 회사가 어느 지역에서 성장하는 중이며, 또 어디서 더 성장해갈 수 있는지를 파악하기 위해서다.

그렇다면 디즈니는 어떨까? 디즈니의 매출액은 아래와 같이 네 가지 카테고리로 나뉜다.

1. 리니어 네트워크Linear Networks: 디즈니의 케이블 TV 사업. ABC, 디즈니, ESPN, 내셔널지오그래픽 등의 채널을 송출한다.
2. D2C Direct to Consumer: 디즈니가 직접 전개하는 OTT 사업. 디즈니플러스나 훌루, ESPN플러스 등을 서비스한다.
3. 콘텐츠 판매와 라이선싱, 영화 배급 등
4. 디즈니 파크Disney Park: 디즈니가 운영하는 놀이공원인 디즈니랜드에서 발생하는 입장료와 상품 판매 등의 매출 전반을 말한다.

2022년 넷플릭스와 디즈니의 사업별 매출액 구성 비중

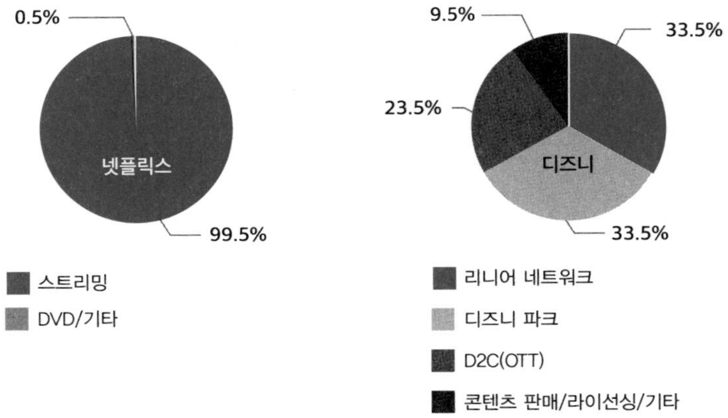

출처 | 각 사 실적 보고서

2022년의 사업별 매출액 구성 비중을 살펴보자. 케이블 TV 사업인 리니어 네트워크와 디즈니 파크가 33%로 가장 높은 비율을 차지했고, 다음으로 D2C(24%), 콘텐츠 판매와 라이선싱, 영화 배급(10%) 순이었다. 코로나19 팬데믹이 한창이던 2021년 디즈니랜드 매출 비중이 25% 수준이었던 특수 상황을 제외하면, 회사의 매출 비중이 상당히 고르게 분포됐음을 알 수 있다. 두 회사는 총매출액에서도 차이를 보인다. 2022년을 기준으로 넷플릭스는 약 316억 달러(한화 약 41조 원), 디즈니는 약 827억 달러(한화 약 107조 5천억 원)의 매출액을 기록했다.

매출 구성 비중의 양상을 놓고 봤을 때 넷플릭스는 콘텐츠 IP 기업, 디즈니는 종합 IP 기업으로 분류할 수 있다. 넷플릭스가 집중하는 영역은 콘텐츠를 제작하거나 구매한 뒤 OTT 내부의 구독자들에게 서비스하는 일이다. 디즈니도 마찬가지로 콘텐츠를 제작하거나 구매하고 자체적으로 보유한 OTT 플랫폼에서 서비스한다. 하지만 디즈니는 이에 그치지 않고, 콘텐츠를 다양한 사업 영역으로 확장해나간다. 예컨대 케이블 TV 사업인 리니어 네트워크를 통해 콘텐츠 IP의 커버리지를 확대한 뒤, IP 사업권을 외부에 대여해줌으로써 콘텐츠 IP 비즈니스의 영역을 콘텐츠 외의 사업군으로 넓혀가는 식이다. 여기에 디즈니랜드라는 거대한 오프라인 비즈니스를 운영하며 디즈니 IP의 소비자들에게 극대화된 경험을 제공한다. 이는 디즈니가 IP의 가치를 장기간 유지하는 비결이기도 하다.

그렇다면 디즈니가 넷플릭스보다 높은 가치를 만들어내는 회사일까? 여기까지 봤을 때는 고개를 끄덕일 수도 있겠지만, 사실 아직은 알 수 없다. 디즈니는 2022년에 이어 2023년 상반기에도 OTT 사업에서 적자를 기록하고 있다. 넷플릭스가 현금 흐름 측면에서 다소 이슈(자체 콘텐츠 제작을 위해 막대한 비용을 투자하고 부채를 불리는 일 등)가 있지만 회계적으로는 꾸준히 수익을 내는 것에 반해, 디즈니의 OTT 사업은 초기 단계인 만큼 수익보다 투자 비용이 훨씬 많다. 여기에 디즈니랜드 등 오프라인 사업도 코로나19로 큰 어려움을 겪었다. IP를 확장하기 위해 펼쳐놓은 사업이 뜻밖의 위기로 다가온 것이다.

이제 두 회사의 영업이익률을 보자. 다음 장의 표는 두 회사가 운영하는 모든 사업 분야에서의 영업이익률을 계산한 것이다. 수치를 보면 넷플릭스의 수익성은 코로나19 사태로 오히려 개선됐다. 반면 디즈니랜드의 비중이 전체 매출액의 40%에 달했던 디즈니는 수익성에 커다란 타격을 입을 수밖에 없었다. 여기에 OTT 투자 비용까지 더해지며 더 큰 어려움을 겪는 중이다.

이제는 의문이 들기 시작할 것이다. 넷플릭스처럼 콘텐츠 IP에 집중하는 것이 더 나은 결정일까? 아니면 디즈니처럼 소비자들에게 다양한 방법으로 접근할 수 있는 종합 IP의 영역에 도전하는 것이 좋을까? 결론부터 말하자면 후자가 정답이다. 각자의 방식은 다를 수 있지만, 콘텐츠 IP의 커버리지와 부가가치를 확대해 종합 IP 기업으로 발전해가는 것이 IP 기업의 성장에 가장 적합한 전략이다. 앞으로 넷플릭스 역시 이 길을 걷게 될 가능성이 높다.

넷플릭스와 디즈니의 영업이익률

	2019년	2020년	2021년	2022년
넷플릭스	13%	18%	21%	18%
디즈니	21%	12%	12%	14%

출처 | 각 사 IR자료

1923년에 설립된 디즈니는 콘텐츠와 관련한 산전수전을 빠짐없이 겪어오며 끝내 콘텐츠 사업의 기준을 만들기까지 한 회사다. 현재의 디즈니를 뒷받침하는 것은 100년이라는 시간 동안 쌓아온 부가가치다. 오랜 기간 콘텐츠 IP의 부가가치를 높이는 모든 시도를 동원한 끝에 디즈니는 지금의 비즈니스 모델을 구축해낸 것이다. 반면 넷플릭스는 1997년에 설립된 기업이고, OTT 사업을 시작한 것은 대략 2007년부터다. 굉장히 빠른 속도로 성장하고 있지만, 아직은 콘텐츠 IP에 집중하는 단계일 수밖에 없다. 물론 향후 넷플릭스가 전개할 수 있는 사업 방향은 지금보다 훨씬 다양할 것이다. 그것이 넷플릭스가 더 강력한 기업으로 성장하는 길이기도 하다.

IP 비즈니스로 가는 네 가지 길

그렇다면 왜 넷플릭스는 디즈니가 돼야 할까? 지금처럼 콘텐츠에만 집중하면 안 되는 걸까? 언뜻 수익성이 더 낮아 보이는 종합적인 IP 비즈니스를 향해 나아가야 하는 이유는 뭘까?

1. 리스크 분산과 사업 구조 강화

사업부를 여러 개로 늘린다는 것은 매출처를 다양화함으로써 회사의 리스크를 분산하고 사업 구조를 건강하게 가져가겠다는 뜻이다. 그중에서도 리스크 분산이 상당히 중요하다. 넷플릭스의 현재 영업이익률은 꽤 높은 편이지만 이는 코로나19라는 외부적 요인이 작용한 결과다. 실제로 2022년 1분기에는 11년 만에 처음으로 구독자 증가세가 꺾이며 시장에 충격을 줬다. 콘텐츠라는 단일 사업 구조를 가진 넷플릭스는 OTT 사업의 리스크가 곧 전사의 리스크가 된다. 그러나 디즈니는 다르다. 설령 디즈니플러스의 성장세가 꺾인다고 하더라도 디즈니랜드나 오프라인 영화관 사업 등에서 이를 만회할 수 있다. 매끄러운 성장만큼이나, 앞으로 직면하게 될 리스크를 어떻게 관리하느냐의 문제도 비즈니스를 운영함에 있어서 빼놓을 수 없는 중요한 요소다.

2. 단일 IP의 부가가치 극대화

IP 기업의 사업 분야 확대는 곧 단일 IP가 창출하는 부가가치의 극대화로 이어진다. 성장하는 사업에서는 보통 수량에 집중하기 마련이다. 섣불리 가격을 올려 판매 수량이 줄어들거나 고객이 이탈하는 일이 벌어지지 않도록, 적정한 가격을 유지해 판매량을 최대한 늘리고 시장 점유율을 끌어올리는 데 집중한다. 하지만 이 작업에도 한계가 있다. 수량은 어느 정도 늘어나면 정체기를 맞이하기 때문이다. 더 이상 수량을 늘릴 수 없는 단계에 이르면 기업은 가격을 인상한다. 흔히들 성장 기업이

'먼저 시장 점유율을 확대하고, 그 이후 가격 인상 및 비용 관리를 통해 수익성을 확보하겠다'고 하는 것이 바로 이에 근거한 것이다.

콘텐츠도 마찬가지다. 판매가 집중되는 초반에는 고객 확보에 전념하지만, 어느 정도 정점에 이르게 되면 가격을 건드린다. 넷플릭스 역시 구독자 수가 정체되자 신규 고객 확보를 위해 광고 요금제(광고를 보는 대신 좀 더 저렴하게 이용할 수 있는 요금제)를 출시하는 등 고객 확보 정책을 쓰는 중이다. 그러나 이후 성장의 한계에 도달하면 가격 인상을 고려할 수밖에 없을 것이다. 이때 단순히 구독료를 인상하는 방법 외에도 IP 비즈니스의 확장을 통해 가격 인상을 구현하는 방법도 있다. 즉, 넷플릭스가 동일 IP를 활용해 커머스, 게임, 음악, 도서, 디지털 재화 등 다양한 영역으로 사업을 확장한다면, 신규 IP의 육성 없이도 기존 IP를 통해 새로운 부가가치를 만들어낼 수 있다. 〈오징어 게임〉이 공전의 히트를 기록한 이후 의상, 소품, 피규어 등 관련 카피 제품이 대량으로 판매된 것이나, 〈킹덤〉을 통해 조선시대 성인 남성이 머리에 쓰던 '갓'이 해외에서 유행하게 된 것은 팬들이 만들어낸 일종의 '팬코노미(팬덤 이코노미)'였다. 커머스 외에도 넷플릭스가 시도해볼 수 있는 비즈니스는 수없이 많다. **이를 위해서는 팬들이 IP를 어떻게 가지고 노는지 주목한 뒤, 그곳에서 IP의 부가가치를 극대화할 수 있는 방법을 찾는 것이 우선돼야 한다.**

3. IP 생애 주기와 가치 증대

사업 영역의 확대는 단순히 부가가치의 증대만을 의미하진 않는다. 이는 IP의 사용자 경험을 개선해 IP의 생애 주기를 늘리고, IP 팬덤을 꾸준하게 유지한다는 점에서도 그 의미가 있다. 단일 콘텐츠로만 접하는 것에서 벗어나 IP의 접점을 확대해 사용자 경험을 크게 개선할 수 있는데, 다양한 각도에서 브랜드 노출을 유도하고 회사가 원하는 사용자 경험을 전달하는 브랜드 통합 마케팅처럼 IP 역시 다양한 영역에서의 사업 전개를 통해 소비자와의 접점을 늘려가는 것이 중요하다.

예를 들어 한 아이가 디즈니랜드에서 평소에 좋아하던 캐릭터인 '미키 마우스'를 실제로 만난다면, 그 아이의 기억 속에서 해당 IP는 영원히 기억될 것이다. 하지만 이때 IP가 추억에만 머무르지 않으려면 디즈니랜드가 아닌 다른 방식으로도 미키 마우스를 소비할 수 있어야 한다. 영화, 게임, 장난감 등은 물론 산업적으로 많은 방법을 통해 소비자를 찾아간다면, 소비자의 머릿속에 해당 IP가 더욱 분명히 자리 잡게 돼 IP의 영속성과 가치 증대에 기여할 것이다.

4. IP 주도권 장악

한 기업이 IP 비즈니스의 여러 밸류 체인을 확보한다는 것은 IP에 대한 주도권을 가져가겠다는 의미이기도 하다. 주도권을 장악한 기업은 스스로 IP를 찾아 나서지 않아도 된다. 잠재력 있는 IP 혹은 그런 IP를 만들 수 있는 리소스를 자연스럽게 흡수할 수 있기 때문이다. 예를 들어 한 제작사가 새 드라마를 제작했는데 이것을 국내 OTT와 넷플릭스 둘 중 한 곳에 서비스할 수 있다고 해보자. 두 곳은 동일한 경제적 대가를 보장했다. 이때 어떤 곳을 선택해야 할까? 제작사는 넷플릭스를 선택할 가능성이 높다. 왜냐하면 넷플릭스가 해당 작품을 더욱 강력한 IP로 만들어줄 수 있기 때문이다. 넷플릭스가 보유한 수억 명의 사용자 집단은 콘텐츠 판매로 얻게 될 당장의 금전적 이익보다도 매력적이다. 이처럼 넷플릭스는 콘텐츠 영역에서 막강한 파워를 갖고 있다.

이번에는 다른 가정을 해보자. 넷플릭스와 계약한 콘텐츠가 전 세계적으로 흥행에 성공해 다음 작품을 만들게 됐다. 이번에는 넷플릭스를 비롯해 또 다른 글로벌 OTT에서도 제안을 받았다. 고객 규모는 두 곳이 비슷하다. 다만 새로운 OTT는 종합 IP 기업으로, 그들과 계약하면 OTT는 물론 테마파크에도 콘셉트 스토어를 만들어주고 IP 라이선싱을 통한 MD 판매와 다양한 컬래버레이션까지 진행해주겠다고 약속했다. 이 경우에는 어떤 곳이 더 매력적일까? 물론 세부적으로 고려해야 할 사항은 많겠지만, 콘텐츠 IP를 소유한 입장에서는 OTT라는 단일 비즈니스 모델을 가진 곳보다는 다양한 IP 비즈니스를 영위하는 곳에서 IP의 확장성을 증명해보고 싶은 마음이 들 것이다. 이것이 바로 매력적인 IP를 가져올 수 있는 힘이다. 보유한 밸류 체인이 다양하고 이미 수익성이 검증됐다면, 그것만으로도 강력한 경쟁력을 갖춘 셈이다.

웹소설, 웹툰, 드라마, 영화로 이어지는 리디의 IP 파워

사람들에게 웹소설과 웹툰을 활용한 IP 비즈니스 업체를 물으면 보통은 네이버(네이버 웹툰)나 카카오(카카오페이지) 같은 대형 IT 기업을 떠올린다. 물론 이들도 막대한 자금과 영업력에 기반해 적극적으로 사업을 전개해가고 있지만, 사실 이 영역에는 또 다른 강자가 있다. 바로 2009년 처음으로 서비스를 출시한 이후 현재까지 국내외 시장에서 높은 성과를 내고 있는 리디다.

2008년 3월 설립된 리디는 국내 최초의 전자책E-Book 플랫폼인 리디북스로 시작해, 이제는 웹소설, 웹툰까지 제공하는 콘텐츠 플랫폼 기업이다. 국내 서비스인 리디와 글로벌 서비스인 만타 두 플랫폼을 보유하고 있으며, 특히 2020년 선보인 만타는 출시 1년 6개월 만에 500만 다운로드 수를 돌파하며 글로벌에 성공적으로 안착했다. 인기 웹소설 〈상수리나무 아래〉의 영문판인 〈Under the Oak Tree〉는 해외 5개국에서

출처 | 리디

해외 5개국에서 베스트셀러에 오르며 국내 웹소설 IP의 저력을 입증한 리디의 인기 웹소설 〈상수리나무 아래〉.

아마존 베스트셀러에 오르며, 해외 시장에서 국내 콘텐츠 IP의 저력을 입증했다.

리디는 IP 홀더보다는 IP 플랫폼에 가까운 기업으로, 다양한 창작자들의 웹소설, 웹툰 IP를 국내외로 서비스하는 게 주요 사업이다. 하지만 플랫폼이 점차 확대됨에 따라, 최근에는 웹소설 자유 연재 플랫폼인 디리토를 흡수 합병해 운영하는 등 IP 확보에도 적극적인 행보를 보이고 있다. 한편, 2022년에는 리디의 주요 웹소설 콘텐츠 중 하나였던 〈시맨틱 에러〉가 드라마로 제작돼 국내 OTT인 왓챠에서 방영되며 큰 인기를 끌었다. 원작 웹소설과 웹툰을 보려는 유저가 유입되면서 비즈니스

리디 실적 추이(연결 기준)

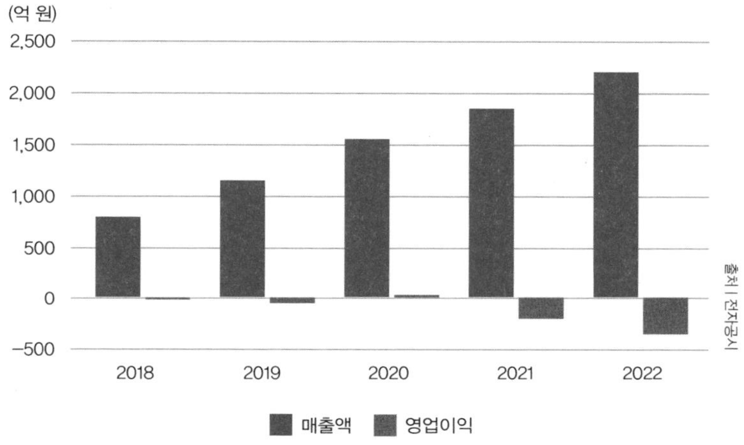

순환 구조가 하나씩 만들어졌고, 리디는 IP 플랫폼인 동시에 IP 판권을 확보한 홀더로서도 성장하는 발판을 마련할 수 있었다.

콘텐츠 IP 확보를 위한 경쟁

앞서도 언급한 바 있지만, 리디의 IP 확장 방식은 콘텐츠 영역 내에서 발생하는 버티컬식 확장이다. 하나의 단일 콘텐츠 IP를 웹소설, 웹툰, 드라마, 그리고 음원까지 여러 콘텐츠 영역으로 확장해 소비자로 하여금 각각의 콘텐츠를 즐길 수 있도록 하는 것이다. 버티컬 확장은 최근 콘텐츠 IP 비즈니스의 큰 트렌드 중 하나인데, 카카오엔터테인먼트의 경우 웹소설, 웹툰은 물론 드라마, 영화까지 직접 제작할 수 있도록 이미 국내 여러 제작사 및 매니지먼트를 인수해 밸류 체인을 갖춘 상황이다. 이에 질세라 콘텐트리중앙(전 제이콘텐트리), CJ ENM과 같은 전통 콘텐츠 기업들도 공격적으로 IP 확보에 나서고 있다.

옆의 표는 국내 콘텐츠 기업들의 인수 및 투자 현황을 보여준다. 표를 통해 정리한 것 외에도 최근 국내에서는 제작자 인수 합병 또는 지분 투자 사례가 눈에 띄게 늘고 있다. 콘텐츠 기업뿐 아니라 유통 기업, 패션 기업, IT 기업 그리고 벤처캐피털과 사모 펀드까지 다양한 영역에서 콘텐츠 IP 투자에 나설 만큼 시장이 활발해진 상태다. 이렇게 시장이 달아오른 이유는 〈기생충〉과 〈오징어 게임〉 이후 국내 콘텐츠의 소비 범위가 해외 시장으로 크게 확장됐기 때문이다. 글로벌에서 흥행에 성공하면 프로젝트 자체의 수익성은 물론 메가 IP를 배출한 이력을 갖게 되고, 이 콘텐츠 IP를 통해 여러 비즈니스를 실행할 수 있으니 이전과 비교할 수 없이 산업 규모가 커진 것이다. 물론 OTT 납품에 있어 수익의 한계 및 IP 소유권에 대한 문제가 여전히 존재한다. 하지만 최근들어 국내 콘텐츠가 글로벌에서 조금씩 인정받기 시작하면서, 〈기생충〉과 같이 글로벌 OTT에 의존하지 않고도 우리가 직접 IP를 보유한 콘텐츠가 해외에서 성공할 가능성도 커졌다.

한편, 콘텐츠 IP에 대한 투자는 초기에는 대부분 영화나 드라마 등의 영상 제작사를 중심으로 이뤄져왔다. 그러다 웹소설 및 웹툰 원작을 활용한 영상 콘텐츠가 지속적인 흥행을 거두자, 2020년 이후부터는 투자 범위가 원작 IP로까지 확대되기 시작했다. 선두에 선 것은 네이버

콘텐츠 기업 인수 및 투자

인수 기업	피인수/피투자 기업	분류
카카오엔터테인먼트 (카카오)	바람픽쳐스	제작사
	로고스필름	제작사
	글앤그림미디어	제작사
	크로스픽쳐스	제작사
	쓰리와이코프레이션	제작사
SLL (콘텐트리중앙)	필름몬스터	제작사
	wiip	제작사(해외)
	드라마하우스 스튜디오	제작사
	하우픽쳐스	제작사
	스튜디오 버드	VFX/CG
	스튜디오 피닉스	제작사
	앤피오 엔터테인먼트	제작사
	앤솔로지스튜디오	제작사
	비에이엔터테인먼트	제작사
	퍼펙트스톰필름	제작사
	클라이맥스 스튜디오	제작사
	하이지음스튜디오	제작사
	프로덕션 에이치	제작사
마인드마크 (신세계)	스튜디오329	제작사
스튜디오드래곤 (CJ ENM)	무비락	제작사
	길픽쳐스	제작사
CJ ENM STUDIOS (CJ ENM)	엠메이커스	제작사
	제이케이필름	제작사

출처 | 언론 보도 종합

와 카카오였다. 카카오가 먼저 북미의 웹소설 플랫폼인 래디쉬Radish와 웹툰 플랫폼 타파스Tapas를 인수했고, 이어 네이버도 시장에 뛰어들어 국내 웹소설 플랫폼인 문피아를 인수하는 데 성공했다. 이후 다시 카카오가 래디쉬의 산하로 세계 최대의 '아시아 판타지' 웹소설 플랫폼 우시아월드Wuxiaworld를 인수하며 콘텐츠 IP 확보를 둘러싼 싸움은 더욱 치열해졌다. 이처럼 전투적인 인수 경쟁에는 장르를 불문한 최근의 흥행작 대부분이 웹소설 혹은 웹툰을 원작으로 둔 콘텐츠라는 사실이 크게 작용했다. 특히 로맨스나 로맨스 판타지 장르에서 웹소설이 가지는 영향력이 상당한 만큼, 업계에서는 앞으로도 지금과 같은 양상이 지속될 것으로 예상하고 있다.

웹소설 선호 장르(1~3순위 통합)

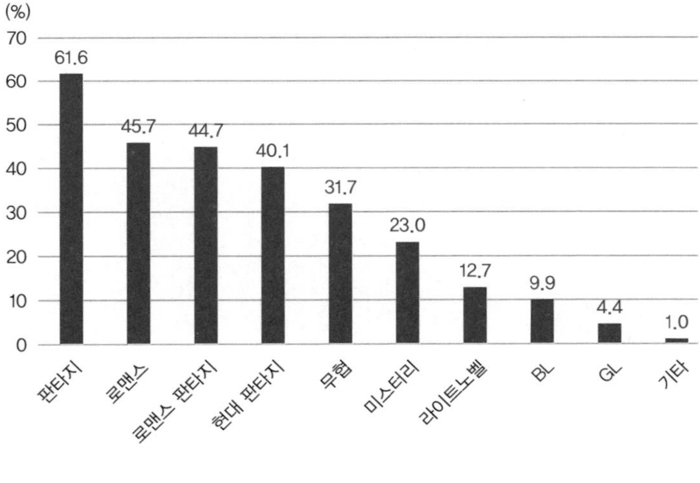

출처 | 한국콘텐츠진흥원(2020년 웹소설 이용자 실태조사)

콘텐츠 산업이 특정 연령층을 위한 것은 아니지만, 기본적으로 10~20대를 주축으로 한 고객군이 흥행에 큰 영향을 미치는 것이 사실이다. 따라서 이들의 향방이 매우 중요한데, 이 세대가 최근 가장 즐겨 보는 콘텐츠가 바로 웹소설과 웹툰이다. 그들에게 익숙한 원작 IP를 활용한 2차 가공 콘텐츠는 상대적으로 실패할 확률이 낮고, 여기에 웹소설과 웹툰 플랫폼들이 빠른 속도로 해외에 진출해 인정받으면서 국내 원작 IP를 활용한 영화나 드라마가 글로벌에서 흥행할 가능성 또한 커진 것이다. 이러한 산업 트렌드에 따라 리디 역시 보유한 판권과 플랫폼 가치를 인정받아 유니콘 기업(비상장 기업 중 10억 달러 이상의 가치를 가진 기업)에 등극하기도 했으며, 국내외 시장에서의 꾸준한 성장을 바탕으로 국내 대표 웹소설 및 웹툰 플랫폼으로 자리 잡아가고 있다.

웹소설 및 웹툰 IP와 리디를 눈여겨봐야 하는 이유

콘텐츠 IP의 첫 번째 특징이자 가장 두드러지는 장점은 **해외 시장으로의 확장성**이다. 콘텐츠의 경우 제조 및 유통업과 달리 수출에 필요한 비용과 리소스가 높지 않고 번역 등 일부 현지화 작업localization만 거치면 바로 해외로 보급할 수 있다는 장점이 있다. 또한 기술 발전으로 국가 간의 지리적 · 문화적 진입 장벽이 낮아짐에 따라 로컬 콘텐츠가 해외에서 성공할 가능성이 높아지는 추세다. 해외의 젊은 세대들은 어린 시절부터 다양한 한국 콘텐츠를 접하며 성장하기에, 이들이 나이가 들어 가처분 소득이 증가할수록 국내 콘텐츠 기업에는 기회가 점점 늘어나는 셈이다. 웹소설과 웹툰은 다른 콘텐츠에 비해 상대적으로 소비 연령층이 낮아 한국 콘텐츠가 해외 시장에 침투하고 팬덤을 확보하는 데 주요한 첨병 역할을 한다.

두 번째 특징은 **IP 확장에 대한 리스크가 상대적으로 낮다**는 것인데, 이는 리디와 같이 콘텐츠를 버티컬로 확장하는 콘텐츠 IP 전문 기업의 강점이기도 하다. 리디북스 등의 플랫폼을 통해 이미 선별된 웹소설과 전자책을 웹툰으로 확장하는 일명 '노블 코믹스Novel Comics' 방식을 택하기 때문에 기존 유저를 새 콘텐츠의 소비층으로 전환하는 데 유리하다. 뿐만 아니라 스토리나 구성면에서도 일차적인 검증을 완료했기에 웹툰 자체로도 성공하게 될 가능성이 높아진다. 즉, 해당 IP의 팬덤이 리디 내에서 지속적인 콘텐츠 소비를 이어가는 구조다. 여기에 최근 웹툰을 넘어 웹드라마와 같은 또 다른 콘텐츠 영역으로의 확장도 시도하고

출처 | 리디

드라마로 제작돼 큰 인기를 끌었던 〈시맨틱 에러〉.
리디에서 연재된 웹소설이 원작이다.

있어 단일 IP의 무궁무진한 파생력까지 증명하고 있다. 웹소설에서 시작해 웹툰, 드라마, 영화로도 이어진 〈시맨틱 에러〉가 가장 대표적인 사례로, 다소 대중성이 떨어지는 BL('Boys love'의 약자로 남성과 남성의 사랑 이야기를 다룬다) 장르를 상당히 대중적인 영역까지 끌어올렸다는 평가를 받는다. 사실 시장에서 〈시맨틱 에러〉의 성공은 BL이라는 특수한 장르로 인해 더욱 주목받았지만, 팬들 사이에서는 장르를 떠나 그 자체로 짜임새 있는 스토리와 기획을 갖추고 있다고 여겨진다. 결국 콘텐츠의 성패는 단순히 장르에만 국한되는 것이 아니라 콘텐츠 자체의 경쟁력에 달려있는 셈이다.

세 번째 특징은 **결제 방식**이다. 리디의 해외 웹툰 서비스 만타의 경우 웹툰 업계에 일반적이지 않은 구독제 방식을 적용하고 있다. 대부분의 웹툰 서비스는 편당 일정 금액을 받고 콘텐츠를 판매하는 건당 결제 방식으로 운영되는데, 리디가 OTT 플랫폼과 같은 구독제를 택한 것은 업계에서 상당히 이례적이라는 반응이다. 보통 콘텐츠 플랫폼 비즈니스는 건당 결제와 구독 결제라는 두 가지 결제 방식 사이에서 많은 고민에 빠진다. 각자의 장단점이 존재하기 때문에 어떤 결제 모델을 적용하는 것이 좋을지 결정하기가 쉽지 않아서다.

건당 결제

건당 결제의 경우 소수의 경쟁력 있는 IP만으로도 비즈니스를 이어갈 수 있다는 장점이 있다. 일종의 각개전투와도 같아서 개별 IP의 경쟁력이 무엇보다 중요하다. IP 홀더 입장에서도 플랫폼 의존도가 높지 않고 판매 및 정산도 간단하다. 플랫폼 입장에서는 무리하게 많은 IP를 확보하지 않아도 되고 소수의 IP에만 집중할 수 있어 리소스를 절약할 수 있다. 킬러 IP를 집중적으로 홍보하면 되고, 유저의 입장에서도 해당 IP만 결제하면 되기 때문에 원치 않는 IP까지 함께 구독하기 위해 비용을 지불해야 하는 구독 결제 대비 IP 친화적이라고 할 수 있다.

하지만 그만큼 플랫폼 입장에서는 특정 IP에 대한 의존도가 높아지게 된다. 플랫폼 중심이 아닌 IP 중심의 결제 방식이다 보니, 시간이 흘러도 플랫폼 자체의 경쟁력은 크게 강화되지 못한다. 무엇보다 특정 IP가 이탈하는 순간 플랫폼은 치명적인 타격을 입는다.

구독 결제

반대로 구독 결제는 유저를 IP가 아닌 플랫폼에 종속시키는 플랫폼 중심의 결제 방식이다. IP로 구성된 함대와도 같다. 킬러 IP가 존재하는 것은 마찬가지지만, 이를 통해 플랫폼 내 다른 IP를 체험하고 소비할 수 있도록 유도한다. IP 홀더 입장에서도 다른 IP와 공생하는 구조다. 구독 결제의 특성상 특정 IP로 유입된 고객이 다른 IP를 소비하는 데 추가 비용이 없다 보니, IP끼리 고객을 공유할 수 있어 서로의 성장을 돕는 효과가 있다. 특히 플랫폼에 메가 IP가 존재한다면 그 낙수 효과는 더욱 커진다. 즉, 구독 결제는 IP들이 하나의 거대한 네트워크를 구축해 플랫폼 내에서 성장하는 형태다. 따라서 구독 결제가 성공적으로 안착하기만 한다면, 해당 플랫폼은 건당 결제 방식과 비교할 수 없을 만큼 높은 성장을 보일 수 있다.

하지만 이를 위해 초기에 상당히 큰 투자와 IP 확보가 수반돼야 하기에, 실패 시 매몰 비용이 크다. 또한 구독 결제가 수익을 내기 위해서는 건당 결제보다 훨씬 많은 구독자를 모아야 한다는 어려움도 있다. 고객 입장에서는 불필요한 비용을 추가로 지불하는 것처럼 인식할 수 있어 진입 장벽으로 작용하며, 여기서 이탈하는 고객이 발생하기도 한다.

만타는 결국 구독 결제를 선택했다. 이 경우 특정 콘텐츠가 아닌 다수 콘텐츠에 대한 자신이 있어야 하고 보다 많은 콘텐츠를 확보할 준비가 돼있어야 한다. 리디의 경우 이미 전자책과 웹소설 등을 기반으로 확보한 IP들이 존재해 이 부분에 자신이 있었을 것으로 보인다. 해외 웹툰 시장에는 다소 늦게 뛰어든 만큼, 구독 결제를 통해 리디만의 차별성을 강조하고자 하는 의도도 있었을 것이다.

콘텐츠 IP 기업의 성장통

앞서 2부에서도 한 차례 언급했지만, 콘텐츠 IP에서 IP 홀더와 IP 플랫폼 간 상호 의존성 및 침투 빈도는 상당한 수준이다. 다른 IP 영역과 비교해도 가장 심하다. OTT 플랫폼인 넷플릭스는 외부 콘텐츠로만 플랫폼을 채우는 것이 아니라 자체 제작 및 투자를 늘려가며 원천 IP를 확보하는 IP 홀더 전략을 활용하고 있고, 다수의 메가 IP를 보유한 IP 홀더로 출발했던 디즈니는 결국 오늘날 종합 IP 플랫폼의 모습을 갖추기 위해 고군분투 중이다. 이처럼 IP 홀더와 IP 플랫폼이 상호의 영역으로 확장하는 것은 살아남기 위한 필수 전략이 됐다. 리디 역시 마찬가지다. 네이버나 카카오와 같은 빅테크는 물론 전통 콘텐츠 기업까지 원천 IP를 확보하려는 움직임이 있는 만큼, IP 확보를 위한 경쟁은 이미 심화될 대로 심화된 상태다. 주요 선두 업체로의 통합이 진행 중이지만, 웹소설 및 웹툰 자체가 그리 오래된 산업 분야가 아니기에 여전히 많은 플레이어들이 치열하게 경쟁하고 있다. 시장이 빠르게 성장하고 있어 아직까지는 각 경쟁자들이 조금씩 파이를 나눠 가지며 버티는 상황이다. 본격적인 합종연행이 진행되기까지는 앞으로도 다소 시간이 필요할 전망이다.

반대로 작가들은 플랫폼 선택지가 늘어나면 자연스럽게 수익 배분이나 흥행, 운영 등 다양한 측면에서 좀 더 유리한 곳을 찾게 되는데, 이는 결국 플랫폼 간의 경쟁 심화로 이어진다. 리디와 같은 콘텐츠 기업 입장에서도 예정된 미래를 대비할 방법이 필요하다. 실제 리디의 감사 보고서를 보면 지급 수수료가 매출액에서 차지하는 비중이 80%에 육박한다. 여기에 어떤 항목이 포함돼 있는지까지는 정확히 알 수 없지만, 상당 부분이 창작자들에게 배분될 것으로 추정된다. 사실 이 정도의 수수료가 지속될 경우, 성장의 과실이 IP 플랫폼이 아닌 IP 홀더에만 집중될 수 있어 회사가 높은 수익성을 달성하긴 어렵다. 또한 웹소설이나 웹툰은 원천 IP의 창작 주체가 대부분의 중소업체 혹은 개인으로, 창작자가 한곳에 모여있지 않고 점처럼 흩어져 있다 보니 인수 합병과 같이 직접 투자를 통해 콘텐츠를 확보하는 일에도 물리적인 한계가 존재한다. 결국 이를 극복하기 위해서는 IP가 유입될 수 있는 시스템을 구축해야만 한다. 메이저 플레이어와 치열하게 경쟁하는 상황에서 공격적인 투자나 인수 합병 전략은 경쟁 업체의 심리를 자극해 되려 불리한 상황을 초래할 수도 있기 때문에, 먼저 체계적인 지원과 육성 시스템을 구축해 창작자들이 플랫폼으로 유입될 수 있는 구조를 만드는 것이 근원적인 해결 방법이다. 물론 쉬운 일은 아니라 많은 고민이 뒤따를 것이고, 이는 리디만의 문제가 아니라 해당 업계 전체가 고민하고 있는 지점이다. 리디는 설립 이후 전자책이나 만타처럼 새로운 해외 시장을 개척해 온 저력이 있고, 긴 시간 꾸준히 사업 역량을 쌓아온 만큼 앞으로 충분히 좋은 결과를 만들어낼 수 있을 것이다. 또한 웹소설 및 웹툰 업계를 국내 기업이 주도하고 있고 그 성장세가 가파르기에, 콘텐츠 IP 시장에서 새로운 사업 기회를 꾸준히 찾을 수 있을 것으로 기대한다.

누구나 IP로 사업할 수 있음을 보여주는 크리에이터 IP 플랫폼들

다방면의 IP 비즈니스가 주목받고 있는 가운데, 개인적으로 가장 흥미롭게 지켜보는 분야가 바로 이 크리에이터 IP 플랫폼이다. 정말 다양한 분야에서 여러 플랫폼이 등장하고 있으며, 주로 IP를 활용한 커머스 사업이 중심을 이룬다. 이번 장에서는 얼킨캔버스와 오라운드, 그리고 젤리크루 세 기업을 다뤄보고자 한다.

세 곳은 모두 IP 커머스 기업이지만 각자의 영역은 조금씩 다르다. 얼킨캔버스는 예술 작품과 캐릭터 IP를 활용한 패션 아이템을 제작 · 판매하고, 오라운드는 주로 크리에이터와 유명인을 기반으로 한 MD를 제작 · 판매하며, 젤리크루는 크리에이터들이 창작한 캐릭터 IP를 유통하는 플랫폼이다. 분야는 다르지만, 여러 플랫폼 중 가장 개성이 뚜렷하고 또 좋은 성과를 내고 있어 이 세 곳을 뽑았다. 먼저 각 회사의 개요를 간단하게 살펴보자.

시각 IP 라이선스를 수익화하는 얼킨캔버스

얼킨캔버스의 법인명은 옴니아트다. 창업자 이성동 대표가 2014년 론칭한 디자이너 브랜드 얼킨ul:kin을 기반으로 2017년 법인을 설립하고, 2021년 2월 시각 IP를 활용한 패션 플랫폼 얼킨캔버스를 출시했다. 얼킨캔버스는 '시각 IP 패션 플랫폼'이라는 설명대로 예술 작품이나 캐릭터, 로고 등 여러 창작자들의 아트워크 IP를 패션의류나 잡화에 적용해 제작·판매한다. 이미 디자인된 기성 제품을 판매하기도 하지만, 얼킨캔버스 사이트 내 '커스텀CUSTOM' 메뉴를 통해 유저가 직접 제품에 IP를 적용해 제작할 수도 있다. 후드 티, 에코백, 포스터, 쿠션, 머그잔, 마스크, 마우스 패드 등 상품 종류도 다양하다. 이렇게 상품을 고르고 각종 캐릭터나 일러스트, 브랜드 로고, 아트워크 등 원하는 IP(얼킨캔버스에서는 '라이선스'라고 표현한다)를 선택하면 얼킨캔버스 측에서 고객의 요청대로 제품을 제작해 배송해준다. 라이선스 이미지는 고정이지

사이트 내에서 원하는 상품과 라이선스를 골라 커스터마이징할 수 있다. 상품과 라이선스 각각의 가격을 합친 금액이 최종 결제 금액이 된다.

출처 | 얼킨캔버스

만 사이즈나 위치 등을 조절할 수 있기 때문에 어느 정도 커스터마이징customizing이 가능하다. 몇 번의 클릭으로 나만의 아이템을 제작할 수 있는 것이다. 단순히 IP가 반영된 상품을 판매하는 것을 넘어 고객별 커스터마이징이 가능하다는 점에서 기존 IP 커머스보다 한 단계 진화한 형태라고 볼 수 있다.

이러한 사업 방식은 주문형 인쇄 방식인 'PODPrint On Demand'에 속하는 것으로, 크리에이터 IP 시장에서는 이미 몇 년 전부터 주목받고 있는 다품종 소량 생산의 비즈니스 모델 중 하나다. 기업은 POD 생산이 가능하도록 시스템을 갖춘 후 티셔츠 한 장이라도 고객이 원하는 디자인으로 맞춤 생산한다. 아마존이 운영하는 머치 바이 아마존Merch by Amazon이 대표적이며, 국내에도 여러 스타트업이 이 사업에 뛰어들었다. POD와 같은 방식이 발전할 수 있었던 이유는 취향에 기반한 소비가 확대되면서 결국에는 개별 커스터마이징으로까지 그 영역이 확장됐기 때문이다.

하지만 초기 POD 시장에는 IP의 무분별한 사용으로 저작권이 침해되는 문제가 있었다. 사용자들은 온라인에서 쉽게 다운받을 수 있는 여러 이미지를 무단으로 활용했으며, 플랫폼도 이를 방관하는 경우가 많았다. 당연히 IP는 보호받지 못하고 여러 형태로 변형되기까지 했다. 당시만 해도 POD 시장은 IP에 대한 부가가치를 창출하지 못해, IP 비즈니스라기보다는 일반 제조업의 영역에 가까웠다.

하지만 최근 들어 플랫폼들이 정당한 라이선스를 확보하고 IP의 불법 사용을 금지하는 정책을 시행하면서, IP도 그 대가를 수취할 수 있게 됐다. 단순 제조업 시장에서 IP 산업으로 그 축이 이동한 것이다. 소비자가 시각 IP 라이선스를 선택하면 플랫폼은 판매 금액의 일부를 해당 라이선서에게 로열티로 지급한다. 그동안 불모지로 여겨졌던 시각 IP가 (비록 적은 금액이라고 할지라도) 수익을 창출할 수 있는 길이 열렸고, 이렇게 생태계가 만들어지자 POD 비즈니스는 빠른 속도로 확산됐다.

얼킨캔버스는 여기서 한 걸음 더 나아가 POD 방식에 본인들만의 사회적 가치를 부여했다. 얼킨캔버스의 가장 큰 특징이자 핵심 키워드는 '순환'이다. 버려진 미술 작품을 활용해 업사이클링upcycling 제품을 만드는 '자원 순환'이 얼킨의 시작이었고, 이제는 얼킨캔버스를 통해 크리에이터와 작가들의 작품을 패션 제품으로 만드는 '재능 순환' 단계에 접어든 것이다. 얼킨캔버스는 IP에게도 좋은 테스트 베드test bed가 된다. 자신의 IP를 패션 커머스로 확대했을 때 고객들이 어떤 디자인과 형태를 선호하고, 또 어떤 방식으로 소비하는지 선제적으로 파악해볼 수 있기 때문이다. 얼킨캔버스는 이런 IP들과 여러 형태의 협업을 진행하고 있다.

크리에이터 마켓의 다크호스, 오라운드

오라운드oround는 프린팅 전문 기업인 위블링의 POD 굿즈 마켓이다. 위블링은 오라운드 외에도 스냅스(사진 인화)와 오프린트미(명함, 스티커 등 홍보물 제작)라는 플랫폼을 함께 운영하고 있다. 위블링은 사진 인화나 포토 북, 명함, 포스터와 같은 인쇄물을 주로 제작하다, 2022년 초 '크리에이터 마켓' 개념인 오라운드를 론칭했다. 스냅스가 개인을 대상

출처 | 오라운드

기존 크리에이터의 IP를 활용한 MD를 제작하고 판매하며 사업을 전개하는 플랫폼 오라운드.

으로 한 손수 제작DIY 굿즈에 주력하고, 오프린트미가 기업 고객을 대상으로 한 인쇄물과 홍보물에 집중했다면, 오라운드는 크리에이터의 IP를 기반으로 각종 MD를 제작해 판매하는 구조의 플랫폼이라고 할 수 있다. 제조업 기반의 스냅스나 오프린트미와는 다르다. 단순히 프린팅 제품을 판매하는 것이 아니라 크리에이터의 IP를 활용해 부가가치를 만들고, 이를 통해 판매량도 크게 확대할 수 있는 비즈니스 모델이기 때문이다. 특히 패션 분야로 상품군을 확대하고 여러 크리에이터 및 인플루언서와 협업하면서 한층 빠르게 입지를 넓혀가고 있다. 오라운드는 관련 업계에 다소 늦게 진출했음에도 불구하고 시장의 주목을 받는 서비스 중 하나가 됐다.

위블링(오라운드) 실적 추이

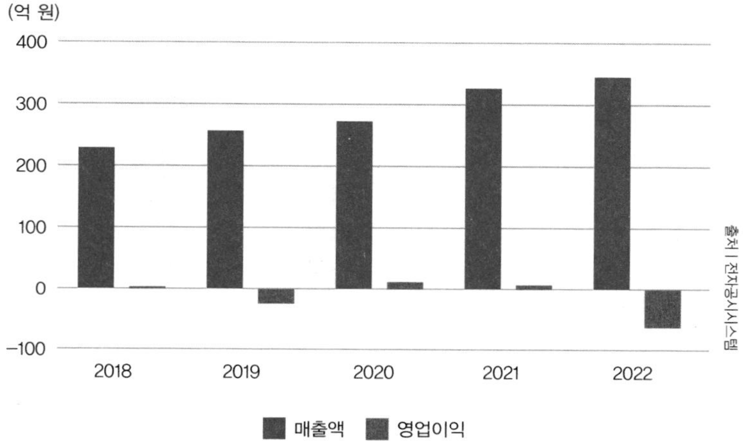

이러한 사업 확장을 기반으로 위블링은 꾸준한 성장세를 보이고 있다. 2018년 230억 원 수준이던 매출액은 2022년 347억 원까지 증가했다. IP 비즈니스를 전개하는 동시에 제조 기반의 프린팅 사업이 실적과 기술 측면에서 뒤를 받쳐주며 조화를 이루고 있는 것으로 보인다.

캐릭터 IP와 문구 카테고리에 집중한 젤리크루

최근 크리에이터 이코노미 영역에서 가장 주목할 만한 회사를 하나 더 꼽자면 바로 젤리크루JELLY CREW다. 젤리크루의 법인명은 핸드허그로 주로 캐릭터 IP를 활용한 문구류를 판매한다. 2015년 박준홍 대표가 설립한 핸드허그는 초기에 IP 홀더와 생산자를 연결하거나 IP 홀더와

핸드허그(젤리크루) 실적 추이

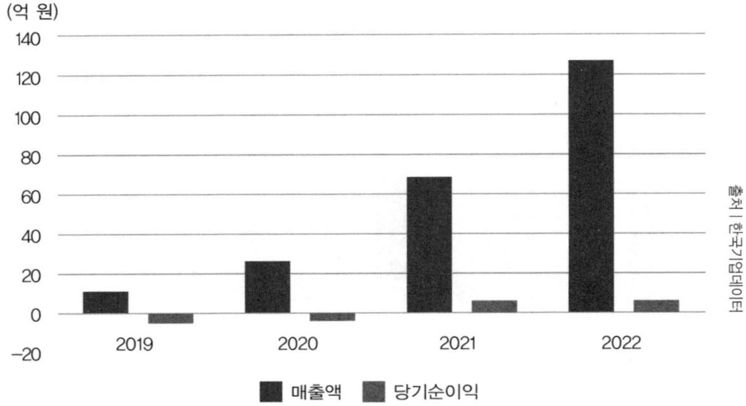

유통사를 연결하는 플랫폼 사업을 영위하다, 여러 차례 피보팅pivoting 끝에 세 번의 실패를 딛고 2019년 네 번째 사업인 젤리크루를 시작했다. 젤리크루는 성공적인 성과를 보이며 2022년 매출액 125억 7천만 원, 당기순이익 5억 7천만 원을 달성하는 등 흑자 경영을 이어가고 있다. 2022년에는 100억 원 이상의 투자를 유치하기도 했다.

타깃은 뾰족하게, 카테고리는 분명하게

젤리크루의 가장 큰 특징은 캐릭터 IP와 문구류로 타깃을 아주 뾰족하게 가져갔다는 것이다. 지향하는 바와 정체성을 확실히 해 크리에이터들로 하여금 '캐릭터 IP를 활용한 문구류 커머스는 젤리크루'로 이어지도록 철저히 브랜딩했다. 사실 캐릭터 IP와 문구류라고 하면 그 시장이

출처 | 젤리크루 페이스북

캐릭터 IP를 활용한 문구류 커머스 사업의 선두 주자, 젤리크루.
현재 500여 개 브랜드가 입점해 있다.

매우 작게 느껴지고 소위 '마이너minor'하다고 생각할 수 있지만, 이미 아트박스나 텐바이텐과 같은 커머스 플랫폼을 통해 캐릭터 IP를 활용한 MD 시장이 어느 정도 수요가 있다는 것은 증명이 된 상태였다. 여기에 10~20대 여성들 사이에서는 일명 '문덕(문구류 덕후)', '다꾸(다이어리 꾸미기)'라는 말이 생겨날 정도로 문구류에 대한 소비가 증가하는 추세여서, 캐릭터 IP를 활용한 커머스 사업자의 입장에서는 충분히 도전해볼 만한 시장이라 여겨졌을 것이다. 다른 분야의 캐릭터 MD는 이미 기존 업체의 시장 장악력이 강력해 새롭게 침투하는 데 많은 리소스가 투입돼야 하지만, 문구류의 경우 전문적인 버티컬 플랫폼이 존재하지 않아 스타트업이 접근하기에 적합한 니치마켓이었다.

물론 태블릿과 같은 디지털 기기의 등장으로 문구 제품에 대한 수요는 과거에 비해 크게 줄어들었으나, 소비자들은 실사용 목적 외에도 캐릭터 IP를 소유하는 MD로서 문구류를 소비하기 시작했다. 스티커나 엽서, 메모지 등 주로 인쇄지인 문구류를 적게는 몇만 원어치부터 많게는 몇십만 원어치까지 구매하는 고객들이 적지 않다. 실제로 스타트업 성장 분석 플랫폼인 혁신의숲의 데이터에 따르면 젤리크루의 평균 거래 단가는 2~3만 원 수준으로, 스티커 한 장의 가격이 2~3천 원인 점을 감안하면 고객 1명이 평균 10장씩 구매하는 셈이다. 태블릿에서 쓰는 노트, 다이어리, 플래너 서식 등의 디지털 문구류를 전문적으로 판매하는 스타트업인 위버딩과 같은 기업까지 등장할 정도니, 캐릭터 IP 시장에도 다양한 가능성이 깃들었음을 알 수 있다.

크리에이터의 동기 부여를 돕는 등급별 IP 관리

젤리크루에서 상시 활동하는 크리에이터는 대략 400팀 정도로 알려져 있다. 가장 많이 팔리는 제품은 캐릭터 스티커이고, 주요 고객층은 10대에서 30대 초반 여성이다. 젤리크루의 가장 큰 특징은 크리에이터를 여러 등급으로 나눠서 관리하고 있다는 점인데, 사실 IP 비즈니스에서 이런 등급 구조를 가져가는 것은 상당히 조심스러운 부분이다. IP의 특성에 따라 역효과를 가져오기도 하고, 초기에 잘 세팅해두지 않으면 평가 기준에 대한 불만이나 IP 간의 갈등 요소로도 번질 수 있기 때문이다. 하지만 젤리크루는 해당 정책을 잘 정착시켜 효율적인 플랫폼 구조를 구축했다.

이 방식은 크리에이터의 등급을 분류함으로써 플랫폼 내에서 크

젤리크루의 크리에이터 등급 시스템

등급	특징	지원 내역
SELLER	• 행사 참여	• 온오프라인 행사 참여 (젤리크루 페어 등)
PARTNER	• 온라인 플랫폼 입점	• 상시 판매 및 기획전 참여
FAMILY	• 전문 인력으로 상품 개발 진행 • 온오프라인 유통 확대	• 대형 서점 및 백화점 유통 • 주요 외부 온라인 채널 유통 • 라이브 커머스 참여
BEST	• 크리에이터 육성	• 단독 팝업 • 프랜차이즈 브랜드와의 컬래버레이션 • 라이선싱 사업 확대

출처 | 박준홍 대표 인터뷰 내용 정리

리에이터가 성장할 수 있도록 지원해주는 동시에, 크리에이터에게는 동기 부여의 요소가 된다. 크리에이터는 플랫폼의 더 큰 지원을 받기 위해 계속해서 IP를 개발하고 출시하며, 또 소비자의 피드백을 수용하는 등 노력을 더하게 된다. 젤리크루는 이 외에도 캐릭터를 소재로 한 웹툰 콘텐츠나 디지털 상품 등 캐릭터의 다양한 상품화를 시도하며 IP의 부가가치를 증대하기 위한 여러 노력도 함께하고 있다. 그 결과 BEST와 FAMILY 등급에 해당하는 크리에이터의 매출 규모가 전체의 50%를 차지할 만큼 빠르게 성장하며, 핵심 IP 확보와 롱테일 전략 모두에서 균형 있는 성과를 창출해내는 데 성공했다. 한편, 회사는 BEST와 FAMILY

등급에 대해서만 직접 상품 기획, 제조, 유통을 지원해주고, PARTNER와 SELLER 등급의 경우에는 크리에이터가 직접 제품을 기획하고 제조해야 하는 구조를 가져감으로써 롱테일 전략에서 발생할 수 있는 재고 리스크를 관리하고 있다. 또한 수수료에서도 등급별 차등이 있는 것으로 알려져 있다.

등급별 IP 관리를 비롯해 여러 측면에서 효율적으로 플랫폼을 운영하고 있는 젤리크루는 문구류 시장에서 빠르게 사업을 확장하며, 온라인뿐만 아니라 오프라인에서도 2023년 7월 기준 9개의 직영 매장과 260개가 넘는 위탁 매장을 보유하는 등 외형적으로도 크게 성장했다. 이렇게 곳곳에 퍼져있는 오프라인 유통망은 판매뿐만 아니라 각종 행사를 통해 제품을 홍보할 수 있는 젤리크루만의 경쟁력으로 작용한다. 이는 곧 많은 IP들이 이 플랫폼에 록인될 수밖에 없는 이유가 된다. 젤리크루는 향후 디지털 굿즈와 IP를 거래할 수 있는 조각 투자 서비스도 출시할 예정으로, 캐릭터 IP와 관련된 다양한 비즈니스 영역으로의 확장 계획을 밝힌 상태다.

물론 젤리크루 역시 IP 플랫폼 특성상 IP의 이탈이나 경쟁 유통사의 캐릭터 문구류 사업 진출과 같은 도전에 직면할 수 있다. 대중적으로 큰 인기를 얻게 된 캐릭터 IP의 경우 자사 몰에 집중하며 MD 판매 못지않게 브랜드 컬래버레이션과 라이선싱을 통해 비즈니스를 키워가는 경우가 많다. 이런 점을 생각해볼 때 젤리크루에 소속된 크리에이터의 IP가 대중적으로 성장한 이후에도 플랫폼에서 이탈하지 않으려면, 지금보다 더욱 확실한 보상 및 계약 조건이 만들어져야 한다. 젤리크루 역시 이런 부분을 충분히 인지하고 있을 것이다. 단일 IP의 부가가치를 높일 수 있는 다양한 방법을 구상하고 있고 또 IP 육성에 대한 의지 역시 확고한 만큼, 향후 젤리크루가 국내 캐릭터 IP의 핵심 플랫폼으로 자리 잡을 수 있길 기대해본다.

크리에이터 마켓의 성장과 도전

앞서 소개한 얼킨캔버스와 오라운드는 같은 IP 커머스 카테고리로 묶이지만, 자세히 들여다보면 차이가 존재한다. 얼킨캔버스는 디자이너 출신 창업자의 성향이 반영돼 조금 더 작가주의적인 성격을 띠며, 패션이 중심 분야다. 또한 패션 카테고리 내에서 창작자의 시각 IP 자체를 거래할 수 있는 기능을 통해 시각 IP의 저작권과 수익성 측면에 초점을 두고 있다.

반면, 오라운드는 크리에이터 IP 전반을 타깃으로, 패션을 포함한 다양한 MD 영역에 걸쳐 자사의 강점인 효율적인 생산, 유통, 물류 프로세스 전반을 비즈니스화해 그 경쟁력을 강화한 형태다. 크리에이터는 오라운드를 통해 본인만의 굿즈 숍을 열어 제품을 제작하고 판매할 수 있다. 이 외에도 다품종 소량 생산 형태의 크리에이터 커머스 플랫폼은 아티스트의 작품을 굿즈로 만들어내는 아트 편집 숍 플랫폼인 뚜누, 핸드메이드 쇼핑몰인 아이디어스, 크리에이터 굿즈 숍인 마플샵 등 다양한 형태로 존재한다. 해외에도 티스프링Teespring, 엣시Etsy와 같은 벤치마크가 있다. 크리에이터들 입장에서는 여러 종류의 플랫폼이 생긴 만큼 각 플랫폼의 장단점을 활용해 본인의 IP를 상품화하고 거래할 수 있게 된 셈이다.

하지만 크리에이터 마켓은 극복해야 할 도전 과제도 상당하다. 국내의 경우, 크리에이터를 활용한 IP 커머스는 아직 초기 단계로 제작 및 판매 대행 수준에 머물고 있다. 재고 부담이 없는 플랫폼도 광고 선전비와 판촉비로 큰 규모의 적자가 나고 있는 점을 고려하면, 크리에이터 마켓에 대한 소비자의 구매력이 유기적으로 작동하는 데 어려움이 있음을 알 수 있다. 하물며 직접 제조까지 담당하는 업체들은 흑자가 난다고 하더라도 현재로서는 수익성이 그리 높지 않을 것이다. MD 종류도 티셔츠, 후드 티, 휴대폰 케이스, 쿠션 등 특정 제품에 국한돼 있어, 제품 자체만으로는 경쟁력을 갖기 어렵다. 따라서 IP 확보에 대한 플랫폼 간 경쟁이 상당히 치열하며, 소비자들은 플랫폼 자체의 변별력보다는 IP에 대한 충성도만으로 구매를 결정해야 하는 상황이다. 또 크리에이터 플랫폼의 진입 장벽이 높지 않아 크리에이터 커머스 기업이 아닌 다른 IP 기업들도 언제든 진출할 수 있다는 점 역시 하나의 위협으로 작용한다.

해외의 경우, 이미 어느 정도 산업이 성숙해지며 메이저 플레이어가 등장하고, 이들을 중심으로 크리에이터들이 모이는 단계에 이르렀다. 다품종 소량 생산의 가장 큰 문제가 바로 생산 효율성인데, 해외 플랫폼들은 다수의 IP를 확보할 수 있는 상황이고 글로벌 시장성이 입증된 케이스도 여럿 존재하는 만큼, IP를 통한 생산 및 판매 효율을 높일 수 있다. 하지만 국내는 K-POP에 속한 IP가 아닌 이상 해외에서의 성과를 증명한 경우가 거의 없는 데다, POD 시스템만으로는 수익성을 극복하는 데 한계가 있다. 생산 단가와 물류, 마케팅 등 제반 비용을 맞출 수 있는 효율 수준에 이르렀더라도, 아직 고수익을 내기에는 부족한 만큼 여러 숙제가 남아있는 셈이다.

결국 크리에이터 마켓도 IP 플랫폼이기 때문에 IP가 머물 수 있는 자체 경쟁력 확보가 가장 중요하다. 들어온 IP를 지키고, 제조와 판매 그 이상으로 IP를 성장시키는 것은 비단 IP 홀더만의 몫이 아니다. IP 홀더가 아니더라도, IP를 육성하고 발전시킬 수 있는 구조를 갖고 있지 않다면 IP 플랫폼도 결국에는 경쟁력을 잃게 된다. 어느 정도 시간이 지나면, 기획, 생산, 유통, C/S 등 기본 프로세스는 누구라도 갖출 수 있다. 그때부터는 역량을 검증받지 못한 플랫폼은 시장에서 퇴출당하게 된다. 남은 플랫폼들은 각자가 어떤 브랜드 정체성을 갖고 있으며 IP를 위해 어떤 서비스를 제공할 수 있는지, 합리적인 수익 배분은 약속할 수 있는지, 또 플랫폼 입장에서 어떻게 IP를 성장시키고 경쟁하게 할 수 있을지 등 여러 고민에 접어들 것이다.

많은 IP 플랫폼이 막대한 비용을 지불해가며 이미 완성된 IP를 들여오는 데 공을 들이고 있지만, IP 플랫폼의 가장 건강한 구조는 플랫폼 내에서 IP가 성장하고 그렇게 성장한 IP들이 서로 경쟁하며 더 좋은 콘텐츠와 IP를 만들어가는 것이다. 유튜브를 예로 들어보자. 플랫폼 내에서 크리에이터를 지원하고 육성하는 것도 유튜브지만, 그렇게 성장한 크리에이터들이 서로 경쟁하고 성장하며 또 퇴출되도록 만들어놓은 것도 역시 유튜브다. 플랫폼이 계속해서 직접 IP를 획득하고 그 IP가 이탈하게 될까 봐 걱정하는 상황이 반복된다면, 진정한 의미에서 IP 플랫폼 비즈니스를 펼쳐가고 있다고 보기 어렵다. 플랫폼 비즈니스의 강점인 레버리지를 내지 못하고, 계속해서 막대한 리소스를 투입해야 하기 때문이다. 크리에이터 마켓이 매우 빠르게 성장하는 시장이고 고객의 취향 역시 매우 다양한 만큼, 우리 플랫폼만의 정체성을 확립하고 플랫폼 내에서 IP를 키워내고 함께 성장할 수 있는 방법을 적극적으로 고민해야 할 시기다. 얼킨캔버스와 오라운드가 각자의 정체성과 경쟁력이 뚜렷한 회사인 만큼, 수년 뒤 크리에이터 마켓 영역에서 좋은 성과를 만들어갈 수 있길 기대해본다.

음원 IP를 활용한 투자 비즈니스, 힙노시스 송스 펀드

최근 미국을 중심으로 음악 산업에서 흥미로운 현상이 나타나고 있다. 바로 유명 뮤지션들의 음원 저작권 매각 행렬이다. 밥 딜런Bob Dylan, 데이비드 보위David Bowie, 스팅Sting, 휘트니 휴스턴Whitney Houston, 저스틴 팀버레이크Justin Timberlake와 같이 세계적으로 유명한 팝 스타들이 줄줄이 본인들의 음원 저작권을 매각한 것이다. 금액도 적지 않다. 곡의 수나 저작권 유형에 따라 차이가 있지만 적게는 1억 달러부터 많게는 5억 달러에 이를 만큼 큰 규모의 매각이며, 소유권 판권을 통으로 매각하는 경우도 많다. 특히 이러한 빅딜big deal은 최근 몇 년 사이에 집중적으로 발생했는데, 소니뮤직Sony Music, 유니버설뮤직Universal Music, 워너뮤직Warner Music과 같은 IP 기업들 외에도 블랙스톤Blackstone, 브룩필드Brookfield처럼 전통 금융 기업과 힙노시스Hipgnosis와 같은 음원 IP 전문 투자 펀드 등 다양한 영역에서 투자가 이뤄지고 있다. 이토록 많은 저작권이 대규모

해외 유명 뮤지션들의 음원 저작권 매각 현황

아티스트	양수인	금액	시기	비고
밥 딜런	소니뮤직	1.5~2억 달러	2022.01	녹음 저작권
밥 딜런	유니버설 뮤직	3~4억 달러	2020.12	멜로디 및 가사에 대한 저작권
데이비드 보위	워너뮤직	2.5억 달러	2022.01	
스팅	유니버설 뮤직	3~4억 달러	2022.02	
저스틴 팀버레이크	힙노시스	1억 달러	2022.05	200여 곡
샤키라	힙노시스	비공개	2021.01	
레드 핫 칠리 페퍼스	힙노시스	1.4억 달러	2021.07	
브루스 스프링스틴	소니뮤직	5.5억 달러	2021.12	
휘트니 휴스턴	브룩필드 자산운용	1억 달러	2022.11	60여 곡
닐영	힙노시스	1.5억 달러	2021.01	1,180여 곡, 50% 권리

출처 | 언론 보도 종합

아티스트들의 저작권 매각 규모는 통상적으로 외부에 공개되지 않아 대부분 추정 금액이며,
매각 시기 역시 언론 보도 시기로 실제와 차이가 있을 수 있음.

로 매각되는 모습은 오늘날 빠르게 변화하는 음원 IP 산업의 현황을 보여주는 것이기도 하다.

음원 IP의 투자 자산화

IP 비즈니스가 전개되는 방식은 매우 다양하지만, 그중에서도 음원 IP의 확장성은 더욱 두드러진다. 특히 투자 기관뿐만 아니라 개인까

지 음원 IP를 사고팔 수 있는 시스템이 구축돼 있어, 오늘날 음원 IP는 단순한 저작권의 개념을 넘어 투자 자산으로도 인정받고 있다. 금융자본은 그 자체로는 부가가치를 창출하기 어렵지만, 산업과 연결되면 산업의 규모를 키우고 성장하는 데 커다란 발판이 된다. 음악 시장 역시 산업 규모가 커짐에 따라 금융자본의 유입이 일어나고 있고, 이는 시장을 성장시키는 밑거름이 돼 점차 그에 알맞은 형태를 갖춰가는 중이다. 그렇다면 음원 IP는 어떤 배경을 통해 자산으로서 조건을 갖출 수 있었을까?

1. 저금리 기조로 인한 음원의 자산 가치 증대

IP가 저작권을 넘어 투자 자산의 성격을 갖추기 위해서는 두 가지 조건이 필요하다. 하나는 자본 이익capital gain이고, 또 하나는 수익yield이다. 자본 이익은 쉽게 말해 매각 차익 혹은 시세 차익이라고 할 수 있다. 물건을 싸게 사서 더 비싸게 파는 것이 투자의 원칙인 만큼, 투자 자산으로 인정받기 위해서는 이러한 자본 이익이 존재해야 한다. 즉, 사고팔 수 있어야 하고 시세가 존재해야 한다. 장기간의 저금리 여파로 예 · 적금 수요가 줄어들고 투자 자산에 대한 선호가 늘어나자, 주식, 채권과 같은 전통 자산은 물론 부동산, 비트코인, 음원, 미술품 등 대체 자산에 대한 투자도 빠르게 증가했다. 음원의 경우 한동안 투자 자산이라는 인식이 없다가, 최근 몇 년간 다양한 방식의 금융 투자 기법이 도입되면서 각 분야에서 투자가 이어졌다. 하지만 2022년 상반기부터 미국을 중심으로 금리 인상이 단행되며 저금리 기조가 끝을 보이자, 음원 IP도 이에 상당한 영향을 받을 수밖에 없었다.

2. 스트리밍 서비스를 통한 이자 수익 발생

과거 음악 산업은 앨범 판매에서 대부분의 매출이 발생했다. 하지만 앨범은 구매가 발생하는 기간이 매우 짧아서, 신보 발매 시기를 기준으로 1~3개월 이후로는 수익 창출에 한계가 있었다. 또한 고객이 앨범을 구매하면 곡을 얼마나 반복해서 듣는지, 어떤 곡을 얼마나 듣는지 확인할 수 없어 노래가 크게 히트해도 앨범 판매를 제외한 수익을 저작권자가 가져갈 수 없었다. 하지만 2010년대에 접어들어 개인의 모바일 기기 사용이 보편화되고 스포티파이, 유튜브 등 스트리밍 기술로 인한 음원 수익이 증가하면서, 음원은 그 자체로서 꾸준한 수익을 창출할 수 있는 기반을 갖추게 됐다. 글로벌 음원 시장이 기존 앨범 판매에서 스트리밍 중심으로 재편된 지도 벌써 10여 년이 넘어가며, 음원 IP에 대한 상품성도 날로 확대되고 있다. 이전에는 주요 지표라고 할 게 앨범 판매량뿐이었는데, 이제는 음원 차트와 유튜브 조회 수도 중요해졌으며 저작권을 통한 수익화 또한 빠르게 진행되고 있다. 음원 IP에 이자 수익이 만들어진 셈이다.

국제음반산업협회IFPI의 자료에 따르면 2010년 4억 달러 수준이던 스트리밍 매출액은 2021년 169억 달러로 약 42배 넘게 성장했다. 선진국을 중심으로 저작권에 대한 법제화가 이뤄지고, 스트리밍 외에도 음원

글로벌 음악 산업 매출 구성

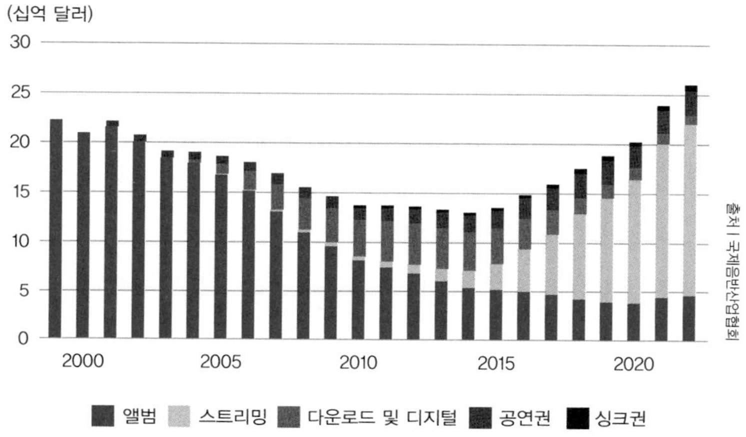

을 소비하는 방식이 동영상 내 삽입이나 틱톡과 릴스 같은 숏폼 제작, 그리고 플레이리스트 콘텐츠 등 새로운 분야로 확장되며 음원 스트리밍의 성장 기조는 당분간 지속될 것으로 보인다. 2001년 이후 꾸준히 감소세이던 음악 시장의 규모 역시 2014년을 저점으로 다시 증가세를 이어가고 있다.

힙노시스: 음원 IP 투자의 대표 주자

이렇게 보면 음원 자산을 팔아야 할 이유가 딱히 없어 보이는데, 왜 IP 홀더인 아티스트들은 본인의 음원을 매각한 것일까? 먼저 앞서 소개된 아티스트의 목록을 보면 대부분이 왕성하게 활동하던 시기를 지난 일명 '레전드 뮤지션'들이다. 이들 중에는 여전히 작품 활동을 하는 경우도 있지만, 그 빈도가 예전과 같지 않으며, 더 이상 창작을 하지 않거나 심지어는 이미 사망한 경우도 있다. 중노년기에 접어든 아티스트의 입장에서는 장기적으로 안정적인 이익을 거두는 것보다, 매각을 통해 한 번에 목돈을 마련한 뒤 이를 다른 용도로 사용하는 게 유리할 수 있다. 또한 본인의 역량과 대중에 대한 영향력을 기반으로 언제든 새로운 창작을 시도하고 또 다른 IP를 만들어낼 수 있기에, 기존 곡들을 큰 금액에 매각할 수 있는 기회를 보다 전향적으로 판단한 것으로 보인다. 이미 세계적인 톱스타지만 그들에게도 수억 달러에 달하는 매각 규모는 결코 작지 않았을 테니, 이를 수입 경로 다변화의 기회로 유용하게 활용한 셈이다.

음원 시장의 변화하는 기회를 포착해 혜성처럼 등장한 곳이 있었으니 바로 '힙노시스'다. 2018년 런던증권거래소LSE, London Stock Exchange에 상장된 힙노시스의 정식 명칭은 'Hipgnosis Songs Fund Limited'로 정확히는 펀드에 가깝다. 힙노시스는 실제 곡을 퍼블리싱하기도 하고 음원 IP에 투자해 저작권을 인수하기도 한다. 회사를 설립한 머크 머큐리아디스Merck Mercuriadis는 과거 엘튼 존Elton John과 비욘세Beyonce의 매니저를 거치며 활동해온 인물로, 그간 쌓아온 인맥과 시장 분석 능력을 바탕으로 힙노시스 송스 펀드를 만들었다.

런던증권거래소에 상장된 이 회사의 시가총액은 약 11억 6,600만 달러(한화 약 1조 5천억 원), 연간 매출액은 1억 4,600만 달러 수준이다(회계

힙노시스 송스 펀드 실적 추이

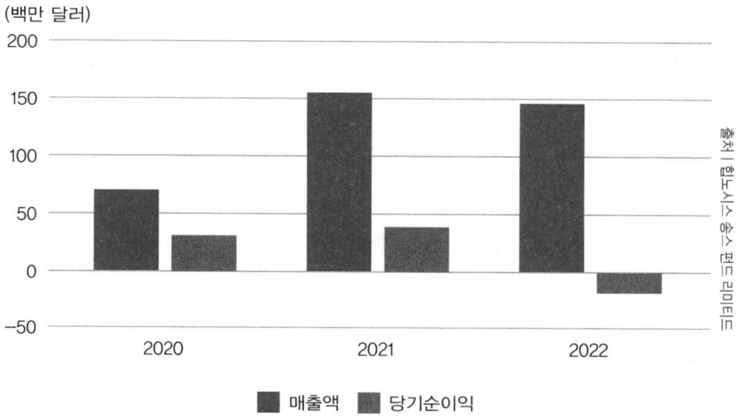

연도 2022년 3월 마감 기준). 보유 중인 곡 수는 6만 5천여 곡 이상으로 순자산가치는 22억 4천만 달러에 달하며, 크리스마스 캐럴로 유명한 머라이어 캐리Mariah Carey의 'All I Want for Christmas Is You' 역시 이 회사가 보유한 IP 중 하나다. 이 곡의 경우 1994년 발매돼 스포티파이에서만 10억 회, 유튜브에서 7억 회 가까이 스트리밍됐으며, 한 해 저작권료만 수십억 원에 달한다. 특이한 점은 이 곡에 대해 힙노시스가 가진 마스터 권한이 50%뿐이라는 사실인데, 이처럼 마치 자산유동화증권ABS(특정 자산으로부터 발생하는 현금 흐름을 기반으로 발행되는 증권)과 같은 형태로 음원 IP를 유동화해 전체가 아니라 일부를 매입하는 경우도 있다. 이 외에도 힙노시스는 애드 시런Ed Sheeran의 'Shape of You', 체인스모커스

출처 | 힙노시스 송스 펀드 리미티드(위), 소니뮤직(아래)

음원 IP 투자의 대표 주자인 힙노시스. 머라이어 캐리의 'All I Want for Christmas Is You'도 이 회사가 보유한 IP 중 하나다.

The Chainsmokers의 'Closer', 저스틴 비버Justin Bieber의 'Love Yourself'와 같은 유명 음원의 IP를 보유하고 있다.

힙노시스는 매년 자신들의 포트폴리오 구성과 이에 대한 주요 항목들을 공개하는데 이 자료들은 음원 IP 시장을 이해하는 데 큰 도움이 된다. 시장의 가장 주요한 플레이어가 어떤 음악 장르에 집중하고 있으며, 선호하는 곡의 연차는 어느 정도이고, 또 매출이 주로 발생하는 소스는 어디인지 비교적 상세하게 공개하기 때문이다. 물론 영미권을 주무대로 하는 곳이라 국내 실정과는 다소 차이가 있겠지만, 글로벌 음악 시장을 주도하는 곳이 영미권이기도 한 만큼 눈여겨볼 필요가 있다.

장르를 보면 힙노시스는 록과 팝에 집중하고 있으며, 음원 IP 연

힙노시스 송스 펀드의 음원 포트폴리오 매출 구성

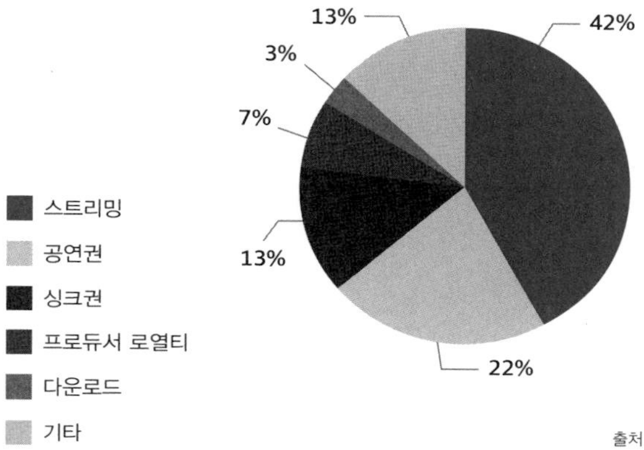

출처 | 힙노시스 송스 펀드 리미티드

차는 10년이 넘은 곡들이 52%로 절반을 넘는다. 발매된 지 3년이 지난 곡들도 46%로 높은 반면, 3년 미만의 곡은 단 2%에 불과하다. 이는 힙노시스가 단기에 높은 성과를 보이는 IP보다 시간이 지나도 꾸준히 수익 창출이 가능한 IP에 더욱 집중하고 있다는 뜻이기도 하다. 물론 발매 직후 3년까지가 수익이 가장 높은 시기인 것은 맞다. 하지만 투자자 입장에서 초기 자산 투자로 리스크를 떠안기보다는, IP 자산이 장기적으로 평탄화flattening되는 과정을 모두 확인한 후 매입하는 쪽이 IP 가치를 산정하기도 합리적이고 수입도 안정적이라고 판단한 셈이다. 이 논리에 따르면 IP의 순환 주기가 빠른 힙합과 같은 장르보다는 록, 팝, R&B의 비중이 높은 이유를 이해할 수 있다. 최근 수년간 음악 시장을 주도해온 장르가 힙합이었던 것을 감안할 때, 힙노시스의 전략은 음원 IP 중에서도 철저하게 롱런할 수 있는 IP를 집중적으로 구매하는 것이다. 앞서 큰 규모로 저작권을 매각했던 밥 딜런, 스팅, 데이비드 보위의 곡들도 모두 이런 조건에 부합하는 IP들이다.

앨범 판매를 제외하면 힙노시스 음원 IP의 매출 구성은 글로벌 음악 시장과 거의 유사하다. 음악 산업은 코로나19 이후 위축된 오프라인 공연이 점차 정상화되고 있으며, 이 사이 활성화된 디지털 콘텐츠가 음

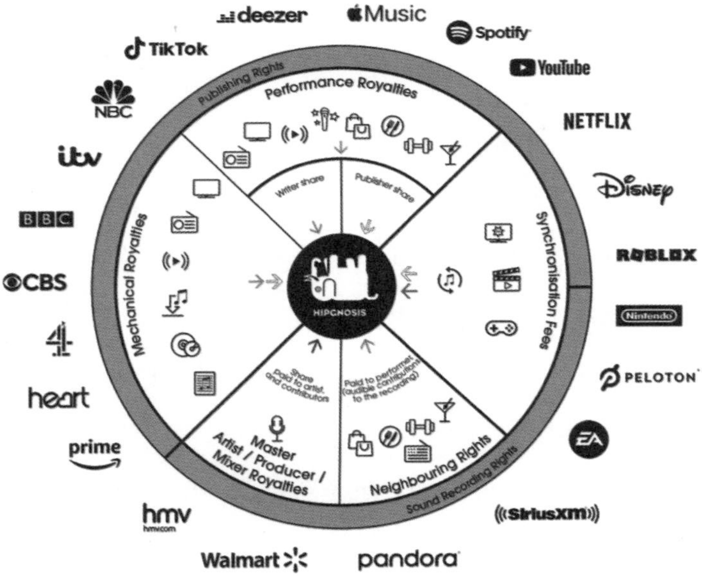

출처 | 힙노시스 송스 펀드 리미티드

힙노시스가 영위하는 음악 산업의 비즈니스 영역은 생각보다 훨씬 광범위하고 복잡하다.
그들은 음원이 사용되는 곳이라면 어디서든 새로운 비즈니스 기회를 창출할 수 있다는 것을 보여준다.

원 스트리밍에 새로운 성장 동력이 됐다. 유튜브와 같은 플랫폼이 활성화되며 플레이리스트 콘텐츠나 크리에이터들의 커버곡, 리메이크곡 등이 유행한 것이 특징적이다. 특히 유튜브가 주도한 플레이리스트의 유행은 원하는 곡만 선별해서 듣던 소비문화에서 장르나 분위기, 상황에 따라 여러 곡을 한꺼번에 소비하는 방식의 문화를 새로이 이끌어냈다. 이는 과거 잊혔던 곡들이 재소비되고, 이미 소비되고 있는 곡들은 더욱 폭발적인 속도로 전 세계에 퍼지는 계기가 됐다.

그리고 관심을 가져볼 만한 것이 일명 '싱크권'이라고 불리는 싱크로나이제이션synchronization 권리다. 싱크권은 주로 콘텐츠에 배경 음악BGM으로 사용되는 음원 저작권을 말하는데, 예컨대 광고, 드라마, 영화, 게임 같은 콘텐츠에 음악을 사용했다면 이 권리가 적용된다. 싱크권이 전체 음악 시장에서 차지하는 비중은 2.1% 정도로 높지는 않지만, 힙노시스 개별 펀드로만 보면 13%에 달할 만큼 주요한 수입원 중 하나다. 싱크권은 기술 발전과 제도의 개선으로 아직은 적용되지 않는 여러 콘텐츠 영역에서 음원 사용료를 추가로 징수할 수 있고, 향후 메타버스 등 음악 소비 기반에 변화가 생길 경우 그 적용 범위가 더욱 다양해져 음원 IP 산업 내 주요 수입원으로 자리매김할 가능성이 있다.

음원 IP의 가치를 극대화하기 위한 방법

앞으로 음원 IP 산업은 어떤 방식으로 성장할까? 음원 IP의 투자 관점에서 본다면, 최근 고금리 기조에 따라 음원 IP도 여느 대체 자산과 마찬가지로 투자 매력도가 떨어진 상황이다. 결국 본질적인 내재 가치를 끌어올리는 데 집중해야 할 시기가 다가온 셈이다. 이를 위해서는 두 가지 방안이 있는데, 하나는 음원 IP의 자체 경쟁력을 제고하는 것이고, 다른 하나는 사용처 확대 및 제도적 보완을 시도하는 것이다.

1. 음원 IP의 경쟁력 제고

보통 음원은 발매 초기에 가장 높은 매출 곡선을 그린 후 꾸준히 감소해, 일정 수준까지 하락하고 나면 평탄화되는 모습을 보인다. 하지만 역주행이나 리메이크 같은 마케팅 전략을 활용해 IP 가치를 끌어올릴 수 있다. 유명 크리에이터나 가수가 커버하거나 드라마와 영화의 OST로 삽입하는 등 다양한 방법을 통해 기존 음원을 활용할 수 있으며, 아예 리메이크 프로젝트를 기획해 지금 시대에 맞는 편곡으로 원곡에 대한 소비를 불러일으킬 수도 있다. 타깃을 확대하는 방법도 있다. 해외에서 소비될 수 있도록 현지 콘텐츠를 지원하거나, 기존 연령대보다 높은 연령대에서 소비될 수 있도록 그들이 좋아할 만한 가수가 커버를 하거나 관련 콘텐츠를 제작하는 것도 가능하다. 실제 미국에서는 55세 이상의 소비자들인 실버 스트리머Silver Streamers가 팬데믹 기간 빠르게 증가하며 스트리밍 시장으로 유입되고 있는데, 이들은 광고 기반의 무료 음원 서비스를 이용하는 젊은 세대 대비 스포티파이 프리미엄, 아마존 프라임 등을 사용하는 유료 고객PU, Paying User 비중이 높아 이익 기여도가 크다고 한다. 이런 실버 스트리머가 점점 늘어나는 만큼 꼭 기존 곡을 홍보하는 방식이 아니더라도 이들도 함께 소비할 수 있는 대중적인 IP를 만들어 가는 방법 역시 음원 IP에 새로운 기회가 될 수 있다.

2. 음원의 활용처 확대

음원 IP는 다양한 곳에서 사용되고 있지만, 아직 저작권료 징수가 이뤄지지 않는 영역도 있다. 추가 징수가 가능해진다면 음원 IP의 수익률도 상승할 것이다. 예컨대 홈 피트니스 업체인 펠로톤Peloton의 경우 고객들이 운동할 때 시청하는 영상을 제작하면서 일부 업체의 음원 저작권을 무단으로 사용해 소송당한 일이 있다. 현재 펠로톤은 상당한 금액을 음원 IP 사용 대가로 지불하는 중이다. 또 다른 예도 있다. 글로벌 대표 음반 회사 중 하나인 워너뮤직은 2021년 초 메타버스 플랫폼인 로블록스Roblox에 투자했다. 메타버스가 미래에 음원이 소비되는 핵심 채널 중 한 곳이 될 것이라고 판단해서다. 실제로 2020년 11월 로블록스는 가수 릴 나스 엑스Lil Nas X의 콘서트를 개최하며 약 3,600만 명의 접속자 수를 기록한 바 있었다. 코로나19 기간이었던 점을 감안하더라도 음원 스트리밍의 새로운 가능성을 엿볼 수 있었던 사건이었다. 로블록스는 소니뮤직과도 협업해 메타버스 공간에서의 음악 산업 개척에 나서고 있는데, 이처럼 주요 음원 IP 홀더들은 차세대 플랫폼을 선점하기 위해 적극적으로 노력하고 있다. 음원 소비와 관련된 채널을 선제적으로 확보하며 음원 IP의 새로운 부가가치를 창출해내는 것 역시 성장을 위해 고민해 볼 수 있는 일이다.

음원 IP의 가치는 어떻게 평가할까?

음원 IP는 투자 관점에서 안전한 자산일까? 위험한 자산일까? 사실 음원 IP에는 두 가지 성격이 모두 포함돼 있다. 해당 아티스트의 리스크 요인을 그대로 적용받는다는 점에서는 위험하게 느껴지기도 하지만, 수십 년이 지나도 꾸준히 소비되는 곡의 경우 매년 안정적인 저작권료를 배당 형태로 받을 수 있다는 점에서 안전 자산의 성격도 가졌다. 또한 음악 소비가 경기에 민감하지 않아 시장 유동성, 원자재 가격 변동과 같은 경기 요인과 관계없이 꾸준히 소비된다는 점, 그리고 세상에 하나만 존재하는 IP 특유의 희귀성으로 대체할 자산이 없다는 점 등은 음원 IP만이 가지는 특징이기도 하다.

그렇다면 단일 음원 IP, 즉 한 곡의 가치는 어떻게 결정될까? 힙노시스는 연간 리포트를 통해 자신들이 어떤 방식으로 음원 IP의 가치를 책정하고 또 매입하는지 자세히 설명하고 있다. 일단 가치를 측정하기 위해서는 계산식이 필요한데 힙노시스는 'WAAMWeighted Average Acquisition Multiple' 이라는 방식을 활용한다. WAAM은 음원을 인수할 때 음원이 창출 가능한 현금 대비 몇 배수에 해당 자산을 인수하게 될지 계산해주는 지표다. 예컨대 A라는 곡에서 1년 동안 100만 원의 현금 창출이 기대되는 경우, WAAM을 10배 적용했을 때 해당 IP의 가치는 1천만 원, 15배 적용했을 때 1,500만 원이다. 기업 실적과 주가의 상관관계를 계산하는 멀티플multiple(배수) 지표 중 하나인 주가수익비율PER(주가를 주당순이익으로 나눈 값)과 유사한 개념이다. 창출되는 현금은 저작권료를 포함해 힙노시스에서

힙노시스 송스 펀드 WAAM 추이

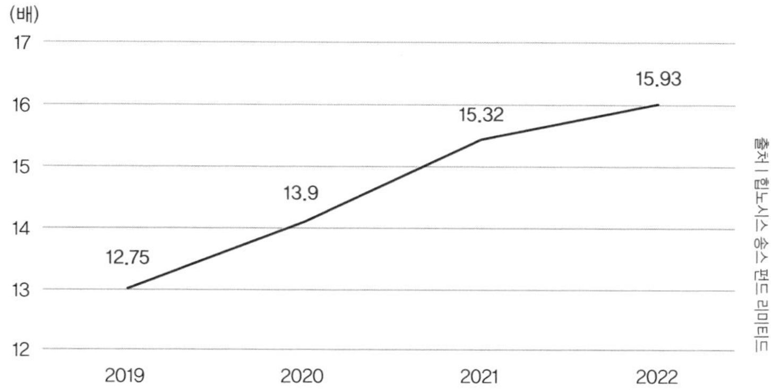

설정한 계산식에 따라 정해진다. 힙노시스의 WAAM은 2019년부터 꾸준히 상승해 최근 2022년에는 15.93배를 기록했다. 1년 수입을 기준으로 계산하면 원금 회수에 16년 가까이 소요된다는 의미이며, 이를 연수익률로 역산하면 6.3% 수준이다. 상대가치 평가인 만큼 이것이 합리적인 수준인지는 각자가 알아서 판단해야 하지만, 음원 시장을 볼 때 기준점이 되는 아주 중요한 지표이므로 개념을 알아두면 좋다.

사실 WAAM의 절대 수치를 떠나, 이 배수가 매년 높아지는 것은 힙노시스가 음원 IP를 점점 비싸게 사 오고 있다는 말이기도 하다. 물론 연 6.3% 이자 수익률에 미래에 발생 가능한 자본 이득까지 더해진 총수익률을 고려하면 결코 낮다고 할 수는 없지만, 문제는 저금리 시대가 저물며 음원 IP를 포함한 대체 자산의 상대 수익률이 훼손됐다는 데 있다.

예·적금 금리가 1~2%일 때 대체 자산으로 5~6%대 수익을 보장받을 수 있다면 더할 나위 없이 좋은 선택이지만, 이미 예·적금만으로도 비슷한 수준의 수익률을 훨씬 안정적으로 확보할 수 있으니 대체 자산에 대한 투자 매력도가 떨어지는 것은 당연하다. 지난 몇 년간 시장에 풍부한 유동성을 바탕으로 음원 IP가 크게 부각됐으나, 당분간은 조심하는 분위기가 이어질 수 있다. 이전보다 높은 가격에 음원 IP를 사들이던 투자자들도 상황을 지켜보려고 할 것이다. 5~6%대 안전 자산과 비교해 매력적인 수익률을 확보하기 위해서는 이보다 높은 수익률을 보장해야 하는데, 갑자기 음원 IP에 대한 수요가 급격히 증가해 저작권료가 늘어날 가능성은 없으니 결국 가격을 낮춰 싸게 사 와 기대수익률을 높이는 방법뿐이다.

한국의 음원 IP 산업

음악 산업에서 미국 시장은 그야말로 글로벌 표준이다. 미국에서 히트한 음악은 빠르게 전 세계로 퍼져 나가는데, 미국은 이를 위한 문화적 역량과 유통 채널, 콘텐츠 같은 인프라를 충분히 확보하고 있다. 국제음반산업협회의 자료를 보면 2021년을 기준으로 미국은 전 세계 음악 시장 규모 부동의 1위다. 그 뒤를 일본, 영국, 독일, 프랑스, 중국이 잇고 있으며 7위가 한국이다. 국내 시장도 결코 작지 않은 규모다. 성장률은 더욱 빠른데, 2021년 전 세계 음악 시장의 성장률은 18.5%였지만 한국은 21.5%로 글로벌 성장률보다 높았다.

글로벌 음악 시장 TOP 10 국가

순위	국가(시장 성장률)	
	2021년	2022년
1	미국(22.6%)	미국(4.8%)
2	일본(9.3%)	일본(5.4%)
3	영국(13.2%)	영국(5.4%)
4	독일(12.6%)	독일(2.2%)
5	프랑스(11.8%)	중국(28.4%)
6	중국(30.4%)	프랑스(7.7%)
7	한국(21.6%)	한국(–)
8	캐나다(12.6%)	캐나다(8.1%)
9	호주(4.1%)	브라질(–)
10	이탈리아(27.8%)	호주(8.1%)
	전체(18.5%)	**전체(9.0%)**

출처 | 국제음반산업협회

시장 조사 기관인 스태티스타Statista에 따르면 미국은 록, 밴드 음악의 선호 비중이 가장 높고 그다음이 팝, 힙합, R&B, 컨트리 음악순인 반면, 한국은 팝의 비중이 가장 높고 그다음이 댄스 음악이다. 음악이 비즈니스인 동시에 문화적 성격을 갖고 있는 만큼, 이런 차이는 로컬 기업들의 경쟁력을 만들어낸다. 즉, 우리 기업들이 K-POP IP를 기반으로 만들어갈 수 있는 시장이 국내외에 충분히 존재한다는 뜻이다.

물론 한국의 음원 IP 비즈니스는 기업의 자금력이나 역량, 대중의 인식과 같은 측면에서 볼 때 이제 막 성장 초입에 들어선 단계다. 아직 명확하게 정리되지 않은 제도적 · 사회적 문제에 관한 협의 역시 필요한 상황이다. 그럼에도 불구하고 세계 7위라는 시장 규모와 K-POP을 통해 한국 음원 IP의 저변이 확장되고 있다는 점은 꽤나 고무적인데, 여기에 기업들의 노력과 생태계 전반의 지원이 더해진다면 앞으로의 국내 음원 IP 시장은 더욱 활발하게 성장해갈 수 있을 것이다.

미술품 IP를 기반으로 한 아트테크, 열매컴퍼니

열매컴퍼니는 미술품 공동 투자 서비스인 아트앤가이드를 운영하는 기업이다. 아트앤가이드를 이용하면 일반 대중도 수십, 수백만 원만 투자해 미술품을 공동으로 소유할 수 있다. 방식은 간단하다. 회사가 먼저 구매할 작품을 골라 소싱한 후 외부 참여자를 모집하는 식이다. 가격 진입 장벽이 높은 고가의 미술품을 공동 구매해 보다 많은 사람이 거래에 참여할 수 있도록 유도하고, 이와 동시에 미술품 시장 거래 규모를 점점 키우는 역할도 한다. 작품을 구입하고 나면 투자자는 실제로 제품을 일부 소유하게 되고, 회사는 작품 확인서를 투자자에 제공한다. 이후 매입가보다 높은 가격에 작품을 매각하게 되면, 투자금 비율에 따라 수익이 정산된다. 일부이긴 하지만, 누구나 미술품을 소유할 수 있는 시대가 열린 셈이다.

열매컴퍼니가 발표한 자료에 따르면, 2023년 상반기 기준 누적

열매컴퍼니 실적 추이

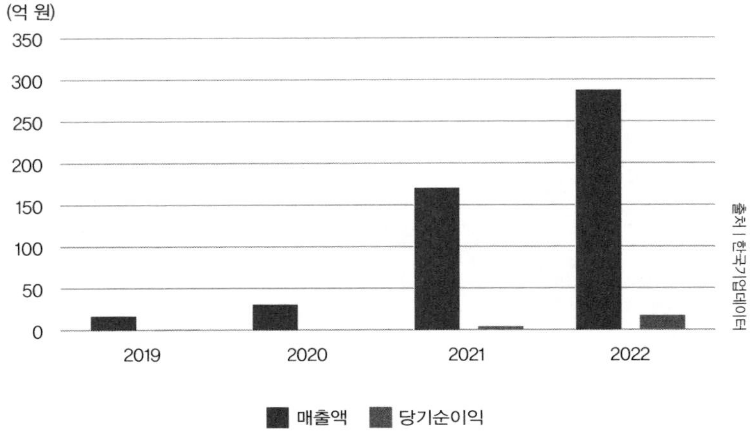

176건의 공동 구매를 통해 총 432억 원을 미술품 구매에 투자했으며, 이 중 101건을 213억 원에 매각했다. 구매 후 평균 보관 기간은 322일로, 대체로 1년 이내에 매각을 성사시켜 상대적으로 빠른 환금성을 보였다. 작품당 평균 가격 상승률은 29% 수준이었다. 열매컴퍼니는 이중섭, 김환기, 도상봉, 윤형근, 김종학, 박서보 등 국내 대표 작가들의 작품부터 살바도르 달리Salvador Dali, 쿠사마 야요이草間彌生, 데이미언 허스트Damien Hirst, 제프 쿤스Jeff Koons와 같은 해외 유명 작가의 작품에도 투자하며, 이미 국내 미술품 투자 업계의 큰손으로 자리매김했다. 위작 검증에 대해서도 자체 검수, 외부 검수 등 여러 수단을 동원해 3단계 위작 검증 시스템을 갖추고 있다.

국내 미술품 시장 규모 추이

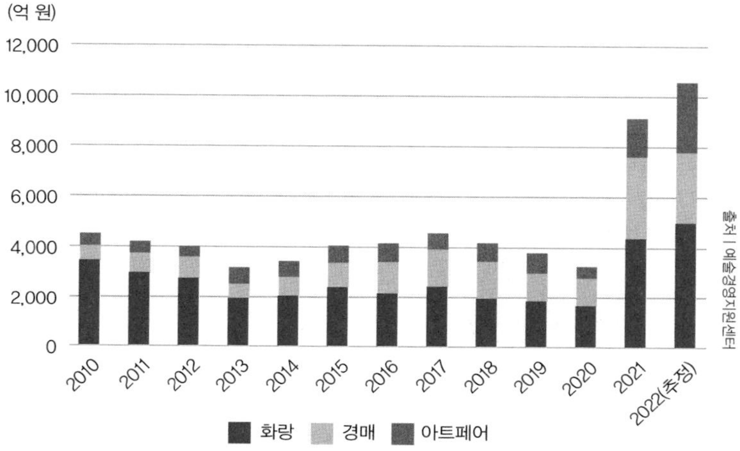

2022년 기준 한국 미술품 시장의 거래 규모는 1조 원 수준이었는데, 10년 전 4천억 원 정도였던 것을 감안하면 2배 이상 성장한 셈이다. 사실 몇 년 전만 하더라도 특별한 성장세 없이 4천억 원 언저리를 왔다 갔다 하는 다소 정체된 시장이었고, 2020년에는 코로나19 등의 여파로 되려 크게 위축되는 모습이었다. 그러나 2021년에 들어서며 한국 미술품 시장은 가파른 성장세를 보였다. 공동 구매나 조각 투자와 같은 일명 '아트테크Art-Tech'를 통해 신규 투자 자금이 유입돼 미술품이 하나의 대체 투자 자산으로 인정받음과 동시에, 단색화 작품을 중심으로 한국 화가들의 작품들이 해외에서 큰 관심을 받기 시작한 것이다. 특히 미술품을 향한 밀레니얼 세대의 관심이 크게 증가하며, 미술품 투자가 젊은 세

출처 | 아트앤가이드 인스타그램

열매컴퍼니에서 운영하는 미술품 공동 투자 서비스 아트앤가이드.

대의 새로운 문화이자 투자 자산으로 떠오르기도 했다.

열매컴퍼니와 같은 아트테크의 등장은 미술품 투자에 대한 진입 장벽을 낮추고 투자 자산의 포트폴리오를 다변화하는 것 외에도 미술 생태계에 많은 영향을 미치고 있다. 시장에 자금이 투입됨으로써 기대되는 또 다른 효과는 작가들의 작업 환경 개선이다. 국내 미술품 거래 규모가 성장세에 있긴 해도 아직 그 절대적인 규모가 크지 않고, 금액을 기준으로 보면 대부분 유명 작가들이 차지하는 비중이 높다. 하지만 거래량(작품 수)으로 보면 국내 미술품 시장에서 거래되는 작품 중 80~90%는 1천만 원 미만의 작품들이다. 즉, 활발히 판매되는 작품의 주인은 상대적으로 인지도가 낮거나 신진 작가들인 경우가 많다. 미술

2020년 국내 미술품 거래의 금액별 비중

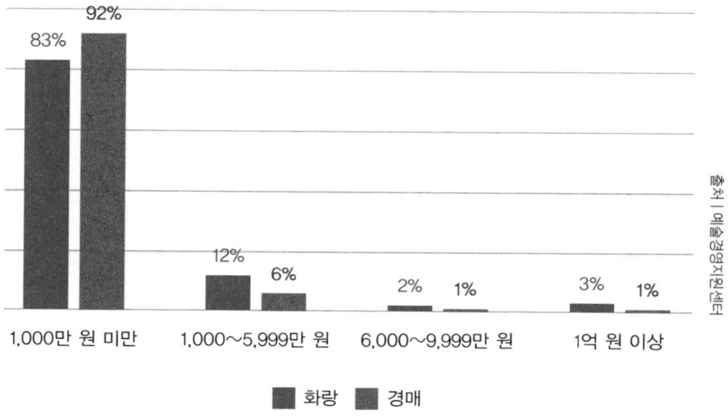

품 투자 시장이 활성화되면 일차적인 수혜는 시장이 주목하는 유명 작가들에게 집중되겠지만, 이를 통해 미술 생태계 전반에 관심을 불러일으키고 새로운 투자자들을 유입할 수 있게 된다면 보다 많은 작가들이 가능성을 인정받고 본인의 작품을 판매할 수 있을 것이다. 실제로 최근 유입된 투자자들 중에는 공동 구매를 통해 미술품 투자를 처음 접한 후, 본인이 온전히 구매할 수 있는 수준에서 작품을 소유하고 싶어 하는 경우가 적지 않다. 그들은 여러 차례의 미술품 투자를 통해 본인만의 안목과 투자 기준을 수립하고, 그를 기반으로 스스로 신진 작가를 찾아 나서기도 한다. 이와 같은 맥락에서 열매컴퍼니의 공동 구매는 그 자체로도 시장에 새로운 자금과 활력을 불어넣을뿐더러 간접적으로는 미술품 시장에 다수의 투자자를 유입시키는 역할까지 해낸다. 결국 국내 미술 시장의 장기적인 성장을 도모하는 일에 큰 몫을 보태는 셈이다.

미술품 IP의 가치는 어떻게 만들어질까?

많은 투자자들이 미술품에 투자하는 데는 크게 **희소성, 자산 배분 전략, 성장성, 세제 혜택**의 네 가지 이유가 있다. 미술품은 작품 자체가 유한하고, 비슷한 그림이라도 매 작품이 다른 정체성을 갖고 있어 희소성이 뛰어나다. 작품의 형태는 물론 특정 시기와 상황에 따라 더 높은 가치를 인정받기도 한다. 이중섭 작가의 경우 많은 작품을 남겼지만, 그중에서도 특히 많은 이들의 사랑을 받는 것은 소와 관련된 작품들이다. 이중섭 작가는 1950년대에 황소, 싸움소, 흰 소 등 다양한 소의 모습을 그렸는데, 이게 그의 대표작이 되면서 높은 금액의 판매가를 형성하게 됐다. 이중섭 화가가 그린 소 작품은 대략 9점 정도뿐인 것으로 알려졌다. 이 자체로도 이미 희소성이 높은데, 실제 매매가 이뤄질 수 있는 작품은 더욱 적어 소 시리즈의 가치가 높게 평가받는 데 큰 영향을 미쳤다.

한편, 미술품은 대체 투자 자산 중 하나로 아직은 그 시장 규모가 크지 않지만, 빠른 성장성과 세제 혜택으로 주목받고 있다. 미술품은 역사적으로 투자로서의 가치뿐만 아니라 명성이나 사회적 지위에도 큰 영향을 미쳐온 자산인데, 이런 인식이 현재까지도 이어지며 여전히 자산가들의 선호 품목으로 꼽힌다. 여기에 온라인 경매나 공동 투자, 미술품 투자 펀드 등 새로운 투자 자금이 지속적으로 유입되며 시장 규모를 키워가고 있다. 또한 거래가 많지 않고 희소성이 뛰어난 미술품의 경우 가격의 하방 경직성(수요 공급의 법칙에 따라 당연히 내려가야 하는 가격이 어떠한 이유로 가격이 내려가지 않는 성질)이 타 자산 대비 높은 편이라 중장기적으로 보유하기 좋다. 자산의 특성상 여전히 거래가 활발하게 일어나지는 않지만, 조금씩 환금성이 개선되고 있다는 점도 미술품 투자가 주목받는 이유 중 하나다. 세제 혜택도 빼놓을 수 없다. 미술품은 비과세 혜택이 있는데, 양도가액 6천만 원 미만에서는 양도세를 내지 않아도 되고 국내 생존 작가 작품의 경우에도 양도세를 징수하지 않는 등 파격적인 세제 혜택이 있어 투자에 유리하다(2022년 기준).

하지만 급격한 성장에는 위험 요소도 자리 잡고 있다. 시장에 새로운 투자 주체가 유입된 것은 분명 긍정적인 신호지만, 그 배경에는 저금리로 이어진 유동성이 있었다. 음원 IP에서도 이야기했듯이 풍부해진 시장의 유동성은 전통 투자 자산을 넘어 여러 대체 투자 자산의 가격도 자극했는데, 미술품도 그 영향을 받았다. 미술품에 대한 수요는 과거에도 많이 있었지만 접근하기가 어려워 일반 투자자들이 유입되지 못했으나, 아트테크 업체들은 그 진입 장벽을 낮춤으로써 성장할 수 있었다. 하지만 최근에는 금리 인상으로 대체 자산에 대한 투자 수요가 줄어들며 미술품 시장에도 부정적인 영향을 미치고 있다. 향후 미술품 시장은 유동성에 기대왔던 것 외에 자체적으로 가질 수 있는 경쟁력과 내재적 가치에 집중해 더욱 단단하게 성장해야 한다는 숙제를 안고 있다.

미술품 IP가 가져올 변화

국내 미술품 시장은 선진국과 비교하면 규모도 작고 성장도 오랜 시간 정체돼 왔던 것이 사실이다. 공동 투자가 보편화된 선진국과 달리, 거래 역시 옥션이나 화랑을 통한 구매로 획일화돼 있어 일반인의 접근이 어려웠다. 이는 국내 미술 업계에서 더 많은 작가들, 더 좋은 작가들이 양성되기 어려운 환경으로 이어졌는데, 그 이유는 보다 많은 기업과 사람, 그리고 자본이 시장에 유입돼야 해당 산업의 토대가 튼튼해지고 생산자(작가)와 그들이 꾸려가는 생태계도 함께 성장할 수 있기 때문이다.

사실 미술뿐만 아니라 많은 IP 산업이 창작의 영역으로만 받아들여져, 체계화된 데이터나 자본 시장과의 접점을 찾아가는 데 어려움을 겪었다. 창작을 산업으로 분류하는 것도 조심스러운 지점이다. 하지만 최근 기업들의 다양한 시도로 인해 산업이 변화하며 대중들에게도 미술품 시장에 진입할 수 있는 기회가 늘어났다. 생태계 측면에서도, 아직까지는 미술 관련 산업이 작가나 갤러리 등 특정 영역에만 국한된 상태라면, 향후에는 산업 혁신을 통해 종사자들에게 더 많은 길을 제시할 수 있겠다는 기대가 생긴다. 물론 제도적이거나 산업적인 부분은 차차 개선해가야겠지만, 미술계가 새로운 변화를 받아들인다면 한국 미술 산업은 더욱 성장할 수 있다. 아트테크 기업의 등장은 미술품 투자의 진입장벽을 낮추고, 새로운 투자자들을 유입해 생태계에 활력을 불어넣었다. 일반인들이 접하기 어려웠던 여러 데이터를 제공하고, 이를 기반으로 누구나 미술품 투자에 대한 역량을 키울 수 있게 됐다.

최근 한국의 여러 문화 산업이 글로벌에서 인정받고 있듯이, 뛰어난 역량을 갖춘 국내 미술 산업 역시 잠재력이 충분한 시장이다. 향후 국내에서 미술품 거래 외에도 데이터를 기반으로 한 여러 IP 비즈니스가 등장한다면, 글로벌 아트테크 시장을 한국이 주도하는 시대가 올지도 모른다.

거래가 많지 않은 미술품의 내재 가치를 평가하고 가격을 산정하

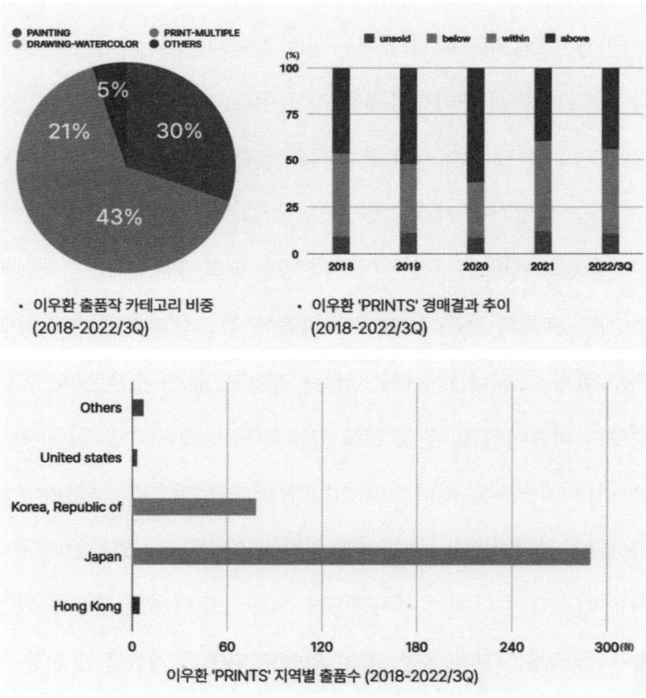

출처 | 아트앤가이드

다양한 산정 기준으로 미술품의 데이터를 분석하고 가치를 평가하는 열매컴퍼니.

는 것은 표준화하기 어려운 일이다. 그렇기 때문에 열매컴퍼니는 다양한 방법을 통해 미술품의 적정 가치를 평가하는데, 주로 작품의 희귀성이나 작품이 가진 의미, 작가의 생애, 화법, 작품의 형태 등 내재적 가치와 미술품 시장의 유동성, 유사한 작품의 시장 가격 등 외부 변수를 고려해 책정한다. 이를 위해 다량의 거래 데이터를 기반으로 가격 산정 프로그램을 구축하고, 국내에서 수십 년간 거래해온 화랑 및 딜러들과의 인터뷰를 진행한 뒤 내부 분석팀에서 정교화 작업을 거치는 등의 노력을 기울인다. 아직 시장에서 미술품이 명확한 수입 창출 능력을 갖추지 못한 만큼, 가치 평가에 관해서는 체계화되지 않은 미비한 부분이 존재한다. 하지만 거래 데이터가 꾸준히 늘어나고 미술품을 기반으로 한 다양한 금융 상품과 서비스가 출시될수록 관련 데이터가 쌓여 더욱 정교한 가격 산정 방식이 자리 잡을 수 있을 것이다.

대중에게 미술 시장은 여전히 생소한 분야다. 때로는 이해하기 어려운 작품 세계와 높은 작품 가격 때문에 접근하기 힘든 영역처럼 느껴지기도 한다. 그러나 미술에는 너무나도 다양한 종류가 있고, 곰곰이 생각해보면 미술이란 늘 우리 곁에 있는 평범한 것이기도 하다. 투자와 가격을 떠나 미술품은 저마다의 의미를 지니고 있으며, 누군가의 철학을 담아 가장 직관적으로 예술을 표현하는 방식이다. 조금만 공부해보고 관심을 가진다면 나에게 가치를 주는 작품, 또 나에게 도움이 되는 좋은 작품을 골라내는 것은 물론, 투자 외에도 다양한 기쁨을 발견할 수 있게 될 것이다.

롱테일 전략으로 시장의 편견을 뒤집은 아프리카TV

IP 비즈니스의 롱테일 가능성

아프리카TV는 롱테일 전략의 대표적인 성공 사례로, 1996년에 설립된 온라인 방송 플랫폼인 나우콤에 그 원류가 있다. 2006년, 나우콤은 짧은 베타 테스트를 거친 뒤 처음으로 아프리카라는 서비스를 오픈했다(2012년부터 아프리카TV라는 이름 사용). 곧 아프리카TV는 당시 마이너 시장에 머물 것이라고 여겨지던 인터넷 방송의 시대를 선도했고, 지금은 연간 매출액 3천억 원, 영업이익 800억 원에 달하는 중견기업이 됐다. 2012년의 매출액이 약 490억 원 정도였으니 불과 10년 사이에 엄청난 성장을 이룬 셈이다. 물론 현재까지도 이어지는 콘텐츠 및 크리에이터에 관한 선정성과 폭력성 논란은 개선해야 할 부분이지만, 아프리카TV가 만든 놀라운 사업 성과는 IP 비즈니스에 시사하는 점이 많다.

온라인 방송은 출시 시점에도 그랬고, 서비스가 시작된 이후로도 꽤 오랜 기간 절대적인 마이너 시장으로 평가받았다. 하지만 취향 기반 소비 트렌드가 콘텐츠 산업에까지 침투하면서 판도는 빠르게 뒤집혔다. 2006년만 하더라도 지상파 채널의 프라임 타임 합산 시청률은 50%, 유료 방송(케이블) 채널은 12% 수준이었다. 그러나 최근 지상파의 시청률은 33%까지 하락하는 반면, 케이블(18%)과 종합편성 채널(9%)의 합산 시청률은 27%까지 상승했다. TV 시청률 합계는 60~65% 수준을 꾸준히 유지하고 있으니, TV의 경쟁력이 추락했다기보다는 지상파가 독점하던 방송 콘텐츠가 케이블과 종합편성 채널(이하 종편)로 분산된 결과라고 볼 수 있다. 언젠가부터 지상파 3사(MBC, KBS, SBS)에서 제작하던 콘텐츠의 양을 전부 합친 것보다도 몇십 배는 많은 콘텐츠가 케이블과 종편에서 쏟아지기 시작했다. 처음에는 상대적으로 자극적인 콘텐츠를 내세우며 시장을 파고들었지만 점차 드라마, 예능, 뉴스 등 지상파의 영역을 빼앗았다. 개인의 취향에 기반한 소비가 방송 콘텐츠에까지 영향을 미치기 시작한 것이다.

이 과정에서 아프리카TV 역시 재빨리 본인의 파이를 확보하기 시작했다. 변화하는 흐름 속에서 롱테일 전략을 전개하며 온라인 방송 사업을 이끌어갔다. 케이블이나 종편보다 자극적인 형태의 방송 콘텐츠를 주로 다뤘고 이를 소비할 수 있는 확실한 팬덤을 확보했다. '별풍선'과 같이 기존 방송에는 없던 개별 후원 형태의 비즈니스 모델도 만들었고, 콘텐츠를 제작하는 크리에이터에 관한 관리나 지원 시스템도 갖췄다. 이는 대단히 성공적인 시도였다. 후원 수수료 시스템은 현재 아프리카TV 매출의 70%를 담당한다. 아프리카TV 내에서 크리에이터를 칭하는 'BJ'라는 용어나 이들을 후원하는 유료 아이템을 뜻하는 '별풍선'은 이제 고유명사처럼 쓰인다. 게임, 스포츠, 먹방(음식을 먹는 모습을 보여주는 방송)과 같은 영역을 중심으로 스타 BJ도 대거 탄생했다.

재미있는 점은 콘텐츠 IP 시장의 변화 속에서 아프리카TV에 긍정적인 부분과 부정적인 부분이 동시에 덮쳤다는 것이다. 긍정적인 부분은 스마트폰 보급으로 모바일 시청 환경이 크게 개선됐다는 점인데, 안타깝게도 이런 대외 환경의 변화는 아프리카TV에만 희소식으로 여겨진 것은 아니었다. 전 세계 동영상 콘텐츠를 흡수한 유튜브가 등장한 것이다. 2005년 글로벌 시장에서 본격적으로 서비스를 시작한 유튜브가 국내 시장에서 인지도를 높이기 시작한 게 가수 싸이의 '강남스타일'이 유행한 2012년 이후였고, 본격적으로 지표가 급증하기 시작한 때가 2015년이었음을 고려하면 이 시기 아프리카TV가 얼마나 많은 도전에 직면해야 했는지 알 수 있다. 실제로 2015년 유튜브가 국내 시장에서 크리에이터와 콘텐츠를 동시에 빨아들이기 시작하자, 아프리카TV에 대한 시장의 우려는 급격히 증가했다. 2015년부터 2017년까지 아프리카TV가 높은 실적 성장에도 불구하고 부진한 주가를 보였던 것은 이러한 배경이 작용한 결과다.

하지만 이 시기에도 회사의 매출액과 영업이익은 꾸준히 증가했다. 오히려 영업이익률이 크게 개선되며 20%를 넘어서기도 했고, 매출액 역시 1천억 원을 돌파했다. 유튜브의 등장에도 불구하고 아프리카

아프리카TV 실적 추이(연결 기준)

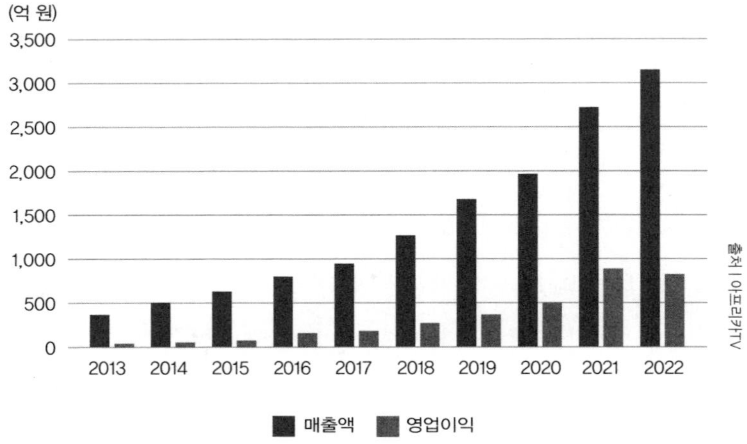

TV의 사업이 실적으로 증명되자 시장의 판단은 달라졌다. 파죽지세로 상승한 주가로 인해 회사의 기업 가치가 한때 3조 원에 육박할 만큼 놀라운 성장세를 보였다.

그렇다면 아프리카TV의 실적이 꾸준한 상승 곡선을 유지할 수 있었던 이유는 무엇일까? 답은 'ARPPU Average Revenue Per Paying User(유료 결제 이용자당 평균 매출)'에 있다. 롱테일 전략에서 비즈니스 규모를 키우는 방법으로 가장 많이 활용되는 것이 바로 이 ARPPU를 끌어올리는 작업이다. 증권가에서는 매출액과 영업이익을 보통 P Price(가격), Q Quantity(수량), C Cost(원가 혹은 비용)의 함수라고 부른다. P와 Q를 곱하면 매출액이 되고, 여기서 C를 제외하면 영업이익이 되기 때문이다.

이를 아프리카TV에 대입해보자. 가격에 해당하는 P는 아프리카TV의 유료 결제 이용자PU, Paying User가 책임지는 평균 매출인 ARPPU를 뜻한다. 수량인 Q에는 유료 결제 이용자 수를 놓을 수 있다. 그러나 롱테일 마켓 특성상 하나의 IP가 쥐고 있는 고객 범위가 넓지 않은 데다 마니아적인 소비 성향이 강하다 보니, 고객의 저변을 넓히는 일이 쉽지 않다. 새로운 고객을 끌어들이려면 그에 맞춰 IP의 종류와 숫자도 늘려야 하지만, IP 관리나 사업 타당성 등을 고려할 때 마냥 좋은 전략은 아니다. 남은 것은 자연스럽게 객단가를 끌어올리는 일이다. 그러나 이 역시 간단하지 않다. 가격을 올리면 당연히 고객의 이탈이 수반되기 때문이다. 고객의 이탈을 막으면서 동시에 가격을 올리는 전략은 IP에 대한 강한 충성도가 없으면 불가능하다.

실제로 최근의 데이터에서도 아프리카TV의 유료 결제 이용자 수는 큰 성장 없이 200~250만 명 수준을 꾸준히 유지하는 모습이었다. 반면 ARPPU는 다르다. 전년 동기와 대비해 단 한 차례도 감소하지 않고 계속 성장해왔다. 회사가 어떤 방법으로든 유료 결제 이용자의 평균 결제액을 높이는 일에 성공했다는 뜻이다. 비록 유료 결제 이용자 수 자체는 늘어나지 않았지만, 유료 결제 이용자의 이탈 없이 평균 결제액을 증가시킬 수 있었다는 것은 놀라운 성과다.

아프리카TV는 콘텐츠 IP를 생산하는 주체이기도 하지만, 그들의 비즈니스 구조에서 그보다 더 큰 비중을 차지하는 것은 BJ라고 불리는 휴먼 IP다. 앞서 이야기했듯 휴먼 IP에 대한 팬덤의 충성도는 그 어떤 IP

보다도 강하다. 아프리카TV에는 강력한 팬덤을 가진 휴먼 IP가 대거 포진돼 있다. 적게는 수백, 많게는 수만 명의 유료 이용자를 보유한 BJ들은 그 자체로 하나의 IP이자 비즈니스이며, 이 충성도를 기반으로 회사는 ARPPU를 성장시킬 수 있었다. 물론 아무리 강력한 휴먼 IP라도 무작정 ARPPU를 올리는 것은 불가능하기에 아프리카TV는 별풍선 후원 외에도 구독, 스티커 등의 부가 상품과 콘텐츠를 지속적으로 개발하고 제공하는 중이다.

이처럼 아프리카TV는 시장 진입 단계에서부터 롱테일 전략을 활용해왔다. 그에 맞는 다양한 휴먼 IP를 확보한 후, 유튜브와 같은 외부 경쟁자의 등장에도 ARPPU 성장 전략을 취함으로써 시장의 주요한 플레이어로 자리매김했다. 물론 그 과정에는 더욱 자세한 이야기가 있겠지만, 큰 틀에서 볼 때 휴먼 IP와 콘텐츠 IP 시장에서 롱테일 전략을 적절히 활용해 비즈니스를 성공적으로 영위해온 사례라고 볼 수 있다.

글로벌 크리에이터 플랫폼, 패트리온

2021년, 창업한 지 10년도 채 되지 않은 미국의 한 스타트업이 40억 달러의 기업 가치를 인정받으며 시장의 주목을 샀다. 바로 글로벌 크리에이터 플랫폼 패트리온Patreon의 이야기다. 사실 미국은 시장의 규모

패트리온 기업 가치 추이

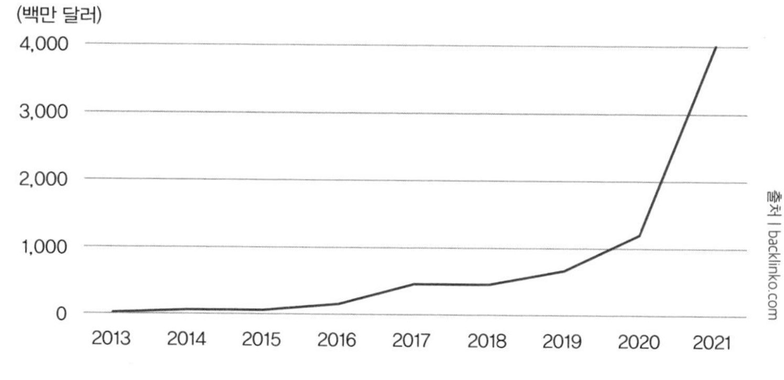

와 스타트업 생태계가 모두 거대하기에 이보다 더 높은 가치를 지닌 기업을 찾는 일도 어렵지는 않다. 그럼에도 패트리온이 특별히 주목받았던 이유는 크리에이터 후원 플랫폼이라는 독특한 비즈니스 모델 때문이다.

국내 기업 네이버도 투자에 참여해 화제가 된 적 있는 패트리온은 크리에이터 이코노미를 이끄는 가장 대표적인 플랫폼이다. 2013년 잭 콘티Jack Conte가 창업했고 현재 25만 명이 넘는 크리에이터와 800만 명의 유저들이 활동 중이다. 원래 뮤지션이자 유튜버였던 잭 콘티는 종종 자신의 밴드가 연주한 편곡 영상을 유튜브에 업로드하곤 했는데, 지급되는 정산액은 조회 수에 비해 터무니없이 낮았다. 이에 불합리함을 느낀 그는 새로운 수익 창출 방식을 도입한 플랫폼인 패트리온을 창업하기에 이르렀다. 유튜브처럼 광고 수익을 통해 정산받는 방식 대신, 소비자의 직접 후원으로 크리에이터가 수입을 얻을 수 있도록 설계한 것이다.

후원에 초점을 둔 플랫폼

크리에이터 이코노미 생태계의 어려운 점은 적은 팬을 통해 수입을 창출하는 일, 이른바 일종의 머니타이제이션Monetization(수익화)이 쉽지 않다는 것이다. 유튜브의 주 수입원인 광고의 경우, 구독자가 많은 크리에이터에게는 매우 안정적인 수입 창구가 되지만, 그 수준에 도달하지 못한 크리에이터들은 유의미한 수입을 만들어내기 어렵다. 그래서 유튜브가 2017년 도입한 것이 바로 '슈퍼챗Super chat'이라는 후원 기능이다. 유튜브 측이 설정한 수익 창출 기준만 통과한다면, 누구나 정해진 금액

패트리온 소속 크리에이터 수 추이

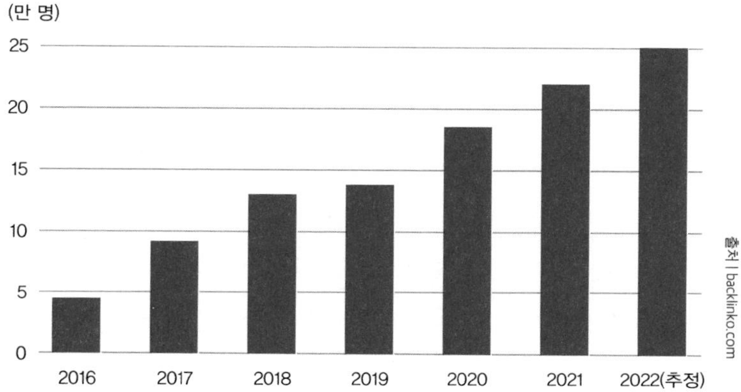

패트리온 후원자 수 추이

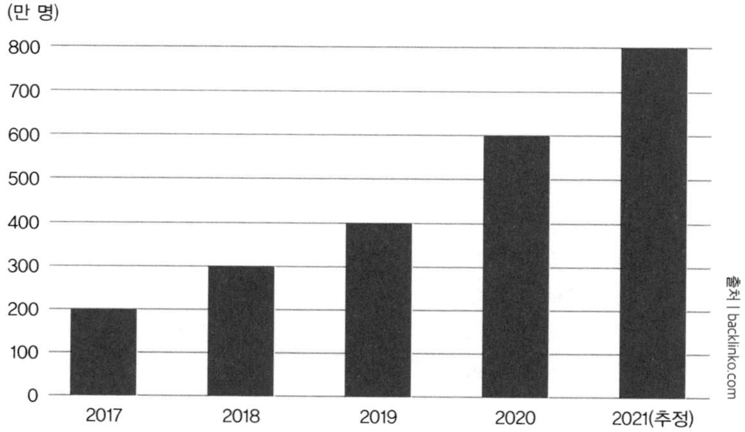

내에서 슈퍼챗을 전달받을 수 있다. 그러나 이때 유튜브가 가져가는 수수료의 비율은 30% 이상으로 적지 않은 수치다.

패트리온은 이러한 문제점, 즉 크리에이터들이 느끼는 '페인 포인트pain point'를 적절히 파고들었다. 패트리온에서도 유튜브와 마찬가지로 사용자들은 업로드된 영상이나 이미지 등의 콘텐츠를 감상할 수 있지만, 이를 위해서는 멤버십 비용을 지불해야 한다. 가격은 제공받는 콘텐츠에 따라 상이하며 크리에이터가 책정할 수 있다. 이때 패트리온은 5~10% 수준의 수수료를 가져간다. 크리에이터가 제공하는 콘텐츠는 가격에 따라 독점 포스트, 렌즈Lens(패트리온의 숏폼 콘텐츠), 선공개, 다운로드, 메일링 서비스, 실물 MD, 튜토리얼/레슨, 후원자 클럽 제공, 제품 할

페트리온 콘텐츠별 크리에이터 분포

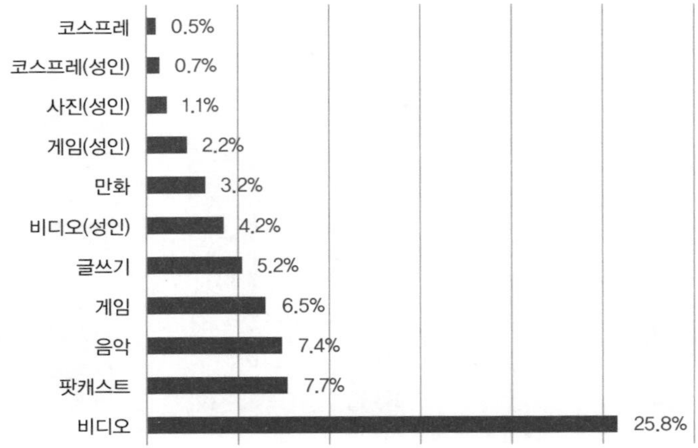

출처 | backlinko.com

인 등 매우 다양한 형태다. 바꿔 말하면 프라이빗private 콘텐츠 플랫폼인 셈이다.

패트리온에서는 많은 크리에이터가 활동하는 만큼 다루고 있는 분야도 다양한데, 비디오와 팟캐스트가 가장 높은 비중을 차지한다. 그중 대표적인 크리에이터를 소개하자면 '쿠르츠게작트'와 '트루 크라임 옵세스드'가 있다.

1. 쿠르츠게작트

쿠르츠게작트Kurzgesagt는 2013년 설립된 독일의 모션 그래픽 애니메이션 및 디자인 스튜디오다. 2천만 명이 넘는 유튜브 구독자를 보유하고 있으며, 패트리온 후원자는 1만 2천 명 수준으로 패트리온 내 20~30위권에 드는 주요 크리에이터 중 하나다(한국어 채널도 별도로 운영하고 있다). 애

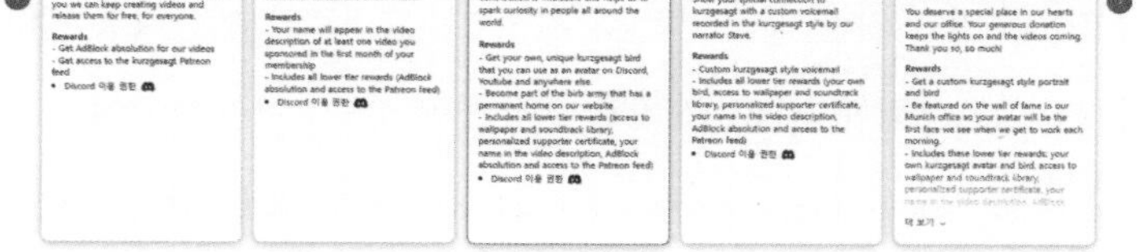

쿠르츠게작트의 패트리온 멤버십. 월 2달러부터 100달러까지 다양한 요금제로 운영되고 있다.

출처 | 쿠르츠게작트 패트리온

니메이션 스튜디오답게 쿠르츠게작트의 주 무대는 영상에 최적화된 플랫폼인 유튜브다. 하지만 동시에 쿠르츠게작트는 팬 플랫폼과 후원 채널로서 패트리온도 적극적으로 활용한다.

쿠르츠게작트는 패트리온에서 월 2달러부터 100달러까지, 8가지 가격대의 멤버십을 통해 팬들의 후원을 받는다. 이 금액은 쿠르츠게작트가 영상을 제작하고 퀄리티를 높이는 운영 비용으로 사용된다. 물론 멤버십 특전도 있다. 영상 내에 후원자의 이름을 표기해주거나 PDF 자료, 후원 증명서, 배경 이미지, 아이콘 등을 제공하는 혜택이다. 이런 혜택은 그 자체로 가치를 매기기는 어렵다는 점에서 사실상 후원에 대한 감사의 표시다. 쿠르츠게작트는 패트리온을 통해 유튜브 광고에 의존적인 수익 모델 대신 후원금과 상품 판매 등을 적극적으로 실시하는 다변화된 수익 구조를 택했다.

2. 트루 크라임 옵세스드

트루 크라임 옵세스드True Crime Obsessed는 패트리온에서 후원자 수가 가장 많은 크리에이터다. 2023년 6월 기준 전체 후원자 수는 약 4만 3천 명이며 월 멤버십 가격은 5~20달러 사이에서 선택할 수 있다. 이들이 벌어들이는 수입은 가장 낮은 멤버십 가격인 5달러로만 계산해도 매달 21만 5천 달러(한화 약 2억 8천만 원)로 추정된다. 최솟값이기 때문에 실제 수입은 이보다 훨씬 많을 것이다. 트루 크라임 옵세스드는 범죄 사건이나 관련 다큐멘터리를 다루는 팟캐스트를 서비스하며 애플이나 스포티

트루 크라임 옵세스드 후원자 수 추이(각 년도 하반기 기준)

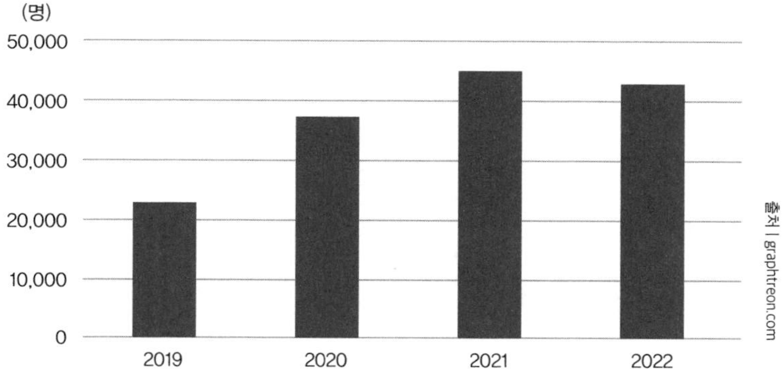

파이 같은 플랫폼을 주로 활용한다. 후원자들에게는 가격에 따라 보너스 에피소드, 미니 에피소드, 라이브 쇼, 디지털 MD, 독점 이벤트 등의 특전을 제공하기도 한다.

두 크리에이터의 공통점은 유튜브나 스포티파이 등 주로 활동하는 플랫폼이 있는 상태에서 패트리온을 부차적인 후원 플랫폼으로 활용한다는 것이다. 앞서 크리에이터 IP를 다룰 때 이야기했지만, 대부분 개인이 중심인 크리에이터 IP는 특정 분야에서만 수입을 창출하지 않고 상품 판매, 콘텐츠 제작, 디지털 MD, 기타 서비스 등 다양한 영역에서 수익을 올린다. 플랫폼 이용에 있어서도 마찬가지로 하나에 의존하지 않고 여러 곳을 동시에 사용한다. 패트리온 역시 크리에이터들에게는 새로운 플랫폼 중 하나일 뿐이다. 이는 패트리온이 유튜브나 인스타그램과 같은 메인 플랫폼을 대체하는 역할이 아니라 보완적 성격을 띠는 창구임을 시사한다. 패트리온은 처음부터 대중 플랫폼이 아닌, 크리에이터들과 그들의 팬덤을 위한 플랫폼으로 출발했다.

크리에이터들이 패트리온을 활용하는 방법은 크게 두 가지다. 패트리온을 콘텐츠 플랫폼으로 사용하는 경우와 단순한 후원 플랫폼으로 사용하는 경우다. 전자의 경우, 크리에이터는 다른 플랫폼에서는 공개하지 않는 독점 콘텐츠를 패트리온에 업로드하고 이에 따른 멤버십 비용을 수취한다. 이들은 보통 후원자 수가 적고 (대신 가격이 높은 편이다) 롱테일에 포진돼 있다. 두 번째는 타 플랫폼에서 콘텐츠를 제공한 뒤 패트리온을 단순히 후원 채널로 활용하는 경우다. 유튜브나 앱을 통해 이뤄지는 결제에서는 플랫폼이 가져가는 수수료가 수십 퍼센트에 달하다 보니, 몇몇 크리에이터들은 수수료 부담이 적은 패트리온을 통해 수입을 얻는 것이다.

패트리온이 주도하는 크리에이터 이코노미는 최근 IP 생태계에서 가장 주목하는 카테고리다. 플랫폼 이코노미가 아닌 크리에이터 이코노미, 말 그대로 플랫폼 대신 창작자가 주목받고 수입을 벌어들일 수 있는 공간을 만들자는 움직임이다. 해외에서는 패트리온 외에 온리팬스OnlyFans와 텀블러Tumblr 등 여러 플랫폼이 일찌감치 등장했고 국내에서도 몇몇 스타트업이 관련 서비스를 출시했다. 업계에서는 이를 기존 플랫폼 체계에서 벗어나려는 '탈중앙화 움직임'으로 보고 있다. 지난 수년간

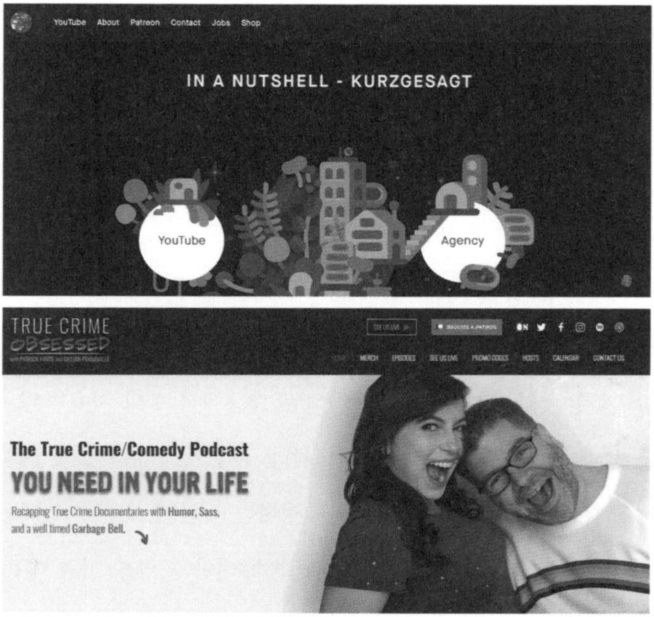

출처 | 쿠르츠게작트(위), 트루 크라임 옵세스드(아래)

패트리온의 인기 크리에이터인 쿠르츠게작트와 트루 크라임 옵세스드.
이들의 개인 웹사이트의 상단에는 모두 패트리온으로 연결되는 링크가 있다.

플랫폼 중심으로 생태계가 성장하자 이 구조를 탈피하려는 움직임이 일어났고, 실제 성과로 이어진 뒤에는 기존 플랫폼 업체들도 급하게 크리에이터를 지원하는 정책을 도입하는 중이다. 크리에이터 플랫폼들이 업계에 적절한 메기 역할을 해낸 셈이다. 플랫폼이 롱런하기 위해서는 원활한 IP 공급이 뒷받침돼야 하는데, 그동안 크리에이터에 대한 지원은 지나치게 간과되고는 했다. 기존 플랫폼과 신규 플랫폼이 가장 크게 다른 점이라면 이처럼 크리에이터를 대하는 관점의 차이이다.

하지만 콘텐츠를 선점한 기존 플랫폼의 진입 장벽은 아주 높았다. 플랫폼은 결국 사용자와 IP를 모두 록인하는 방식으로 운영돼야 하는데, 주요 콘텐츠와 IP는 이미 기존 플랫폼들이 장악한 상태라 신규 플랫폼이 진입할 수 있는 시장이 제한적이었다. 이러한 맥락에서 패트리온의 접근법은 매우 영리했다. 콘텐츠가 아닌 후원이라는 특정 기능에만 집중해, 별다른 콘텐츠 없이도 수익 구조를 만들고 IP를 끌어들이는 일에 성공했다. 다만 언젠가는 패트리온에게도 콘텐츠에 대해 고민해야 할 시기가 닥칠 것이다. 크리에이터 플랫폼에서 IP와 사용자의 유출을 막는 것은 오직 콘텐츠뿐이기 때문이다. 콘텐츠가 없는 플랫폼은 더 낮은 수수료나 더 파격적인 조건을 제시하는 다른 플랫폼에 언제든 추격당할 수 있다. 결국 어렵더라도 콘텐츠에 대한 고민을 멈출 수는 없다. 패트리온이 더욱 대중화된 플랫폼으로 나아가려면, 지금의 경쟁력 이상의 영역을 발굴하는 노력이 필요하다.

크리에이터 플랫폼이 직면한 이슈들

소수의 팬을 수익화하는 것도 중요하지만, 크리에이터들의 목표는 결국 더 많은 팬을 모아서 그들에게 콘텐츠와 서비스를 제공하는 것이다. 그러나 패트리온은 이런 맥락에서 조금 벗어난 플랫폼이다. 유료 플랫폼에 가까운 패트리온은 대중성을 늘리는 방식으로 팬을 확보하기는 어렵지만, 확실한 수익화에는 유리하다는 강점이 있다. 따라서 패트리온을 콘텐츠 플랫폼으로 활용하고자 모이는 크리에이터의 상당수는 타 플랫폼에서 콘텐츠를 제공하기 힘든 상황이거나 자신의 콘텐츠가 불특정 다수에게 공개되지 않길 바라는 경우다. 다시 말해, 성적인 콘텐츠를 판매하는 크리에이터가 대부분이라는 소리다.

2021년에 벌어진 '승무원 룩북' 논란이 대표적이다. 이는 한 유튜버가 특정 항공사의 유니폼을 연상시키는 코스프레 의상을 입은 동영상을 유튜브에 올리며 화제가 된 사건이다. 본디 '룩북lookbook' 콘텐츠는 여러 조합의 패션을 선보이는 영상 콘텐츠지만, 최근 일부 여성 유튜버 사이에서는 선정적인 의상을 입은 채 몸매를 노출하는 콘텐츠로 변질되는 중이다. 이 유튜버 역시 위와 같은 맥락에서 룩북 영상을 제작했다. 곧장 승무원이라는 직업을 성 상품화했다는 논란이 일었고, 해당 항공사 노조에서는 유튜버를 모욕죄 등으로 고소했다. 끝내 화해 권고가 내려진 뒤 영상은 비공개 처리됐으나, 이 유튜버가 프라이빗 플랫폼인 패트리온을 통해 승무원 코스프레 의상을 입은 영상과 사진을 재업로드하는 바람에 다시 공분을 샀다. 이 사건은 국내에 패트리온이 널리 알려지는 계기가 되기도 했다.

패트리온 내에서도 비슷한 논란이 지속되자 회사는 일찌감치 커뮤니티 가이드라인을 발표했다. 패트리온의 성인 창작물 가이드에는 '플랫폼이 옳고 그름을 규정하지 않을 것'이라는 요약과 함께 '성인 창작물에는 18세 이상의 열람만을 권하는 표시를 한 후, 각 사용자가 성인 창작물을 볼 것인지 아닐지를 선택할 수 있도록 한다'는 전제가 포함돼 있다. 다만 성행위 영상이나 미성년자에 대한 성적 묘사 등 인간의 존엄성을 해치는 건에 대해서는 엄격히 가이드 위반으로 정의한다.

이처럼 플랫폼 내에서 표현의 자유와 규제는 늘 상충하는 문제다. 규제의 시행 자체에도 논란이 따르지만, 규제를 한다면 어떤 기준을 도입할 것인지를 정하는 일에 적잖은 노력이 필요하다. 시간을 들여 소통한다고 해도 모두가 만족하는 결과를 얻기는 어렵다. 특히 패트리온의 경우 창작과 포용이라는 정체성을 기반으로 출발한 플랫폼이기에 다소 포괄적인 가이드라인을 적용하며 현재까지도 논란의 여지를 남긴 상태다. 텀블러의 경우, 2018년 성인 콘텐츠를 전면 금지한 이후 월간 활성 사용자 수가 5억 2천 명에서 3억 7천 명으로 급감하고 회사의 기업 가치도 하락하는 등 커다란 위기를 겪었다. 그 후 2022년 커뮤니티 가이드라인을 수정해 성인 콘텐츠를 부분적으로 허용하기도 했다.

플랫폼들도 명확한 결정을 내리지 못하는 상황이니 결과적으로는 소비자들의 의견과 선택이 가장 중요한 몫이 됐다. 플랫폼이 특정 이미지를 굳혀간다면, 결국 이를 선택하는 소비자만 남고 그렇지 않은 소비자들은 떠날 것이다. 반대로 한층 대중적인 창작을 후원하고 생태계 발전에 기여한다면, 다른 방향의 성과를 거둘 수도 있다. 옳고 그름을 떠나, 플랫폼과 이용자, 그리고 IP의 결정에 따라 달라지는 것이다. 이는 패트리온을 포함한 크리에이터 이코노미 플랫폼 전반이 고민해야 할 문제다. 기존 크리에이터 플랫폼과 차별화된 콘텐츠와 서비스를 제공할 수 있을지, 어떤 경쟁력으로 살아남을 수 있을지에 대한 고민을 거듭하는 일만이 곧 IP 플랫폼 비즈니스를 성장시키는 자양분이 될 것이다.

IP 비즈니스의 정석을 보여준 삼프로TV

주변의 IP 업계 종사자 혹은 투자자들과 이야기를 나눌 때마다 빠지지 않고 등장하는 기업이 있다. 바로 경제 콘텐츠 전문 채널인 '삼프로TV'를 운영하는 이브로드캐스팅이다. 최근 수년간 탄생한 스타트업 중 단연 인상적인 IP 비즈니스 구조를 갖춘 회사이며, 규모는 작지만 단단한 실적으로 그 가치를 증명하기도 했다.

삼프로TV의 콘텐츠는 빠른 속도로 발전해왔다. 특히 유튜브로 무대를 옮긴 이후에는 콘텐츠의 성장 속도가 훨씬 가팔라졌다. 방송사 수준으로 사업을 확장한 뒤 하루에 쏟아지는 콘텐츠 양과 종류가 대폭 증가했으며, 기업 광고, 출판, 온라인 강의, 멤버십 운영 등 폭넓은 영역으로 진출한 결과 2021년 기준 매출액 148억 원, 당기순이익 65억 원이라는 높은 실적을 달성했다. 삼프로TV를 진행하는 세 명의 프로(김동환, 이진우, 정영진)는 경제 콘텐츠계의 스타가 됐고 회사는 이미 수천억 원의

이브로드캐스팅(삼프로TV) 실적 추이(2021년부터 연결 기준)

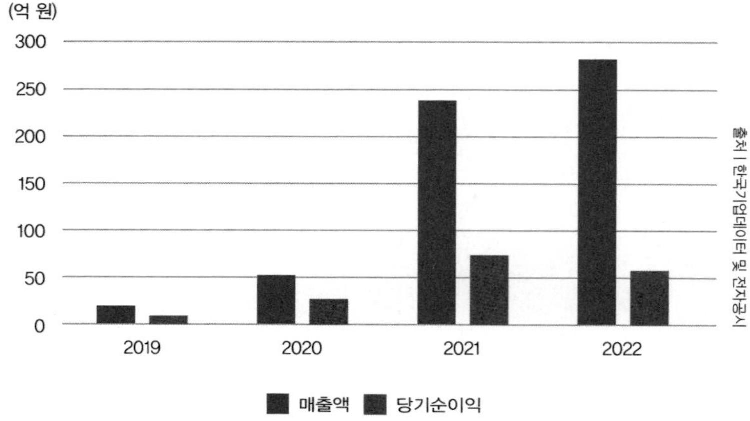

가치를 인정받아 IMM 인베스트먼트, 프리미어파트너스, 코오롱인베스트먼트 등 여러 투자사로부터 큰 금액을 투자받기도 했다.

IP 플랫폼에 IP 홀더의 기능이 더해졌을 때

삼프로TV의 가장 큰 경쟁력은 역시 유튜브 채널이다. 2023년 6월 기준 구독자 수가 233만 명을 넘고 누적 조회 수가 약 10억 회에 달한다. 새벽부터 시작되는 방송은 밤늦게까지 이어지며, 이제는 국내뿐만 아니라 해외 시장을 분석하는 콘텐츠도 생겨났다. 메인 방송 시간인 아침 실시간 방송에는 5만 명이 넘는 시청자가 접속하고 KB금융, 한국투자증권 등 손꼽히는 금융 기업들과의 협업을 진행하기도 한다.

이 회사의 성장을 IP 비즈니스적 관점에서 바라본다면 어떨까? 삼프로TV의 핵심은 IP 플랫폼과 IP 홀더의 역량을 동시에 보유하고 있다는 사실이다. IP 비즈니스에서 가장 무서운 경쟁자는 이처럼 두 역량을 동시에 보유한 기업이다. IP 플랫폼이나 IP 홀더 중 하나의 무기만을 가진 플레이어의 입장에서는 양손에 강력한 무기를 쥔 적과 싸우기가 쉽지 않다. 경쟁하고 싶지 않을 만큼 막강한 상대라는 뜻이다.

삼프로TV에 출연하는 출연자를 (크리에이터) IP, 삼프로TV를 IP 플랫폼이라고 생각하면 이해가 쉽다. 다른 플랫폼과의 차이점은 삼프로TV가 자체 플랫폼을 통해 IP를 직접 육성할 수 있는 역량을 가졌다는 점이다. 보통 IP 플랫폼이 성장에 실패하는 이유는 IP의 사업화에만 집중한 나머지 IP를 함께 키워내거나 IP의 성장에 도움이 될 만한 지원 역량을 확보하지 못해서다. 플랫폼이 금전적인 이득 외에 IP가 계속 머물러야 할 이유를 제공하지 못한다면 IP 홀더는 더 좋은 배분 조건을 제시하는 경쟁사로 이탈할 가능성이 크고, 시장 경쟁은 금전적인 조건에

출처 | 삼프로TV

경제 팟캐스트에서 시작해 유튜브 채널로 발전한 삼프로TV는 IP 플랫폼과 IP 홀더의 역량을 동시에 보유한 드문 예다.

삼프로TV의 IP 비즈니스 구조

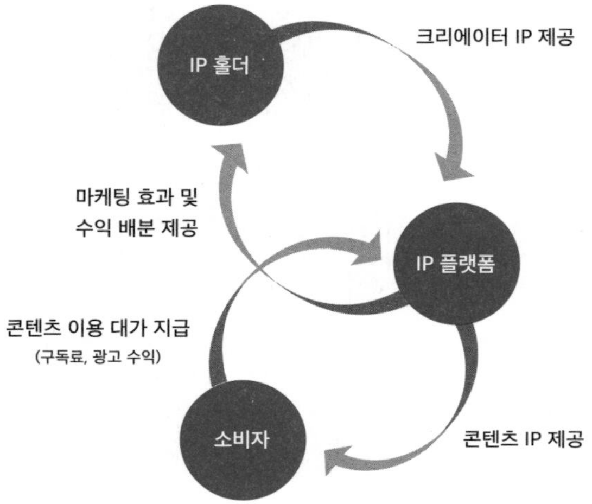

만 집중돼 IP 플랫폼의 생태계가 무너져 버린다. 하지만 삼프로TV는 200만 구독자를 보유한 강력한 콘텐츠 채널을 바탕으로 사실상 독자적으로 IP를 키워낼 수 있는 역량을 갖고 있다.

보통 IP 플랫폼들은 이미 성공한 IP를 활용해 비즈니스를 운영하는 경우가 대부분이다. 그편이 리스크도 적고 사업의 결과도 보장되기 때문이다. 하지만 그만큼 IP에 대한 개런티나 수익 배분 비율이 높고, 주도권 또한 IP 홀더가 차지하기에 플랫폼이 홀더에게 끌려다닐 수밖에 없다. 여기에 경쟁 플랫폼까지 많은 상황이라면, 무조건 플랫폼이 불리한 위치에 서게 된다. 상품에 대한 결과도 예측하기 어렵다. IP가 가진 인지도와 실제 소비로 이어지는 구매 전환은 전혀 다른 영역인데, 대부분의 IP 플랫폼이 이를 정확하게 파악하기 어려워하고 뚜렷한 수요 예측 시스템을 구축하지도 못한다. 하지만 IP 홀더와 플랫폼의 역량을 두루 갖춘 기업은 상기한 문제점들을 적극적으로 극복할 수 있다.

사실 삼프로TV에 출연하는 전문가들은 업계에선 유명할지 몰라도 대중에게는 무명에 가까운 일반인들이다. 이들을 활용해 비즈니스를 전개하려는 시도 자체는 이전에도 있었지만 결국 한계를 드러냈고, 특별한 차별점을 만들지도 못했다. 반면 삼프로TV는 주식 초보 시청자를 확보하는 일에 집중하며 출발했다. 주식을 잘 모르는 이들이 조금이라도 나은 투자 습관과 지식을 습득한 채 시장에 뛰어들 수 있도록 상품을 기획하고 마케팅했다. 개인 투자자의 이익을 대변하는 활동들도 병행했는데, 이처럼 눈높이를 낮춰 초보 투자자부터 업계 전문가까지 들을 수 있는 콘텐츠 다양화를 시도한 것이 성공 요인이 된 셈이다.

영상에 출연하는 전문가들의 역량을 끌어낸 후 스타 IP로 만드는 일에도 성공했다. '염블리'라 불리는 이베스트투자증권의 염승환 이사나 신한은행의 오건영 부부장이 대표적인 예다. 삼프로TV는 이렇게 탄생시킨 스타 IP들과 출판 계약을 맺고, 강의를 추진하고, 심지어는 별도의 유튜브 채널을 만들어 서비스하는 등 여러 비즈니스를 기획했다. 2020년과 2021년 교보문고의 경제경영 분야 베스트셀러에는 직간접적으로 삼프로TV와 연관이 있는 저자들이 이름이 올랐다. 2020년에는 존리와 사경인을 포함해 3명, 2021년에도 염승환과 오건영 등 3명의 저서가 베스트셀러에 등극했다. 삼프로TV가 출판 업계에 미친 영향력도 적지 않음을 확인할 수 있다.

IP 홀더와 플랫폼의 기능을 동시에 가지는 것은 경쟁에서 상당한 우위를 차지함을 뜻한다. 자체 플랫폼을 통해 IP를 육성하고 그 IP를 활용해 사업을 전개한 뒤, 발생하는 이익을 IP와 공유하면 IP는 다시 플랫폼으로 돌아온다. 이러한 순환 구조가 만들어질 때 플랫폼의 레버리지는 극대화되기 마련이다.

그렇다면 삼프로TV는 어떻게 이런 역량들을 갖출 수 있었을까? 앞서 말했듯 IP 플랫폼, 특히 콘텐츠 IP 비즈니스를 영위하는 IP 홀더와 플랫폼은 시간이 지나면 서로의 영역을 침범할 수밖에 없다. 반면 삼프로TV는 콘텐츠 IP 플랫폼으로 출발했지만, 나중에 IP 홀더의 역량을 함께 보유하게 된 케이스다. 그렇기에 홀더와 플랫폼 사이의 갈등을 피하는 것이 가능했다. 또 IP 플랫폼으로서 여러 크리에이터 IP를 히트시킨데는 경제 및 금융이라는 새로운 영역에서 비즈니스를 전개했다는 점이 크게 작용했다. 대부분의 IP 플랫폼들이 서비스하는 영역에서는 이미 IP 홀더가 조직화돼 있고, 이익 집단의 구성을 끝낸 경우가 많다. 예컨대 K-POP에는 굵직한 엔터테인먼트사들이 포진해있고, 캐릭터 IP나 콘텐츠 IP의 영역에는 유명 제작사들이 버티고 있다. IP 홀더가 강력할수록 신규 IP 플랫폼이 시장에 진입하고 정착하는 데 어려움이 있다. 심각한 경우, IP 홀더와 플랫폼 간의 주도권 경쟁, 플랫폼과 플랫폼의 치킨 게임, IP 홀더끼리의 이해 충돌로 이어져 비즈니스 전체가 올바른 방향으로 성장하지 못하는 지경에 이른다. 하지만 삼프로TV가 진입한 경제 및 금융 영역은 아직까지 IP 홀더의 개념이 미개척된 곳이었다. 전문가들은 특정 기업에 소속된 직장인일 뿐 IP와는 전혀 관련이 없었고, 이들의 소속 기업이 IP 홀더의 역할을 할 리도 없었다. 이 분야를 개척하는 일 자체를 삼프로TV가 최초로 해냈기에 경제 및 금융 관련 콘텐츠 비즈니스에서의 주도권을 온전히 가져갈 수 있었다. 전문가들에게는 삼프로TV를 통해 유명해지고, 삼프로TV와 함께하는 다양한 협업을 이어가는 것이 당연한 수순이었다.

하지만 IP 플랫폼의 문제는 이때부터 펼쳐진다. 비즈니스가 성공하고 높은 매출과 수익을 기록하면 당연히 그를 중심으로 사업이 재편되기 마련이다. 회사는 판매와 마케팅에 몰두하고, 비슷한 콘텐츠를 생산하며 연속적인 성공을 노린다. 외부의 경쟁자도 마찬가지다. 특정 콘텐츠가 시장에서 좋은 성과를 내는 순간 경쟁 플랫폼에서도 유사한 콘텐츠를 쏟아내며 오리지널리티를 위협하기 시작한다. 하지만 이 국면에서도 삼프로TV는 본질을 지키는 데 성공했다. 세 가지로 정리하자면, **삼프로TV는 ①콘텐츠에 집중하고, ②무료 콘텐츠와 유료 콘텐츠를 정확하게 분리한 뒤, ③특정 IP에 의존하지 않도록 노력했다.** 사실 이 항목들을 수립하고 실천하는 일은 절대 쉽지 않았을 것이다. 비즈니스를 중장기적으로 고민해야만 내릴 수 있는 의사결정들이기 때문이다.

삼프로TV를 운영하는 이브로드캐스팅은 먼저 콘텐츠에 집중했다. 유료 콘텐츠 판매로 성과를 거뒀지만, 유료 콘텐츠를 파는 일에만 몰두하진 않았다. 오히려 콘텐츠의 수량을 늘리고, 신규 스튜디오를 만들어 시청자들과 소통할 수 있도록 꾸몄다. 이런 정보 전달형 콘텐츠를 개선하기 위해서는 시청자와 꾸준히 소통하고 피드백을 반영하는 일이 중요한데, 실제로 삼프로TV는 두터운 팬층을 위해 시청자 참여형 콘텐츠도 기획하고 대면 이벤트도 늘리는 등의 노력을 기울였다. 또 콘텐츠 종류도 확대했다. 새로운 콘텐츠를 시도한 뒤, 만약 반응이 없으면 또다시 새로운 콘텐츠를 만드는 등 고민의 과정을 반복했다.

그렇다고 유료 콘텐츠를 소홀히 하지도 않았다. 2022년, 이브로드캐스팅은 '위즈덤 칼리지'라는 고급 유료 콘텐츠를 선보였는데, 이는 투자를 넘어서 역사와 심리학, 메타버스, 과학 등 다양한 분야의 전문가를 초빙해 만든 강의 콘텐츠였다. 이러한 행보는 유료 콘텐츠 영역에서도 새로운 시도를 이어 나갔다는 점에서 의미를 지닌다. IP 비즈니스를 할 때 무료 이용자를 유료 이용자로 전환시키기 위해 메시지를 뒤섞거나 상업적인 톤을 과도하게 노출하면 장기적으로 팬덤과 소비자를 모두 잃게 된다. 하지만 삼프로TV는 무료 시청자에게도 차별 없이 좋은 콘텐츠를 선보였고, 유료 시청자에게도 지불한 대가에 상응하는 정보가 제공될 수 있도록 운영했다. 어려운 균형점을 잘 잡아낸 것이다.

마찬가지로 삼프로TV는 특정 IP에 의존하지 않으려 노력했다. 특정 IP에 의존하게 되는 현상은 IP 비즈니스가 직면하는 주요한 어려움 중 하나다. 홀더와 플랫폼을 막론하고 누구든 이 수렁에 빠질 수 있다. 물론 현재 성과가 좋은 IP를 당장 포기하라는 뜻은 아니다. 하지만 IP가

롱런하기 위해서는 적절한 수위 조절이 필수적이고, 동시에 새로운 IP가 성장할 수 있도록 지원하는 작업이 필요하다. 삼프로TV에서 가장 큰 IP는 전문가들이 아닌, 세 명의 '프로'다. 플랫폼이 커지면서 세 프로 자체가 거대한 크리에이터 IP가 됐고 이들의 팬덤도 생겨났다. 초기에는 세 프로가 돌아가면서 대부분의 콘텐츠를 진행했으니, 이들의 노출도가 줄어드는 것이 곧 플랫폼 성장의 정체로 이어질 것이라는 우려도 적지 않다. 이는 부정할 수 없는 사실이다. 세 프로의 이탈은 삼프로TV에 가장 큰 리스크가 될 것이다. 하지만 리스크를 완벽히 제거할 수 없다면, 리스크를 최소화하기 위한 노력이라도 필요한 법이다. 세 프로는 진행하는 콘텐츠의 수를 줄이고 새로운 진행자를 영입하는 등 자신들의 자리를 또 다른 IP로 대체하려는 시도를 지속하고 있다. 세 프로뿐 아니라 출연하는 전문가들의 경우도 마찬가지다. 삼프로TV는 새로운 전문가를 발굴하고 소개하는 일을 멈추지 않는다. 이 노력은 회사가 종속하는 한 끝나지 않을 IP 비즈니스의 숙명과도 같은 일이다. 성패 여부를 떠나 끝없이 도전해야 하는 일 중 하나가 바로 IP에 대한 의존도를 분산시키는 작업이다. 캐릭터 IP처럼 영원히 소유할 수 있는 형태가 아닌 이상, 특정 IP에 의존하기 시작하는 것부터가 리스크의 시작이기 때문이다.

사람이 아니라 콘텐츠가 필요하다

삼프로TV는 IP 비즈니스와 전혀 관련이 없던 경제 및 금융 영역의 시장을 개척하는 일에 성공했다. 이 과정에서 회사는 IP 플랫폼과 IP

홀더의 역량을 모두 확보할 수 있었다. 지금도 삼프로TV는 현재의 성과에 안주하지 않고, 본질인 콘텐츠에 집중하며 시청자와의 소통을 강화하고 특정 IP에 대한 의존도를 감소하기 위해 노력하고 있다.

그렇다면 이 사업에는 어떤 리스크가 있을까? 여러 차례 강조했듯 시장이 커지면 이익을 중심으로 IP들이 규모화되고 이를 대변하는 조직도 나타난다. 경쟁자가 등장할 가능성이 농후하다는 뜻이다. 아직 이 분야에 조직화된 IP 홀더 집단이 많지는 않지만, 시장 규모가 계속해서 커진다면 그 움직임이 활발해질 수 있다. 이미 시장에는 다수의 경제 크리에이터들을 품은 매니지먼트가 생겨나는 중이다. 회사를 통해 콘텐츠 제작, 출판, 교육 등 여러 사업을 전개하는 크리에이터들의 모습은 삼프로TV와 적잖이 겹쳐 보인다.

또 다른 경제 콘텐츠 플랫폼이 나타날 가능성도 무시할 수 없다. 삼프로TV 이후 많은 경제 콘텐츠가 그 아성에 도전하는 중인데, 콘텐츠 내용이나 등장하는 출연자가 유사한 경우도 잦다. 삼프로TV와 같은 정보성 콘텐츠를 소비하는 대중의 심리는 다른 IP 산업과 조금 다르다. 서비스되는 플랫폼이나 크리에이터보다 콘텐츠의 내용 자체에 집중하는 경향이 강하다. 예컨대 특정 히트곡을 부르는 원곡 가수의 뮤직비디오를 보고 싶은 상황에서는 대체재가 없다. 다른 가수나 크리에이터의 커버 영상으로는 부족하다. 어느 누구도 아닌 원작자의 뮤직비디오를 감상해야만 소비가 완료되는 셈이다. 심지어 해당 뮤직비디오는 원곡을 부른 가수가 소속된 엔터테인먼트의 유튜브 채널에서만 독점 공개되니,

다른 플랫폼에서는 소비할 방법이 없다. 그러나 경제 및 금융과 같은 정보 콘텐츠는 조금 다르다. 'A라는 전문가가 설명하는 주식 시황을 보고 싶다'라는 수요도 물론 존재하지만, 대부분의 사람은 그저 오늘의 주식 시황 자체를 궁금해한다. '금리 인상에 따른 효과'라는 정보를 꼭 삼프로TV에서 확인할 필요도 없다. 동일한 내용을 설명하는 수많은 콘텐츠가 존재하고, 사람들에게 중요한 것은 정보에 대한 갈증을 해소하는 일이기 때문이다. 이는 플랫폼이나 크리에이터보다 콘텐츠의 영향력이 더 크다는 의미이자, 언제든 경쟁사의 도전을 받을 수 있다는 뜻이 된다. 삼프로TV가 끊임없이 새로운 콘텐츠를 기획하고 제작하는 이유도 여기에 있다. 비슷한 콘텐츠가 계속해서 생성되며 삼프로TV를 견제하기 때문에, 결국에는 플랫폼에 대한 신뢰와 콘텐츠의 품질이 비즈니스 존속에 있어 관건이 된다. 삼프로TV의 강점은 오랜 시간 쌓아온 시청자와의 신뢰, 그리고 정보성이 뛰어난 콘텐츠들이다. 이와 같은 무형의 가치를 유지하는 것이 결국 삼프로TV의 경쟁력을 유지하는 방법이다.

4

IP UNIVERSE

IP 비즈니스를 향한 도약

지금까지는 IP 홀더와 플랫폼이 취해야 할 각자의 사업적 자세 및 전략을 분석하고, 실제 사례를 통해 여러 IP의 종류와 활용법을 살펴봤다. 4부에서는 한 발짝 더 나아가 지금 IP 비즈니스가 맞닥뜨린 현실적인 이슈들과 미래의 동향을 이야기해보려 한다. IP 비즈니스가 가진 비전과 한계점을 세세하게 들여다보고, 이를 극복하기 위해 반드시 거쳐야 할 고민들을 함께 나눠보자.

하나의 IP가 수십 개의 기업과 수만 명의 사람을 먹여 살린다

우리가 IP 비즈니스를 이해해야 하는 이유는 무엇일까? 답은 간단하다. IP 비즈니스가 급속도로 성장하며 소비문화 전반에 막대한 영향을 끼치고 있기 때문이다. IP 비즈니스의 가장 큰 강점은 뛰어난 확장성과 높은 부가가치다. 단일 IP의 성공은 수만 명의 성공으로 이어지고는 한다. 개인의 삶을 바꾸고, 기업을 키워내며, 국가 경제와 문화의 성장에도 이바지한다. 그러니 여러 기업과 국가 차원에서 IP 비즈니스에 자본과 인력을 투여하는 것도 그리 이상한 현상은 아니다. 이제는 개인 차원의 준비도 필수적이다. 개인은 IP를 소비하는 고객이자 언제든 새로운 IP를 탄생시킬 수 있는 잠재적 사업자이기 때문이다.

IP 비즈니스의 성장은 구조적이다

글로벌 인구의 소득 수준은 장기적인 증가 추세를 보이고 있다.

적어도 수치상으로는 인류의 경제력이 점점 상승해왔다는 뜻이다. 여기에 근로 환경이 개선되며 여가 시간이 늘었고, IT 산업이 만들어낸 새로운 디바이스와 인프라의 발전을 통해 우리는 이전보다 훨씬 많은 IP를 다양한 방식으로 소비할 수 있게 됐다.

생산자이자 소비자가 된 시장의 참여자들은 각자 고유한 IP를 만들고 소비하며 생태계를 꾸려갔다. IP를 중심으로 산업 구조를 개편하는 움직임이 모든 산업 분야에 걸쳐 본격화됐다. IP를 소비하는 방식은 점차 오프라인에서 온라인으로 이동했고, 이 과정에서 IP의 부가가치가 급격히 상승하는 일이 벌어졌다. 시간과 공간의 제약 없이 누구나 자신의 디바이스로 콘텐츠를 보고 쇼핑을 즐기며 IP를 소비할 수 있게 됐으니, IP의 가치와 수익성이 대폭 증가하는 것은 당연한 일이었다. 또 다소 간의 차이는 있겠지만, 비교적 적은 자본과 인력으로도 얼마든지 IP를 만들고 사업화할 수 있다는 사실은 IP 비즈니스만의 장점으로 부상했다. 하나의 IP가 수만 명에게 이익을 안겨주는 고부가가치 산업이 된 것이다.

관점을 바꿔 이해하는 IP 비즈니스

IP 비즈니스는 우리에게 익숙한 분야지만, 소비자가 아닌 공급자의 입장으로 바라보면 상당히 낯선 느낌을 주기도 한다. 우리는 늘 소비자나 제삼자의 관점에서 IP를 지켜봤을 뿐, 서비스 제공자의 관점을 가져본 적이 없기 때문이다. 그러나 IP 비즈니스에 뛰어들기 위해서는 기존의 소비자적 관점을 수정할 필요가 있다. 특히 외부의 IP와 협업하는 비즈니스를 전개한다면 더욱 주의해야 한다. 소비자적 관점과 공급자적 관점의 차이를 깨닫지 못한 채 사업을 지속하거나 프로젝트를 평가한다면, 결국 좋은 협업 기회를 놓치게 된다. 이제 관점을 바꿔 새롭게 IP 비즈니스의 전략을 배워보자. 공급자적 관점을 잘 활용한다면, IP 생산자이자 운영자로서 꾸준히 의미 있는 성과를 거둘 수 있을 것이다.

1. IP 비즈니스는 작게 출발한다

여러 차례 언급했듯 IP는 아주 작은 재미와 취향에서 출발한다. 처음부터 거대하고 화려한 존재가 아니라는 뜻이다. 개별 고객에게 소소한 즐거움과 행복을 선물하고, 소수의 취향을 만족시켜 가며 팬덤을 확장하면 된다. 물론 이미 시장 장악력을 확보한 경우에는 시작부터 높은 성과를 기대하고 IP 비즈니스를 전개할 수 있지만, 이는 극히 소수의 케이스에 불과하다. 니치마켓에서 입지를 넓히며 사업을 확장하는 스타트업의 비즈니스 전략을 생각해보자. IP의 경우도 마찬가지다. 불특정 다수를 겨냥하기보다는 지역과 나이, 취향 등을 기반으로 명확한 타깃을 설정한 뒤 자세한 접근 전략을 세우는 일이 중요하다.

2. 목표 설정을 다각화하자

IP 비즈니스에 접근할 때는 단계별 목표를 세워야 한다. IP 비즈니스는 판매량이나 판매액 등의 가시적인 성과 외에도 브랜드 이미지 제고, 고객 확장과 같은 파생 효과를 가져오기 때문이다. 그만큼 다양한 각도에서 사업을 검토하는 것이 필수적이다. 단순히 정량적 평가만으로 IP 비즈니스를 판단하기는 어렵다. 협업을 진행하는 경우에 마일스톤은 어떻게 설정할지, 고객과의 소통은 어떤 방식으로 진행할지, 원하는 홍보 효과나 브랜드 이미지는 무엇인지 등에 관한 프로젝트 목표를 수립할 필요가 있다. IP 비즈니스는 장기전이다. 한두 번의 시도로는 원하는 결과를 얻기 힘들다는 사실을 기억하자.

3. 소비자는 IP의 간접 생산자다

IP 비즈니스는 일방향이 아닌 양방향의 소통이 필요한 영역이다. 공급자와 함께 IP를 만들어가는 존재인 소비자를 유념해야 한다. 고객의 관점에서 고민하고 이해하는 작업은 모든 비즈니스에서 필수적이지만 IP 비즈니스의 경우에는 이런 자세가 더욱 중요하다. 장기적으로 봤을 때, 고객이 느끼는 이미지대로 IP의 정체성을 확립해가는 경우가 많기 때문이다. 온라인 소비 활동이 활발한 요즘에는 그 속도가 한층 빨라졌다. 애니메이션 〈뽀롱뽀롱 뽀로로〉에 등장하는 '루피'의 사례가 대표적이다. 비버를 의인화한 캐릭터인 루피는 원래 애니메이션 속에서 주인공 뽀로로의 여러 친구 중 하나였다. 그러다 '캐릭터 밈(온라인 커뮤니티를 중심으로, 특정 캐릭터를 기존의 제작 의도와는 다르게 소비하거나 해석한 뒤 짤이나 밈 문화로 만드는 일)' 열풍의 선두 주자로 올라서면서 '잔망루피'라는 캐릭터로 재탄생했다. 기존의 〈뽀롱뽀롱 뽀로로〉 IP의 메인 타깃이 유아 고객

출처 | 잔망루피 인스타그램

유아용 프로그램의 캐릭터로 탄생했지만, 이제는 성인들에게 더 큰 사랑을 받는 '잔망루피'.

이었다면, 잔망루피는 성인들에게도 어필할 수 있는 캐릭터로 변했다. IP를 소비하는 이용자들이 캐릭터에 새로운 정체성을 부여한 셈이다. 덕분에 루피는 이모티콘이나 실물 MD 등으로 제작되며 상품성을 증명해냈다. 여러 브랜드와 협업을 진행한 것은 물론 본인만의 인스타그램 및 유튜브 채널도 확보하며, 애니메이션의 주인공인 뽀로로 못지않은 인기를 얻고 있다. 이를 통해 〈뽀롱뽀롱 뽀로로〉 관련 IP를 보유한 아이코닉스는 새로운 고객층을 확보하고 루피라는 IP의 부가가치를 높이는 뜻밖의 행운을 누리게 된 셈이다. 이처럼 공급자는 소비자가 IP를 어떻게 즐기고 소비하는지를 꾸준히 모니터링하며 그 안에서 기회를 찾아내야 한다. 이는 IP가 그릇된 방향으로 소비되거나 남용되는 것을 사전에 방지할 수 있는 방법이기도 하다.

더욱 치열해진 IP 확보 전쟁

효과적인 IP 비즈니스를 위해서는 좋은 IP를 확보하는 일이 무엇보다 중요하다. 그러나 이는 무척 어려운 작업이기도 하다. 성공의 가능성이 엿보이는 IP의 수는 정해져 있기 때문이다. 직접 IP를 육성해내는 것도 쉬운 길은 아니다. 시스템과 노하우를 갖춘 IP 홀더들도 IP 육성 과정에서 수많은 고초를 겪는다. 게다가 IP를 둘러싼 대중의 평가는 그 어떤 산업보다도 냉정하다. 첫 번째 IP가 성공했다 해서 두 번째도 성공이 보장되는 것은 아니며, IP의 가치는 언제든 다양한 이유로 훼손될 수 있다. 그렇기 때문에 IP 시장에 뛰어드는 모든 참여자들은 무엇보다도 IP 확보에 사활을 건다. IP 비즈니스라는 분야가 성장을 거듭할수록 이런 움직임은 점점 거세지는 중이다.

게임 산업으로 보는 IP 확보 전쟁

2022년 초, 게임 업계를 뒤흔든 소식이 있었다. 미국의 대표적인 기술 기업 마이크로소프트Microsoft가 게임 소프트웨어 기업인 액티비전 블리자드Activision Blizzard를 인수하겠다고 발표한 것이다. 매입가는 무려 687억 달러, 당시 환율로 80조 원이 넘는 금액이었다.

이 거대한 계약이 성사된 과정을 IP 비즈니스의 개념으로 이해해 보자. 엑스박스Xbox라는 콘솔 게임기를 판매하는 마이크로소프트는 시장에서 IP 플랫폼의 위치에 서 있었다. 그동안 엑스박스를 통해 여러 게임사(IP 홀더)의 게임 IP를 서비스해왔기 때문이다. 이미 수차례 이야기했듯, IP 플랫폼이 성공을 거두면 결국 IP 홀더가 보유한 IP를 내재화하려는 움직임을 보이기 마련이다. 마이크로소프트도 마찬가지였다. 특히 콘솔 게임기 시장에서 마이크로소프트는 플레이스테이션PlayStation과 닌텐도라는 거대 업체와의 경쟁 상황에 놓여있었다. 후발 주자이면서 동

출처 | 마이크로소프트(왼쪽), 블리자드 코리아(오른쪽)

게임 IP 확보에 사활을 건 마이크로소프트는 액티비전 블리자드를 우리 돈으로 무려 80조 원에 사들였다. 블리자드는 소니 플레이스테이션에서 가장 사랑받는 게임인 콜 오브 듀티의 개발사이기도 하다.

시에 점유율이 가장 낮은 엑스박스의 입지를 넓히기 위해, 마이크로소프트는 공격적인 인수로 IP를 확보해가는 방법을 택한 것이다.

현재 국내에서는 PC와 모바일 게임의 시장 규모가 압도적이기에, 콘솔 게임이라는 분야가 낯설게 느껴질 수도 있다. 그러나 글로벌 콘솔 게임 시장의 규모는 약 560억 달러에 달한다. 이는 전체 게임 시장의 3분의 1을 차지하는 수준이다. 2001년에 처음 출시된 엑스박스는 플레이스테이션(소니 그룹 산하)과 닌텐도 등의 일본 기업이 주도하는 콘솔 게임 시장에서 꾸준히 점유율 격차를 좁혀가며 3위에 안착했다.

2021년 콘솔 게임기 업계 시장 점유율

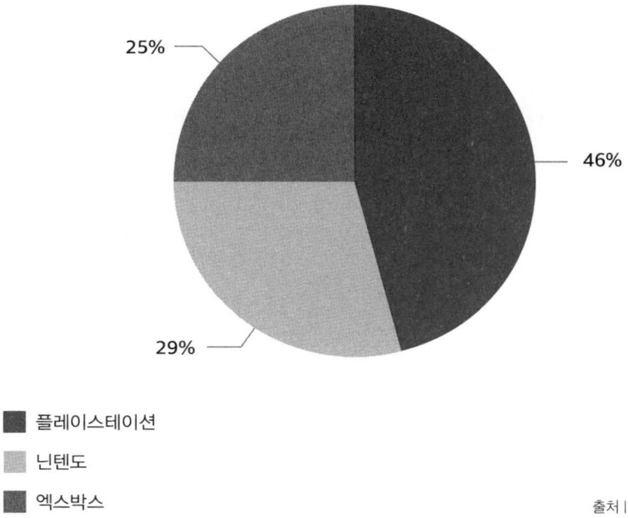

출처 | 암페어 애널리시스

사실 닌텐도는 나머지 두 기업과 사업의 결이 조금 다르다. 닌텐도는 슈퍼 마리오나 포켓몬스터, 젤다의 전설 등 아주 강력한 자체 IP를 보유한 기업이기 때문이다. 자연히 닌텐도의 비즈니스는 자사의 게임 IP를 업그레이드해가며 제공하는 방식으로 진행됐다. 플레이스테이션이나 엑스박스와는 고객군 및 사용자 경험 등에서 차이를 보이는 것이다.

경쟁이 치열한 쪽은 남은 두 기업인 플레이스테이션과 엑스박스다. 1994년에 처음으로 출시된 플레이스테이션은 1위 기업다운 보급률을 기반으로 오래 전부터 유수의 게임을 선보여왔고, 두터운 팬층을 가진 일본 게임 IP들을 서비스하며 시장 점유율을 유지해왔다. 반면 마이크로소프트는 2001년에야 엑스박스를 내놓으며 콘솔 게임 시장에 진출한 탓에 그 기반이 약할 수밖에 없었다. 이 지점을 보완하기 위해 마이

게임 회사들의 주요한 인수 합병 건(금액 순)

인수 기업	피인수 기업	인수가액	연도
마이크로소프트	**액티비전 블리자드 킹**	**687억 달러**	**2022**
테이크 투 인터랙티브	징가	127억 달러	2022
텐센트	슈퍼셀	100억 달러	2016
마이크로소프트	**제니맥스 미디어**	**87억 달러**	**2020**
액티비전 블리자드	킹	70억 달러	2015
바이트댄스	문톤	41억 달러	2021
마이크로소프트	**모장**	**29억 달러**	**2014**
일렉트로닉 아츠	글루 모바일	25억 달러	2021

출처 | 스태티스타

크로소프트는 엑스박스 게임 스튜디오Xbox Game Studios를 통해 서서히 여러 게임사를 산하로 모았으며, 최근 몇 년간은 매우 공격적으로 게임사를 인수하기 시작했다. 글로벌 게임 회사의 인수 합병 규모를 나열했을 때, 상위 9건 중 마이크로소프트의 인수 건만 3건에 달할 정도다. IP를 확보하려는 마이크로소프트의 의지가 엿보이는 대목이다. 마이크로소프트가 액티비전 블리자드를 인수한 것도 이 맥락에서 진행된 일로, 2020년에 87억 달러를 들여 제니맥스 미디어ZeniMax MEDIA를 인수한 뒤 불과 2년 만에 또 한 번 천문학적인 금액을 투자한 것이다. 당시 마이크로소프트는 액티비전 블리자드의 직전일 종가에 45%의 프리미엄을 더해 인수가액을 책정할 만큼 적극적이었다고 한다.

그렇다면 마이크로소프트가 액티비전 블리자드를 탐낸 결정적인 이유는 무엇일까? 배경에는 인기 게임인 콜 오브 듀티 시리즈가 존재한다. 액티비전 블리자드에는 완성도와 상품성이 뛰어난 여러 게임 IP가 속해있고 매출 구성 역시 다양하지만, 그중에서도 콜 오브 듀티는 역사상 가장 성공한 FPSFirst Person Shooter(일인칭 슈팅 게임) 프랜차이즈로 유명하다. 재미있게도 플레이스테이션에서 가장 사랑받는 게임이기도 하다. 이러한 맥락에서 이번 인수 건은 경쟁사에서 두각을 드러내는 게임 IP를 인수해 플레이스테이션의 아성에 도전해보려는 전략으로 읽힌다. 실제로 마이크로소프트의 인수 소식이 발표된 후, 플레이스테이션을 운영하는 소니 그룹의 주가는 10% 이상 하락하기도 했다.

뛰어난 IP 앞에는 장사가 없다

이와 같은 IP 확보 경쟁은 비단 게임 업계에서만 벌어지는 일이 아니다. 다양한 IP 사업 분야에서 동시다발적으로 발생하는 현상이며, 앞으로 IP 산업이 더 성장하고 플랫폼 간의 경쟁이 거세질수록 IP 확보를 위한 경쟁 역시 점점 격화될 것이다. 넷플릭스와 디즈니가 한국을 포함한 전 세계에서 콘텐츠 IP를 선점하기 위해 끝없이 경쟁하는 것과 K-POP 팬 플랫폼 간에 IP를 둘러싼 계약 경쟁이 펼쳐지는 것, 그리고 웹툰 및 웹소설 플랫폼이 작가 영입을 위해 다투는 것 등이 대표적인 사례다. 특히나 게임 산업은 콘텐츠와 IP 산업을 통틀어 시장 규모가 제일 크고 합종연횡이 활발하게 이뤄지는 분야다. 글로벌 기업과 스타트업이 어깨를 겨누기도 하고, 다양한 형태의 IP 플랫폼과 홀더가 공존하며, 시장 자체는 성숙하지만 여전히 많은 실패와 성공이 반복되는 곳이다. 그런 만큼 IP 비즈니스의 각종 선례가 담겨있기에, 전략을 고민할 때 가장 먼저 살펴볼 만한 분야이기도 하다.

마이크로소프트의 액티비전 블리자드 인수 사례에서 우리는 IP 확보 경쟁에 관한 세 가지의 흥미로운 사실을 알 수 있다. **첫째, 뛰어난 IP 앞에는 장사가 없다.** 마이크로소프트가 게임 사업을 시작한 지도 20년이 넘게 흘렀고, 그동안 사용한 전략도 각양각색이다. 그러나 결국은 확실한 게임 체인저를 확보하기 위해 막대한 자금을 들여 경쟁사의 핵심 IP를 가져오는 방법을 택했다. 사실 게임처럼 시장 규모가 큰 산업에서는 기존의 프랜차이즈에 길들여진 소비자들을 다른 플랫폼으로 빼오는 일이 결코 쉽지 않다. 마이크로소프트의 파격적인 움직임이 시사하는 바는 명확하다. 단기간에 판을 뒤집기 위해서는 막대한 자금력을 바탕으로 IP를 차지하는 방법에 기댈 수밖에 없다는 것이다.

둘째, 강력한 IP는 그 자체로 플랫폼이 된다. 앞선 이야기의 주인공은 아니지만, 콘솔 시장의 숨은 승자는 닌텐도다. 사실 닌텐도는 다른 콘솔 기기인 플레이스테이션이나 엑스박스와 경쟁할 필요조차 없다. 닌텐도의 IP는 독보적이기 때문이다. 경쟁사에서는 절대 즐길 수 없는 게임을 자체적으로 제공한다는 사실은 소비자를 끌어오는 가장 확실한 요인이 된다. 이미 닌텐도는 그 자체로 플랫폼이며, IP 홀더가 IP 플랫폼의 전략을 취하는 드물고도 대표적인 사례다.

셋째, 성숙한 IP 시장에서는 IP 플랫폼과 IP 홀더 간에 IP를 육성하거나 매각하는 활동이 원활하게 이뤄진다. 마이크로소프트가 2020년에 인수했던 제니맥스 미디어의 사례를 보자. 제니맥스 미디어의 산하에는 베데스다 게임 스튜디오Bethesda Game Studios와 아케인 스튜디오Arkane Studios 등 약 8개의 게임 스튜디오가 속해있다. 마이크로소프트는 제니맥스 미디어를 인수함으로써 자연스럽게 그 산하의 스튜디오를 모두 인수할 수 있었다.

게임 업계에서는 하나의 대기업이 다수의 개발 스튜디오를 보유한 채 여러 IP를 육성하는 경우가 일반적이다. 유통을 담당하는 '퍼블리셔'와 게임 개발을 담당하는 '개발사'의 역할이 명확하게 구분되기 때문이다. 대형 개발사가 다른 소형 개발 스튜디오를 인수하기도 하고, 퍼블리셔가 개발사를 인수해 운영하기도 한다. 개발사가 게임이라는 IP를 개발하고 공급하면 퍼블리셔가 이를 유통하는 구조다. 각자의 역할을 일임하는 동안 시너지가 커지기 때문에, 개발사들도 단독으로 움직이는 것보다는 이와 같은 협업 구조를 선호한다. 규모가 큰 기업들은 조직 내에 다양한 기능을 내재화해두기도 한다. 마치 벤처캐피털이 스타트업에 투자하는 것과 같은 맥락으로, 게임 회사들도 여러 스튜디오에 투자해서 좋은 IP가 탄생할 수 있도록 지원하는 셈이다. 영화 산업에서 제작사와 배급사가 역할을 나눠 맡는 구조를 떠올리면 이해하기 쉽다. 게임 산업과 영화 산업은 대표적인 대형 IP 비즈니스 분야이기도 한데, 머지않아 더욱 다양한 IP 산업 분야의 비즈니스들도 결국 이와 같은 형태를 취하며 규모를 불려갈 것이다.

성공하는 IP와
성공하는 IP 기업은 다르다

시대에 따라 살아남는 IP의 조건도 변화하기 마련이다. IP를 소비하는 일은 필수가 아닌 선택적 성격이 강하고, 기술적 환경 및 트렌드의 흐름도 빠르게 바뀌기 때문에 상품이나 서비스의 생애 주기가 길지 않다. 장기간 사랑받는 IP는 극히 소수에 불과하다.

그렇다면 오래 살아남아 높은 부가가치를 창출하는 IP가 되기 위해서는 어떤 전략을 써야 할까? 사실 이 질문에는 명확한 답이 없다. 성공하는 IP는 너무나 많고, 그들이 성공하는 이유 역시 제각각이기 때문이다. IP 비즈니스에서만큼은 성공 요인을 관통하는 답을 찾기가 힘들다.

대신 질문을 바꿔보면 어떨까? **'어떤 IP가 성공하는가'보다 '어떤 IP 기업이 성공하는가'에 더 집중하는 것이다.** IP 비즈니스에서 중요한 것은 단일 IP를 성공시키는 일이 아니다. 연쇄적인 IP 성공 사례를 만드는 시스템을 조성하는 작업이 무엇보다 우선시돼야 한다. 그런 맥락에서 이번 장은 이 책에서 가장 중요한 부분이기도 하다. 성공하는 IP에는 정답이 없다. 하지만 성공하는 IP를 꾸준히 배출하는 기업에는 분명 참고할 만한 전략이 존재한다.

멀티 IP 전략! 선택과 집중 속에 분산 전략이 있다

'선택과 집중', 그리고 '분산'을 같은 선상에 놓는다면 왠지 어색한 느낌이 들 것이다. 보통은 둘 중 하나의 전략을 고르는 일이 일반적이기 때문이다. 그러나 이 전략들은 사실 얼마든지 함께 사용될 수 있는 개념이다. IP 비즈니스에서 **개별 IP는 선택과 집중을, IP 홀더는 분산 전략을 각각 맡아서 구사해야 한다.**

IP는 보통 정해진 카테고리 내에서 탄생하고 성장한다. 그 카테고리를 기반으로 여러 상품과 서비스를 제공하며 고객의 객단가를 끌어올리는 구조다. 대중 전체를 고객으로 삼는 필수 소비재와 달리, IP 비즈니스의 경우에는 고객의 수가 어느 지점에 이른 뒤부터는 동일 IP로 신규 고객을 얻는 것이 어렵다. 포켓몬스터처럼 어린이 고객을 주 타깃으로 삼는 IP도 마찬가지다. 시간이 흘러도 계속해서 새로운 어린이들이 고객으로 흡수되긴 하지만, 어린이였다가 성인이 된 소비자의 소비는 점차 줄어들기 때문에 고객군이 확대된 케이스라고 해석하기는 어렵다. 결국 새로운 상황을 맞이하고 싶다면 포켓몬스터가 아닌, 성인 고객을 타깃으로 한 새로운 IP를 만들어야 한다. 이와 같은 움직임을 가리켜 IP 비즈니스를 횡Horizontal으로 확장하는 **'멀티 IP 전략'**이라 부른다.

여기서 어려운 점은 두 가지다. IP를 새롭게 만들어 출시하는 일은 기존 IP의 성공 여부와는 무관한 영역이기에 사업적 리스크가 동반된다는 것, 그리고 하나의 IP 홀더가 확대할 수 있는 IP의 개수와 범위가 제한적이라는 것이다. 둘은 결국 같은 의미이기도 하다. 하나의 IP 홀더가 여러 IP를 통해 고객의 모든 생애 주기를 커버하고, 다양한 고객군을 확보해오는 것은 무척이나 어려운 일이다. IP 비즈니스에서는 성공한 IP와 IP 홀더가 동일시되는 경우가 많기 때문이다. 디즈니와 미키 마우스, DC와 배트맨, 닌텐도와 슈퍼 마리오, 빅히트와 BTS의 구도를 떠올려보면, 인기 IP가 IP 홀더에 미치는 영향이 얼마나 강력한지를 이해할 수 있을 것이다. 만약 디즈니라는 IP 홀더에게 미키 마우스와 배트맨, 슈퍼 마리오와 BTS라는 각양각색의 IP를 모두 관리하게 시킨다면 어떤 일이 벌어질까? 앞서 말한 역량적·이미지적인 한계가 금세 덮쳐올 수밖에 없다.

현재의 디즈니는 여러 IP 홀더를 보유한 글로벌 기업으로 성장했다. 그러나 소비자들이 디즈니에 기대하는 것은 여전히 꿈과 희망이 담긴 애니메이션이나 동화 같은 이야기다. 디즈니는 마블, 21세기 폭스, 루카스필름 등의 IP 홀더를 거느린 기업이기도 하지만 동시에 디즈니라는 이름 자체만으로도 압도적인 이미지를 전달하는 IP 홀더 중 하나이기에, IP 홀더 간의 역할을 명확하게 구분하는 방식으로 비즈니스를 운영한다. IP를 추종하는 팬덤의 성향과 반대되는 의사결정은 대외적 이미지와 사업의 성패를 흔드는 불안 요소로 작용할 수밖에 없다.

결국 개별 IP 홀더는 선택과 집중을 우선시하되, 좋은 전략과 신중한 판단을 거쳐 산하에 여러 IP 홀더를 확보해둬야 한다. 성장과 리스크를 균형적으로 관리하려면 이 방법을 사용하는 것이 최선이다. 실제로도 거대 IP 홀더들은 산하에 여러 IP 홀더를 둔 채 사업을 전개하는 중이다. 앞서 언급한 마이크로소프트와 디즈니, 국내에서는 하이브가 대표적이다. 하이브가 낳은 메가 IP인 BTS는 하이브라는 거대한 IP 홀더에 레이블 개념으로 귀속된 빅히트 뮤직 소속의 아티스트다.

이런 식으로 멀티 IP 전략을 활용하면 IP 홀더는 보다 다양하고 많은 IP를 한 울타리 안에서 제작할 수 있게 된다. 독립적인 운영은 물론, 개별 IP 홀더만의 특징을 유지하며 창의적이고 효과적인 IP 육성 시스템을 갖출 수 있다. 마치 유니레버Unilever 나 P&G, 로레알L'Oreal 과 같은 글로벌 기업들이 사내에 여러 브랜드를 만들어 마케팅하는 것과 같은 논리다. 유니레버는 도브Dove 와 스너글Snuggle , P&G는 질레트Gillette 와 다우니Downy , 로레알은 3CE와 랑콤Lancome 등을 산하에 두고 있는데, 이들은 제품력만큼이나 마케팅과 브랜딩에도 큰 공을 들이는 것으로 유명하다. 이와 같은 글로벌 기업의 멀티 브랜드 전략을 IP 비즈니스에 참고하는 것도 좋은 방법이다. 조직 내에 독립적인 IP 홀더 사업부나 법인을 만들어 운영할 수도 있고, 외부의 IP 홀더를 인수해오는 방식의 확장도 생각해볼 수 있다.

시가총액을 20배 끌어올린 멀티 IP 전략

최근 멀티 IP 전략을 가장 훌륭하게 활용하는 분야는 엔터테인먼트 산업이다. 한 회사 내에 사업별 조직을 구성해 IP를 관리하거나, 모회사 아래에 여러 개의 레이블을 둔 채 운영하는 방식이 늘고 있다. 이런 변화가 나타나는 이유는 엔터테인먼트사의 기존 운영 방식에 뚜렷한 한계가 존재하기 때문이다. 특정 프로듀서나 창작자에 대한 의존도가 지나치게 높고, 이로 인해 유사한 스타일의 결과물이 반복되면서 물량과 속도 경쟁에서 뒤처지는 등의 문제가 잦았다. 매출액을 늘리고 회사 규모를 스케일업scale-up하기 위해서는 시스템의 구축이 필요한 상황이었다.

국내에서 이를 이뤄낸 대표적인 곳이 JYP다. 우선은 JYP의 구심점인 박진영 프로듀서가 2014년에 진행한 언론 인터뷰를 살펴보자. 그가 구축하고자 했던 시스템과 IP의 운영 방식은 당시로서는 상당히 이른 시도였지만, 지금 돌아보니 매우 효과적인 구조라는 인상을 준다.

Q. JYP의 미래, 어떤 목표를 세우고 있는가?

"목표는 시가총액 3조. 지난 3년간 일단 시가총액 1조 벽을 어떻게 넘을지 고민했다. 내가 미국 생활에서 얻어온 것 중 가장 소중한 것은 미국 음반사 내부 구조를 알아 왔다는 점이다. 의사결정의 방식이나 조직 구성을 배웠다. 또한 4대 음반사의 유태인들과 친분이 많았다. 그들의 자본 운용이나 회의 방법까지 눈여겨봤다. 그와 비슷한 모양새를 갖춘 회사를 만들기 위해 3년을 테스트했다."

Q. '테스트'를 좀 더 자세히 설명하자면.

"시가총액 1조를 넘으려면 무조건 대량 생산이 가능한 체제를 만들어야 한다. 한 해에 12개 이상의 앨범을 낼 수 없다. 그런 구조로는 1조를 넘을 수가 없다. 반면 미국 4대 음반사는 모두 퍼블리싱 회사를 가지고 있다. 유니버설뮤직은 유니버설 퍼블리싱이 있고, 워너뮤직은 워너 퍼블리싱이 있다. 또한 각각 소속 레이블이 10개가 넘어 대량 생산을 하고 있다. JYP는 빅히트와 같은 레이블도 실험하면서 한쪽으로는 퍼블리싱도 키웠다. 한국에서 퍼블리싱을 갖춘 회사는 JYP가 유일한 것으로 알고 있다. 이런 과정은 쉽게 말해 '여러 명의 박진영'을 두는 작업이다."

Q. '여러 명의 박진영'이란.

"스티브 잡스가 사망한 후 애플 주가가 반토막이 나는 걸 보고 엄청난 충격을 받았다. 한 명의 '감'으로 회사가 운영되는 게 아니라고 깨달았다. 대량의 레이블을 갖추고 퍼블리싱 회사를 만드는 게 옳다. 지난 3년간 JYP는 나 혼자의 머리로 의사결정을 하지 않았다. 개인이 아닌 시스템으로 의사결정을 하고, 그것이 잘못되면 그 시스템을 보완했다. 중요한 건 시스템이다."

– '박진영 인터뷰② "테스트 끝났다, JYP 목표 시가총액 3조"',
《일간스포츠》, 2014.11.05.

박진영 프로듀서의 놀라운 인사이트가 돋보이는 인터뷰다. 실제로 JYP는 '여러 명의 박진영' 시스템을 도입하고 꾸준히 체질을 개선한 끝에 트와이스, 있지, 스트레이키즈 등 세계적인 주목을 받는 아이돌 그룹을 탄생시켰다. 2022년 기준 매출액 3,459억 원, 영업이익 966억 원을 기록했으며, 2023년에는 시가총액 4조 원을 돌파하는 등 명실공히 글로벌 엔터테인먼트사로 발돋움하는 데 성공했다. 그가 2014년 호언장담한 시가총액 3조 원은 결코 허황된 약속이 아니었던 것이다. 인터뷰에서 박진영 프로듀서가 언급한 내용 중 '대량의 레이블과 퍼블리싱 회사를 갖춰, 한 명에게 의존하지 않고', '한 해에 12개 이상의 앨범을 낼 수 있는 시스템을 만들어야 한다'는 부분을 현실로 옮겨온 형태가 바

JYP엔터테인먼트 주가 추이

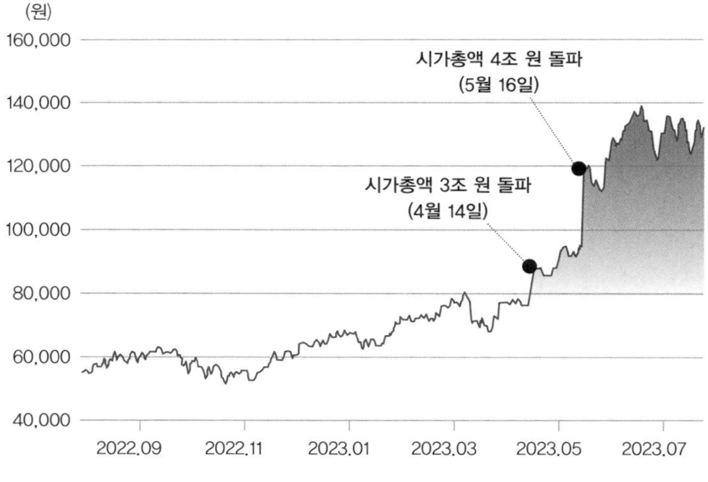

출처 | 구글 금융

로 JYP의 수평적 레이블 시스템인데, 이는 IP 홀더가 갖출 수 있는 가장 이상적인 구조이기도 하다.

JYP는 조직 구조 개편을 통해 이러한 시스템을 정착시켰다. 기업의 조직 구조는 흔히 두 가지의 커다란 방식으로 구분되곤 한다. **기능별 조직**과 **사업별 조직**이다. 엔터테인먼트 업계를 예로 들면, **기능별 조직**을 사용하는 기업은 신인 개발과 마케팅, 앨범 기획, 제작, 공연 등 기능별로 조직을 구분한 뒤 비즈니스를 전개한다. 반면 **사업별 조직**을 사용하는 곳은 특정 사업을 중심으로 각 기능을 모아둔 채 일하는 식이다. 무게를 어디에 두는지에 따라 조직의 성격이 바뀌는 셈이다.

과거 우리가 아는 일반적인 국내 엔터테인먼트 기업들은 보통 기능별 조직을 따랐다. K-POP 그룹 한 팀이 앨범을 출시할 시기가 되면 각 부서가 힘을 모아 프로젝트를 완성하는 방식이었다. 누군가는 마케팅을 전담하고, 누군가는 앨범의 구성을 기획하고, 누군가는 무대의 만듦새를 결정한다. 하지만 이 방식에는 한계가 존재한다. 동시에 여러 앨범을 작업하기 어렵고, 작업이 몰리면 병목 현상이 발생할 수 있으며, 해당 그룹에 특화된 결과물을 만드는 일에도 매번 고초를 겪는다. 또 기능별 조직은 환경 변화에 둔감할뿐더러 성과와 책임 소재를 규명하기 힘들다. 물론 장점도 있다. 규모의 경제를 확보하고 기능이 중복되는 상황을 방지할 수 있어 효율성이 높다. 동일한 역할을 수행하는 구성원들이 모인 조직이라 역량을 제고하기도 쉽다.

반면 사업별 조직은 각 기능이 하나의 사업부 내에 전부 포함된 형태다. 독립적인 조직 구조로, 성과와 책임 소재가 명확하고 트렌드 변화에 빠르게 대응하는 것이 가능한 분권적 성격이다. 이 방식은 특히 창의성이나 개성이 중요시되는 IP 기업 내에서 유리하게 작동한다. 두 조직 구조 중 무엇이 더 좋다는 정답은 없지만, 규모가 큰 IP 기업의 대부분이 사업별 조직 구조를 통해 멀티 IP 전략을 실행 중인 것은 사실이다. 물론 앞서 살펴본 박진영 프로듀서의 말과 같이, 회사가 일정 규모 이상으로 덩치를 불린 후에는 보다 체계적으로 시스템을 정돈하는 일이 필수적이다.

하이브 역시 이런 멀티 레이블 전략을 적극적으로 활용하는 중이다. 그 과정에서 탄생한 것이 2022년 K-POP 시장에 신선한 충격을 가져온 대형 신인 뉴진스의 사례다. 독립된 레이블 구조를 통해 그동안 하이브에 없었던 정체성을 담은 아티스트가 탄생한 데다, 그 운영 방

뉴진스의 소속사인 어도어는 하이브의 산하 레이블 중 하나지만,
기존의 하이브와는 사뭇 다른 정체성을 가졌다.

출처 | 하이브

식 또한 기존의 방식을 벗어난 형태라 누군가 말해주지 않는다면 뉴진스와 하이브 간의 접점을 찾기 힘들 정도다. YG 역시 더블랙이라는 산하 레이블을 거쳐 기존의 YG가 가진 이미지와는 다른 색깔의 아티스트를 키워내는 중이다. 힙합 장르의 경우도 마찬가지다. 대표적인 케이스는 래퍼 스윙스가 조직한 저스트 뮤직과 그 아래의 레이블들인데, 현재 저스트 뮤직은 에이피 알케미라는 커다란 주식회사로 재조직돼 산하에 4~5개의 레이블을 거느리고 있다.

이처럼 레이블을 포함한 모든 IP 기업이 꾸준히 성장하기 위해서는 IP 비즈니스를 개별 IP의 시각에서만 바라보고 운영하는 것보다도 **종합적인 IP 포트폴리오를 구축**하는 일이 중요하다. 보다 안정적이고 지속 가능한 사업 구조를 만드는 길이기 때문이다. 서두에서 언급했듯 개별 IP를 성공시키는 방법은 수많은 변수를 만나기 마련이지만, 멀티 IP 전략을 사용한 시스템으로 IP를 제작하고 고객층을 늘린다면 IP 비즈니스의 기반을 쌓아 취약점을 보완할 수 있을 것이다.

더 넓게 확장되는 IP 비즈니스, 새로 마주할 도전

IP 비즈니스의 역사는 짧은 편이 아니지만, 본격적인 성장은 이제 막 시작되는 추세다. 그렇기에 개별 IP 산업에는 여전히 작고 니치한 마켓이 다수 분포돼 있다. 이는 IP 산업의 성장 여력이 그만큼 거대하다는 방증이기도 하다. K-POP, 콘텐츠, 캐릭터를 필두로 한 국내의 IP들이 해외 시장에서도 두루 인정받아 성과를 거두는 중이라는 사실은 국내 IP 시장의 성장 여력이 글로벌 마켓까지 연결돼 있음을 증명한다. 아직 글로벌한 메가 IP들과 경쟁하기에는 다소 힘에 부치는 수준이지만, 국내의 IP 홀더와 IP 플랫폼들이 파트너십으로 연결된다면 얼마든지 극복해낼 수 있는 부분이다.

이를 위해서는 홀더와 플랫폼 간의 입장이나 상황은 물론, IP 비즈니스의 발전 동향과 최근 IP 산업에서 가장 주목받는 전망 등을 파악할 필요가 있다. NFT나 메타버스, 확장현실$_{XR}$처럼 기술 혁명에 따른 IP

의 변화와 새로운 플랫폼의 등장도 기대되기는 하지만, 이런 변화는 상대적으로 중장기적인 성장에 집중하는 만큼 우선은 한층 가깝고 현실적인 이야기를 몇 가지 짚어보고자 한다.

IP의 미래: 인공지능과의 협업

인공지능AI이 바둑과 같은 두뇌 스포츠는 물론, 창작 분야인 작곡과 디자인, 일러스트레이션, 글쓰기까지도 대체하게 된다는 이야기는 이미 수년 전부터 심심찮게 들려왔다. 그러나 최근 생성형 인공지능Generative AI이 등장하면서 이 소문은 한층 빠른 속도로 현실이 돼가는 중이다. 당장 우리 눈앞에도 매일 아침 AI의 결과물을 알리는 뉴스가 도착하곤 한다.

지금은 많은 이들이 인공지능의 발전에 위협을 느끼는 듯하지만, 결국 미래에 인공지능과 인간은 서로 협업하는 관계가 될 것이다. 인간이 맡는 역할의 비중도 여전할 것으로 예상된다. 현재의 인공지능 체계는 빅데이터를 기반으로 수많은 데이터와 패턴을 학습한 뒤, 최적화된 방식을 통해 이를 풀어내는 구조다. 의심할 여지 없이 훌륭한 기술이며, 산업 곳곳에 사용돼 높은 부가가치를 창출하는 중이다. 하지만 이런 방식은 수많은 원자료raw data와 인간의 개입을 필요로 한다. 자율 주행 기술을 예로 들어보자. 자율 주행 기술은 방대한 양의 데이터를 기반으로 장애물과 도로를 식별한 후, 여러 방법을 거쳐 적절한 의사결정에 당도하는 시스템이다. 고속도로와 같은 특정 환경에서는 적극적으로 활용할 수 있지만, 여전히 대부분의 상황에서는 인간의 판단력이 필수적이다. 자율주행 기술에만 운전대를 맡기는 일은 불가능하다는 뜻이다. 추후 이를 기술적으로 극복한다 하더라도, 차내에서 벌어지는 최종 의사결정은 인간에게 귀속될 수밖에 없다. 인공지능은 주체성을 가지지 못하는, 기술의 한 종류일 뿐이다. 인간의 협업이 없다면 스스로 발전하기 어렵다.

다른 경우도 마찬가지다. 인류는 현재 산업 현장에서 로봇의 손을 적극적으로 빌리고 있다. 그러나 로봇은 인간이 지정한 업무를 효율적으로 수행하는 수단일 뿐, 생산 공정 자체는 인간의 기획과 운영하에 이뤄진다. 아무리 훌륭한 인공지능을 탑재한 로봇이라도 주체적으로 고민하고 판단하지는 않는다. 적어도 지금까지의 발전 상황에서는 그렇다. IP 비즈니스에서의 인공지능 역시 이 범주를 벗어나지는 않을 것이다. 오히려 IP는 엄연한 창작의 영역이므로 인간의 개입이 더욱 중요하게 여겨질 듯하다. 물론 인공지능이 자의식을 탑재하고서 자신만의 생각을 펼칠 수 있게 된다면 IP 창작의 분야에도 변화가 찾아오겠지만, 그런 미래가 당장 도래할 확률은 낮다. 사람들이 IP를 사랑하는 이유는 해당 IP가 엄청난 퀄리티를 자랑하는 결과물이라거나, 천문학적인 자금과 인력이 투입된 독특한 작품이어서가 아니다. 가장 중요한 것은 소통과 교감이다. 소비자는 언제나 IP 또는 그 IP를 탄생시킨 크리에이터와의 교류를 원한다. 만약 IP 비즈니스 분야에서 인공지능처럼 소통이 어렵고 인위적인 요소를 가득 묻힌 IP가 등장한다면 소비자들은 결국 '불쾌한 골짜기Uncanny valley'를 떠올리게 될 것이다(불쾌한 골짜기는 인간과의 유사성과 인간이 느끼는 호감도의 상관관계를 나타낸 이론이다. 인간이 인간과 흡사한 존재를 보게 될 경우 그 대상에서 인간성을 발견하면서 호감도가 증가하다가, 그 유사성의 정도가 특정 수준에 이르면 오히려 강한 불쾌감을 느껴 호감도가 급하락하며, 인간과 거의 구별이 불가능할 정도로 유사해지면 다시 호감도가 급상승한다는 내용이다).

인공지능을 활용하는 방향으로

현재의 창작자들은 인공지능과 경쟁하는 입장일 수 있겠지만, 사실은 그 힘을 빌리는 방법에 대해서도 고민해봐야 한다. 산업 혁명 이후 꾸준히 발전해온 기계적 기술은 인류의 생산 효율을 극대화시키는 도구가 됐다. 손이 많이 가는 작업이나 위험한 일을 기계가 도맡아 하면, 인간은 기계가 처리하기 어려운 세밀한 작업을 마무리하는 식이다. 재화를 생산하려는 목적 아래 인간과 기계가 협업을 일군 셈이다.

인공지능을 활용하는 일도 이와 비슷한 맥락이다. 창의성이나 감정적인 부분 외의 작업은 인공지능이 담당하고, 부족한 점을 수정하고 보완하는 역할은 인간이 맡아 다듬는 것이다. 이러한 협업은 앞으로 더 늘어날 듯하다. 창작물의 기준을 어떻게 정하고, 어떤 방식으로 소유권을 분할한 것인지에 대해서는 한층 깊은 논의와 협의가 필요하겠지만, 소비자와 창작자들은 결국 새로운 방식으로 발전한 IP를 자연스레 받아들일 것이다. 이와 같은 방식은 효율성 측면에서도 탁월하기에, IP 기업이라면 적극적으로 눈여겨볼 만하다. 특정 창작자에게만 의존하던 IP의 제작과 개발 구조를 시스템화할 수 있는 기회이기 때문이다.

물론 우려되는 지점 역시 존재한다. 인공지능이라는 새로운 존재가 인간의 창의성을 복사하는 대신, 오히려 인공지능과의 협업에만 의존한 창작자들의 창의성이 퇴화할 수도 있다는 사실이다. 이는 IP의 품질을 크게 떨어트리는 위험 요소가 된다.

기계와 인간의 협업으로 돌아가 보자. 확실히 기계의 등장은 생산 효율을 극대화했지만, 동시에 인류의 창의성을 크게 훼손시켰다. 기계는 정해진 크기와 색깔, 무게, 재질 등의 입력값에 따라 동일한 형태의 제품을 찍어낸다. 그렇게 찍어낸 제품을 모두가 사용하며 획일화된 정체성을 요구받는다. 산업 혁명 이후 인류가 일궈낸 것은 결국 대량 생산과 효율화에 집중된 결과물이었다. 우리만의 창의성과 개성을 되찾아 발전시키는 데는 상당한 시간이 소요됐는데, 재미있는 점은 IP 비즈니스라는 분야가 그 과도기적 단계에서 발굴된 산물이라는 것이다.

만약 인공지능의 발전이 산업 혁명 당시와 유사한 양상을 보인다면, 단기적으로는 IP 비즈니스 분야가 성장하더라도 중장기적으로는 시장이 무너지는 결과가 나타날 수 있다. 상업성이 지나치게 우선시된 나머지 창작의 가치를 인정받지 못하는 때가 올지도 모른다. 인공지능이 제작한 창작물을 적당히 포장해 시장에 살포하는 사례가 등장할 가능성도 있다. 이와 같은 행위는 IP의 전반적인 품질을 크게 저하시키고 일시적인 트렌드만을 좇는 저질 IP를 양산하는 시발점이 된다.

몇몇 창작자에게 인공지능은 달콤한 유혹과 같다. 인공지능을 활용한 저작물이 온전히 창작자의 소유가 된다면, 창작에 대한 고민도 고통도 없이 적당한 결과물을 출력하는 것이 가능하다. 어쩌면 가끔은 대단한 결과물도 만들어낼 수 있을 것이다. 하지만 인공지능은 결국 인간이 설정한 작업을 반복할 뿐인 존재에 지나지 않는다. 현생 인류의 의식 수준을 벗어난 독자적인 창작물을 내놓을 수는 없다. 인류의 문화와 창작을 수만 년간 발전시켜온 주체는 바로 인류 자신이다. 인공지능 기술과 고유한 창작력 사이에서 정체성을 찾아 확립하는 일이야말로 인공지능과의 건강한 공존을 일구는 방법일 것이다.

IP의 미래: 금융과의 만남

최근 IP 업계의 가장 큰 화두는 IP를 둘러싼 거래에 관한 것이다. 음원 저작권 투자, 미술품 조각 투자, 이미지 거래, 영상 저작권까지, 다양한 저작권을 사고파는 IP 거래 플랫폼이 빠르게 늘어나고 있다. 거래뿐만 아니라 IP에 투자하고 이익을 얻는 형태의 IP 펀드 역시 정부나 민간을 통해 본격적으로 조성되는 추세다. IP와 금융이 부쩍 가까워진 상황임을 확인할 수 있다. 여기에 2023년 초 금융 당국이 STO Security Token Offering(토큰 증권)를 제도화하는 정책을 발표하면서, IP를 기초 자산으로 둔 토큰 증권 시대의 첫 단추가 꿰였다.

이처럼 제도적이고 자본적인 동향이 활발해지자 한층 분주해진 것은 IP 홀더, 즉 IP 창작자와 기업들이었다. 아직은 초기 수준이지만, 각기 다른 IP를 가치 평가할 수 있는 방법이 보편화되고 IP를 사고팔 수 있는 시장이 조성됨으로써, IP의 시세 형성과 환금성이 높아지는 효과가 나타났다. 이를 통해 IP 홀더들은 본인이 소유한 IP를 더 좋은 파트너에게 매각한 뒤 새로운 창작에 집중할 수 있게 됐다. 일시에 목돈을 마련해 스케일이 큰 IP를 제작하는 일에 뛰어드는 것도 가능해졌다. 자본이 유입됨으로써 IP 시장이 활성화되고, 재차 IP 거래 시장이 성장하는 긍정적인 순환 구조가 완성된 셈이다. 이제 창작자들은 안정적인 경제 활동을 이어갈 수 있고, IP 기업들은 시장에서 탐나는 IP를 인수해오는 방식으로 초기 투자 리스크를 줄여 IP 비즈니스에 도전할 수 있다.

과거에 IP는 자산이라기보다는 하나의 창작물로만 인식됐다. 주로 콘텐츠와 함께 즐기고 소비되는 데 그쳤다는 뜻이다. 그러나 앨범이 음원으로, 인화 사진이 디지털로 바뀌는 등 전 산업 분야에서 디지털화가 가속되자, IP는 어떤 산업보다도 빠르게 수익화가 가능한 디지털 자산의 성격을 취득했다. 이런 경향을 파악한 국내에서는 일찌감치 뮤직카우(세계 최초의 음원 저작권료 참여 청구권 투자 플랫폼)나 테사(미술품 투자 플랫폼)와 같은 조각 투자 서비스가 등장했다. 이들은 음원이나 미술품의 IP를 분할한 뒤 개인들이 소액으로도 투자를 실행할 수 있도록 돕는다. 저금리에 따른 유동성 증가로 IP 자산의 영역에도 자본 시장의 논리와 자금이 유입된 결과라고 볼 수 있다. 실제로 상당수의 IP 홀더가 자신이 보유 중이던 음악의 저작권료 청구권 등을 뮤직카우에 매각하는 방식으로 자금을 마련했다. 저작권 수입에 생계를 의존하는 작곡가들 역시 뮤직카우를 통해 수익을 올릴 수 있었다. 음원뿐 아니라 캐릭터와 콘텐츠도 마찬가지다. IP나 판권의 일부를 매각해 자금을 쌓을 수 있는 시대가 당도한 것이다. 플랫폼들은 획득한 저작권을 여러 형태로 쪼개서 투자자들에게 판매하고, 그 거래에서 발생하는 수수료를 수취하는 방식으로 사업을 전개한다. 한편 투자자들은 플랫폼을 통해 IP의 부분 소유주가 되고, 여기서 발생하는 배당이나 자본 차익을 취득할 수 있게 됐다.

앞으로 중요한 것은 창작자와 소비자를 보호하는 방향으로 나아가는 일이다. 본디 금융 관련 정책에서도 금융 소비자 보호는 가장 중요하게 여겨지는 정책 기조다. IP 기업이라 해도 금융업이나 금융 상품과 결합되면 금융 기업에 준하는 정책과 제도를 요구받을 수밖에 없다. 무형의 IP에 투자하는 소비자들을 최대한 보호하기 위해서다. 이 기조에 따라 금융 당국은 2022년 음원이나 미술품과 같은 IP뿐 아니라 부동산, 심지어 송아지(송아지의 소유권을 조금씩 나눠 사는, 일명 '한우 조각 투자'를 말한다) 등의 이색적인 조각 자산까지 모두 '증권성'으로 분류해 제도권 편입에 나섰다. 2023년에는 토큰 증권 관련 정책을 발표하면서 본격적인 제도화에 시동을 걸기도 했다.

그전까지는 대부분의 IP 거래 플랫폼들이 통신판매업이나 전자상거래법 등에 근거해 사업을 영위해왔다. 그러나 사업이 증권성으로 분류되면 해당 서비스 활동도 덩달아 금융 상품 판매 행위로 변한다. 금융 당국에서 요구하는 기준을 맞춰야 하는 것이다. 일반 기업이 금융 기업에 준하는 조건을 충족하는 일이 쉽지만은 않기 때문에, 몇몇 기업은 깊은 고민에 빠질 수도 있다. 요건을 충족하지 못한 탓에 시장에서 자의 반 타의 반으로 퇴출당하는 기업도 등장할 것이다. 하지만 IP 홀더와 플랫폼, 소비자가 모두 불완전한 상태로 반쪽짜리 사업에 참여하는 것보다는, 명확한 규제와 정책으로 작동하는 시스템을 세우는 편이 장기적으로 볼 때 오히려 IP 비즈니스 시장의 성장을 돕는 일이다. 이와 같은 제도가 향후의 비즈니스에 어떤 영향을 미치게 될지도 꾸준히 지켜보며 개선해가야 할 것이다.

나오며

IP 비즈니스의 발전 가능성은 기술과 금융을 만난 후로 더욱 커졌다. 단순히 유희성으로 소비되던 수준을 넘어, 이제는 하나의 거대한 산업으로 자리 잡았다. 특히 국내의 다양한 IP들은 트렌디하면서도 도전적인 이미지를 바탕으로 글로벌 시장에서 탄탄한 수요층을 확보해가는 중이다. 클래식하고 안정적인 인상으로 굳어진 기존의 글로벌 전통 IP들과는 사뭇 구분되는 특색을 가졌기에 그 경쟁력만은 충분해 보인다. 다만 아직 그 규모가 작고 사업화 역량이 풍부하게 발휘되지 못한다는 아쉬움이 존재한다. 여러 차례 이야기했지만, 국내 IP 시장의 성장은 IP 홀더와 IP 플랫폼 간의 협업 및 관계 구축에 달려있다 해도 과언이 아니다. 전략에 따라 함께 시장을 키우기도 하고, 그 후에는 경쟁과 협업을 반복하는 등의 다각적 관계 설정이 필요하다. 지금의 IP 기업들은 창작자 중심의 문화를 형성해가다 보니, 실용적이고 비즈니스적인 판단보다는 감정적인 부분을 내세우는 경우가 많다. 좋은 기회를 놓치거나 엉뚱한 파트너와 협업을 추진하다 프로젝트를 그르치는 일을 경계해야 한다.

보통 IP 기업은 완전한 IP 비즈니스를 구현하기 위해 IP 홀더와 IP 플랫폼의 성격을 모두 갖고자 한다. 하지만 국내 IP 비즈니스는 이제 막 싹을 틔우고 성과를 내는 상황이다. 현재로서는 시장의 규모 자체를 키우고, 그 과정에서 국내 기업들이 홀더와 플랫폼의 영역을 모두 이끌 수 있도록 함께 노력하는 것이 우선이다. 경쟁보다도 협업을 통해 서로의 영역을 탐색하는 시간이 주어진다면, IP 홀더와 플랫폼이 상대의 입장을 이해하고 각자의 비즈니스 방향을 정하는 데도 도움이 될 것이다.

IP 플랫폼은 IP 홀더의 가치를 올리는 것이 결국 플랫폼의 경쟁력으로 작용한다는 점을 이해해야 한다. 플랫폼 내부에 IP의 가치를 끌어올릴 수 있는 생태계를 구축해두는 것이 좋다. 자체 플랫폼에서 IP를 마케팅해 소비자를 끌어모으고, 필요하다면 IP에 대한 투자도 실행해야 한다. 납득할 만한 수익 배분 구조를 만들고, 새로운 IP를 함께 육성해 플랫폼에 록인하는 전략을 세우는 것도 필수다.

IP 홀더는 단일 IP로서의 리스크를 맞닥뜨리지 않도록 총력을 다해야 한다. 먼저 IP 제작을 시스템화할 수 있는 구조를 만들어야 한다. 특정 플랫폼에 종속되지 않도록, 내재화할 수 있는 부분과 그렇지 않은 부분을 잘 구분하는 것이 중요하다. IP 홀더는 상당한 수준의 성장을 이룩하지 않고서는 모든 IP 비즈니스를 내재화하기가 어려우므로, 플랫폼에 의존했을 때 오히려 효율적인 부분이 있음을 반드시 이해하도록 하

자. 플랫폼과의 공생 관계를 이어가는 것이 좋다. 필요하다면 플랫폼을 교체할 수는 있겠지만, 플랫폼을 아예 떼어놓는 것은 사업적인 리스크를 동반할 수 있다.

IP 비즈니스에 엮인 다양한 개념과 사례, 그리고 앞으로의 방향성까지 살펴본 지금, 책의 끝머리를 쥔 각자에게 IP 비즈니스의 의미가 어떻게 각인됐을지 무척이나 궁금하다. 다양한 범위에 걸쳐 전개되는 분야이기에, 아마 읽는 이의 시각과 환경에 따라 판이한 인상을 받았을 것이다. 깊이와 정도의 차이는 있겠지만, 결국 IP 비즈니스를 이해하거나 사업을 꾸리는 일에 조금이라도 도움이 됐길 바란다.

마지막으로는 숙제 같은 질문을 던지고 싶다. 지금, 즉흥적으로 떠오르는 IP를 하나 꼽아보자. 그리고 그 IP를 어떤 방식으로 성장시키고 비즈니스할 수 있을지에 대한 전략을 간략하게 세워보자. 참신한 방법이 떠오를 수도 있고, 기존의 방식을 사업적으로 검토해보는 계기가 될 수도 있다. IP에 관해 깊이 고민하는 시간을 가져본 만큼, 새로운 시대의 비즈니스를 읽어내는 안목을 얻었으리라 믿는다.

부록

아티스트 IP 플랫폼, 원더월의 탄생과 성장

필자는 2019년 초, 원더월이라는 서비스를 운영하는 주식회사 노머스의 초기 멤버로 합류해 회사의 서비스를 함께 론칭하고 성장시켰다. 이후 약 4년간 회사에서 투자 유치, 사업 전략, 콘텐츠 제작 등의 업무를 담당하다 2022년에 퇴사했다. 이어지는 글은 그 안에서 겪고 느낀 것들을 적어 내려간 것이다. 현재는 원더월에 재직하고 있지 않으므로 가능한 객관적인 제삼자의 시각에서 기록하고자 노력했다. 변화가 많고 그 속도 또한 무척 빠른 스타트업인 만큼 미래에 대한 일부 내용은 현재 달라졌을 가능성도 있음을 밝힌다. 산업의 최전선에서 필자가 직접 경험하고 느낀 것들을 통해, 독자분들이 IP 비즈니스의 면면을 보다 생생히 파악하고, 각자의 비즈니스에 적용할 수 있는 유용한 인사이트를 얻어가길 바란다.

유명 아티스트에게 직접 배우는 강의

하정우, 황정민, 공효진 등 국내를 대표하는 배우들로부터 연기를 배울 기회가 있을까? 자이언티, 개코, 선우정아 등 각 분야 유명 뮤지션들의 작곡 노하우를 알 수는 없을까? 이런 호기심을 실현해낸 회사가 있다. 바로 아티스트 IP 플랫폼인 원더월이다. 원더월은 2019년에 설립된 스타트업으로, 국내에서는 생소하던 '아티스트 클래스'라는 서비스를 성공적으로 도입했다. 직무나 자격증 등의 분야에 집중돼 있던 성인교육 시장이 예술과 취미 분야로도 확장된 것이다. 일종의 버티컬 플랫폼인 셈인데, 강의를 진행하는 강사가 이름만 들으면 알 만한 유명인이라 많은 소비자의 호기심을 샀다. 원더월은 앞서 언급한 배우와 뮤지션을 포함해 200명이 넘는 국내 엔터테인먼트 및 예술 분야 아티스트와 협업을 진행해오고 있다. 클래스 외에도 자체 패션 브랜드, 아티스트 IP

출처 | 원더월

원더월에서는 'MUSIC', 'FILM&PHOTO', 'CREATIVITY' 등의 카테고리에서
다양한 클래스를 제공하고 있다.

커머스, 뮤직 페스티벌 및 국내외 공연으로까지 사업 분야를 확장했고, 2022년 하반기에는 아티스트 메시지 플랫폼을 론칭하며 아티스트 IP와 관련된 여러 비즈니스를 전개하는 중이다. 창업 4년 만에 약 180억 원의 매출액을 달성하고 여러 벤처캐피털로부터 약 400억 원의 누적 투자를 유치하는 등의 성과도 얻었다. 원더월이 이토록 빠르게 성장하며 업계의 주목을 받을 수 있었던 이유는 무엇일까?

IP에 대한 전략적 접근

원더월은 전에 없던 새로운 형태의 비즈니스를 내세우면서 업계 종사자들의 관심을 샀다. 특히나 많은 이가 궁금해하는 것이 바로 원더월의 IP 소싱 역량, 즉 섭외력이다. 앞서 언급했듯 한데 뭉치기 어려울 것만 같은 국내의 유명 아티스트 IP들이 원더월이라는 작은 스타트업에 모이게 된 현상 자체가 매우 낯선 광경이기 때문이다.

사실 수많은 IP 플랫폼이 서비스를 출시하는 과정에서 가장 깊이 고민하는 부분이 바로 IP와 소비자를 유입시키는 일이다. 소비자의 경우에는 마케팅과 홍보에 자금을 쏟으면 인위적으로라도 유입시킬 수 있지만, IP는 다르다. 원더월처럼 유명 아티스트 IP를 꼭 필요로 하는 서비스일 때는 더욱 그렇다. 물론 큰돈을 들이면 경쟁적으로 IP를 모아올 수도 있다. 그러나 본문에서도 수차례 이야기했듯 이 전략은 일종의 치킨게임과 같다. 업계 전체에 부정적인 결과를 불러올 수 있어 회사와 산업 전반을 고려했을 때 절대 효율적인 선택이 아니다. 금전적인 조건은 IP

를 소싱할 때 중요하게 작용하는 요소 중 하나지만, 결코 유일한 조건은 될 수 없다.

원더월은 '최고의 아티스트가 강의를 진행한다'라는 콘셉트를 가진 서비스였기 때문에 사업 초기부터 메가 IP를 확보해야만 했다. 하지만 메가 IP는 인지도가 높은 만큼 섭외가 어려웠고, 그 사실 자체가 사업에 진입 장벽을 형성했다. 게다가 당시 미국의 마스터 클래스Master Class가 크게 주목받으며 국내에서도 여러 기업이 비슷한 형태의 서비스를 준비하기 시작했다. 마스터 클래스는 고든 램지Gordon Ramsay가 요리를 알려주고 스테픈 커리Stephen Curry가 농구를, 머라이어 캐리와 마틴 스코세이지Martin Scorsese가 보컬과 영화 연출을 강의하는 온라인 클래스 서비스다. 2019년에 이미 1억 3천만 달러의 매출액을 기록했고, 2020년에는 기업가치를 무려 8억 달러까지 올리며 유니콘 기업의 대열에 합류했다.

그러나 국내 엔터테인먼트 업계의 사정은 미국과 달랐다. 메가 IP는 한정돼 있는데, 서비스를 출시하려는 회사들은 여러 곳이었으니 경쟁이 치열할 수밖에 없었다. 더 큰 문제도 있었다. 섭외 대상인 정상급 아티스트들이 단순히 금전적인 조건에만 움직이는 이들이 아니라는 점이었다. 이들을 데려오는 데는 오히려 금전적 조건 이상으로 고려해야 하는 변수가 훨씬 많았다.

이러한 문제들로 원더월은 초기 IP 라인업을 구축하는 일에 상당히 애를 먹었다. 아티스트들을 섭외할 때 가장 어려운 것이 바로 레퍼런스가 없는 신규 콘텐츠나 서비스에 참여하도록 설득하는 일이다. 아티스트들은 방송이나 영상 콘텐츠를 찍더라도 첫 회에 참여하는 것을 다소 부담스러워한다. 검증되지 않은 콘텐츠에 참여하면 어떤 방식으로 대중에게 소비될지를 사전에 파악할 수 없고, 콘텐츠가 흥행에 실패하면 그 책임에서도 자유롭지 못하며, 촬영 및 이후 과정에서 발생할 변수를 예측하는 일이 불가능하기 때문이다. 대중에게 각인되는 이미지가 무엇보다 중요한 그들에게 변수가 많은 선택지는 자연스럽게 피하고 싶은 길이 된다. 어느 정도 이미지를 구축한 유명 아티스트라면 더욱 그럴 수밖에 없다. 이를 해결하기 위해서는 신뢰할 수 있는 PD 혹은 MC의 존재나 파격적인 출연 조건 등의 보완 장치가 필요한데, 하물며 신생 기업인 스타트업에서 온라인 강의를 제작한다고 하니 쉽게 나서는 아티스트가 없었다. 또한 강의라는 콘텐츠의 특성상 강의자가 가진 지식을 잘 정리해서 전달해야 하고 또 그 사실에 오류가 없어야 하기에 철저한 준비도 필수였다. 이미 익숙한 실무라고 해도 그 내용을 다른 이에게 설명하거나 이론으로 풀어내야 하는 상황에서는 누구나 부담을 느끼기 마련이다.

이와 같은 현실에 직면하자 내부적으로도 고민이 커졌다. 무엇을 수정해야 할지에 대한 긴 회의를 거친 끝에 가장 먼저 바꿔야 할 사항으로 꼽힌 것은 **산업에 대한 마인드셋**이었다. 원더월은 IT 스타트업으로 창업했으나 엔터테인먼트라는 산업 위에 서 있었다. 아티스트 IP가 없으면 우리가 원하는 서비스를 제공하는 것 자체가 불가능한 상황이었다. 결국 구성원들 모두가 엔터테인먼트 산업에 대해 한층 더 깊이 공부할 필요가 있었다. 엔터테인먼트 업계의 종사자들이 무엇을 고민하고 무엇에 따라 움직이는지를 엔터테인먼트의 사고방식으로 이해해야 했다.

엔터테인먼트 업계는 다른 산업과 달리 물건이나 서비스가 아닌 아티스트라는 사람을 중심으로 운영되는 곳이다 보니, 그들의 생각과 입장을 고려하고 행동에 나서는 일이 중요했다. 대부분의 초기 창업 기업이 자신의 서비스나 제품에 대해서는 대단한 노력을 기울여 고민하는 반면, 이를 소비하는 고객이나 공급자, 생태계 등에 관해서는 그만큼의 관심을 두지 않는 경우가 많다. 원더월도 초기에 비슷한 시행착오를 겪었으나 다행히 이를 빠르게 수정하면서 사업을 안정화할 수 있었다. 혹시 이 글을 읽는 스타트업 종사자들이 소위 말하는 PMF Product Market Fit (제품 시장 적합성)를 찾지 못하는 상황에 놓여있다면, 원인 분석의 관점을 서비스와 상품이 아닌 산업 생태계로 옮겨보라는 충고를 남기고 싶다. 또 다른 문제점과 해결책을 발견할 수 있을 것이다.

사고방식에 변화를 준 뒤로 원더월은 몇 가지 전략을 수정했다. 첫 번째로 파고든 지점은 '아티스트가 원더월에 참여할 명분'이었다. 우리는 많은 아티스트가 사회에 긍정적인 영향을 주고 싶어 한다는 사실을 발견했다. 마침 원더월은 사업 초기에 단순히 '연예인이 하는 클래스를 만들어보자'라는 것보다도 한층 사회적인 영역을 함께 고려하고 있었다. 예컨대 그간 예술 교육 자체의 양과 품질이 부족했던 부분이나, 수도권에 집중된 인프라로 인해 제대로 된 예술 교육을 접하지 못하는

지방의 문제, 예술에 대한 다양한 조언과 경험이 필요한 예비 아티스트들을 위한 교육 서비스가 부재한다는 점 등의 이슈였다. 국내의 문화 콘텐츠들이 해외에서 뛰어난 인정을 받는 데 반해, 정작 국내의 인프라는 여전히 부족하다는 의견이 지배적인 상황이었다. 실제로 잠재 고객을 대상으로 인터뷰를 진행했을 때도 이런 현실을 어렵지 않게 파악할 수 있었다.

원더월은 이와 같은 문제를 아티스트들에게 적극적으로 어필했다. 예술 교육을 간절하게 원하는 현실의 수요와 아티스트들이 원더월의 강의에 참여함으로써 일으킬 수 있는 변화들을 전달하며 설득에 나섰다. 다행히도 많은 아티스트가 그러한 취지에 크게 공감해주었고, 긍정적인 의사를 내비치는 경우도 늘었다. 지금은 스타가 된 아티스트들 역시 어린 시절에는 기술과 이론을 공부하는 데 어려움을 겪었던 당사자들이고, 또 어떤 아티스트는 긴 무명 시절을 거치며 모든 어려움을 혼자서 부담하기도 했다. 누군가의 실질적인 조언과 위로가 필요했던 과거의 기억이 아티스트들의 공감대로 작용한 것이다. 결국 이 공감대를 바탕으로 아티스트와 고객, 원더월은 서서히 연결될 수 있었다. 나중의 일이지만 이와 같은 노력은 추후 원더월이 예비 아티스트들을 후원하고, 아티스트와 함께 클래스 수강권을 기부하는 등의 움직임으로 이어지기도 했다.

다음으로 신경 쓴 것은 콘텐츠의 퀄리티였다. 평균보다도 월등히 높은 퀄리티의 콘텐츠를 선호하는 아티스트들의 성향을 고려한 결정이었다. 원더월은 당시만 해도 잘 사용하지 않던 4K 화질을 도입하고 '시네마틱 룩'이라고 불리는 영상 퀄리티를 지향하기 시작했다. 단순히 강의 내용을 전달하는 수준의 영상을 넘어, 영화나 다큐멘터리 같은 질감을 구현하고 색 보정 등이나 영상 기획, 선공개용 트레일러 제작에도 면밀한 노력을 기울였다. 온라인 클래스용 영상이지만, 어디에도 뒤지지 않을 만큼 높은 퀄리티를 자랑하는 하나의 콘텐츠였다. 이 전략은 콘텐츠의 공급자인 아티스트와 소비자인 수강생 모두의 눈길을 사로잡는 데 성공했다. 온라인 클래스라는 장르에 편견이 있던 아티스트들은 원더월의 레퍼런스 영상을 본 뒤 뜨거운 반응을 보냈다. 덕분에 몇몇 아티스트의 참여가 빠르게 확정됐고 무사히 촬영까지 마칠 수 있었다.

좁고 뾰족한 타깃을 대상으로 한 바이럴 전략에도 돌입했다. 온라인 클래스의 트레일러를 대중에게 공개하기 전, 먼저 아티스트 및 엔터테인먼트 관계자들에게 트레일러 영상을 공유하고 이들이 자신의 주변에도 소식을 나눌 수 있게끔 관계자 전용 감상 링크를 제공한 것이다. 실제로 링크를 통해서만 감상할 수 있는 비공개 트레일러의 조회 수는 순식간에 수백 회를 달성했고, 원더월에 대한 업계의 인지도 역시 크게 상승했다. 뛰어난 영상 퀄리티와 신선한 라인업은 아티스트들의 관심을 사로잡았다.

외에도 원더월은 아티스트들이 납득할 수 있는 수익 배분 구조를 만들고, UI 및 기술적인 서포트를 동원해 아티스트와 매니지먼트 회사가 플랫폼을 편하게 이용할 수 있도록 지원하는 등 IT 기업의 특장점을 살려 운영하는 데 집중했다. 아티스트들에게 다양한 방식의 인사이트를 제공해 좋은 반응을 이끌어낸 것은 물론이다. 아티스트와 엔터테인먼트 업계에 대해 여러 방면의 고민을 거듭하고 개선해간 작업은 결국 원더월의 사업 원동력이 되었다.

그렇다면 원더월이 사업 초기에 아티스트들을 사로잡기 위해 이렇게까지 공을 들인 이유는 무엇일까? 2부에서 설명했듯, IP 플랫폼의 비즈니스에서는 IP를 확보하는 일이 그 어떤 일보다도 우선시돼야 하기 때문이다. IP 없이는 플랫폼 비즈니스를 전개하는 것 자체가 불가능할 뿐더러 소비자들도 IP가 부실한 플랫폼을 찾지 않는다. 소비자에게 경험을 제공하는 주체인 IP에 최대한 공을 들이고 그들이 참여할 수 있는 여러 전략을 세워둬야 한다. 소비자의 이탈은 다른 IP로 채울 수 있지만, IP의 이탈은 결코 다른 대체제로 채울 수 없다. IP 플랫폼에게는 직접적인 공급자 역할을 하는 IP가 소비자만큼이나 중요한 존재다.

온라인 클래스를 넘어, 더 큰 시장으로

서비스가 어느 정도 자리를 잡은 후에는 섭외에도 탄력이 붙었다. 이미 구축된 라인업을 기반으로 네트워크 효과Network effect(어떤 상품에 대한 수요가 형성되면 이것이 다른 사람들의 상품 선택에 큰 영향을 미치는 현상)가 나타나며 원하는 아티스트들을 빠르게 선점해갈 수 있었다. 브랜딩에 대한 노력도 놓지 않았기에, 원더월에 대한 아티스트와 소비자들의 선호도 역시 크게 상승했다. 서비스가 자리를 잡은 후에는 국내에서 비슷한 서비스를 제공하던 기업들이 온라인 클래스 서비스를 철수하거나 축소하면서 경쟁자가 사라졌다. 원더월과 흡사한 형태의 콘텐츠를 제작하고 판매하는 사례는 늘어났으나, 원더월은 가격이나 라인업, 퀄리티 등의 경쟁에서 밀리지 않았다.

한편 내부에서는 더 큰 성장을 위한 고민이 한창이었다. 온라인 클래스 사업이 꾸준한 성과를 올리는 중이었고 그 성과와 브랜딩을 기반으로 '원더월 에디션'이라는 자체 커머스 브랜드까지 출시하는 등 외연을 확장하는 데는 성공했으나, 온라인 클래스라는 시장의 규모가 문제였다. 시장 자체의 규모가 작은 편이라 원더월도 더 이상 스케일업하기 어려울 것이라는 우려가 컸던 것이다. 실제로 원더월의 아티스트 온라인 클래스는 국내뿐 아니라 해외에서도 판매되며 급속도로 성장하고 있었지만, 시장 규모가 충분히 커지기 위해서는 시간이 더 필요했다. 원더월은 그러한 상황에서 사업의 규모를 인위적으로 키우려 애쓰는 일이 오히려 부정적인 영향을 줄 수 있다는 판단을 내렸다. 매출 성장률을 무리하게 끌어올리다 보면 미래의 성장 역량을 미리 소모해버리거나, 퀄리티 하락과 신뢰 저하 등의 문제로 고객에게 외면당할 가능성이 있었다. 교육 콘텐츠, 특히 예술 교육처럼 수요층이 어느 정도 정해진 서비스는 스케일업을 하려면 고객층을 일반 대중으로까지 확대하는 것이 필수적이다. 그러나 이 과정에서 무리한 마케팅으로 적자 폭이 커지거나 콘텐츠 양을 억지로 늘리려다 프로덕트 경쟁력이 저하될 수 있어 조심스럽게 접근해야만 했다.

출처 | 원더월

2022년 8월에 개최된 원더월의 뮤직 페스티벌,
'하우스 오브 원더'. 자이언티와 지코 등의 유명 뮤지션이 참여했다.

결국 회사에 필요한 것은 더 많은 콘텐츠가 아닌 IP 자체의 확장이었다. 클래스 시장에 분명한 한계가 있고 강의 콘텐츠를 늘리는 것이 원더월의 브랜드 가치를 갉아먹는 일이라면, 단일 IP를 여러 사업 분야로 확장하고 IP의 종류를 다변화하는 것이 정답이었다. 수직적 확장이 아닌, 일종의 수평적 확장을 선택한 것이다. 원더월은 아티스트 IP 중 확장성과 사업성이 높은 분야를 찾아 하나하나 검증해가기 시작했다. 기리보이나 자이언티 등의 아티스트를 활용해 커머스 사업에도 나섰고, 페스티벌 공연도 함께했다. 곧 그럴싸한 성과를 거두며 IP를 확장해가는 방법을 터득할 수 있었다. 그렇게 원더월은 음악 관련 영역에 서서히 자리를 잡게 됐다. K-POP 영역으로의 궁극적인 진출을 본격화한 시기였다.

K-POP이 가져올 미래

K-POP 시장의 가능성에 대해서는 이제 설명할 필요도 없을 것이다. K-POP은 국내 엔터테인먼트 IP 중에서도 단연 뛰어난 성장성과 사업성을 갖추고 있었고, 원더월이 가진 사업 역량을 적용하기에도 적합한 시장이었다. 실제로 사업 초기 원더월이 진행했던 몇몇 K-POP 프로젝트가 높은 성과를 올리자, 비즈니스의 방향을 K-POP 쪽으로 정하자는 내부적인 목소리도 커졌다.

하지만 시장의 규모가 거대하면 그만큼 경쟁자도 많은 법이다. K-POP 산업에서 경쟁하는 것은 온라인 클래스 시장에서 겪어본 경쟁과는 차원이 다른 일이었다. 수천억 원의 매출에 수조 원의 기업 가치를 자랑하는 거대 기업들이 즐비했고, 시장 자체의 규모도 훨씬 컸으며, 국내는 물론 글로벌 사업 역량까지 확보한 곳도 많았다. 게다가 기존 기업들이 구축해둔 단단한 네트워크와 그들만의 단합력은 진입 장벽을 한층 높이는 요소였다. 엔터테인먼트 업계에 어떤 배경도, 네트워크도 두지 못한 소규모의 스타트업이 진입하기에 결코 쉬운 분야가 아니었다. 따라서 우리는 정면 돌파를 선택하는 수밖에 없었다. 대신 진입 속도를 높여보기로 했다. 빠르고 날렵한 진입은 스타트업들이 가장 잘하는 일이기도 하다.

엔터테인먼트 산업을 나름대로 이해하고 있다고 생각했건만, K-POP은 또 다른 세계였다. 사실 K-POP뿐 아니라 엔터테인먼트 산업에 속하는 모든 분야가 각양각색이었다. 엔터테인먼트 비즈니스라는 거대한 카테고리 속에 영화와 만화, 음악 등이 있었고, 음악 안에서도 힙합과 K-POP, 인디 음악이 각각 다른 색을 지니고 있었다. 장르적인 구분 외에도 매니지먼트, 제작, 배급 등 다양한 비즈니스 분류가 존재하며 저마다 고유한 산업 특징을 자랑했다. 이런 분야에 진입하기 위해서, 원더월은 클래스 사업 초기 때와 마찬가지로 개인과 조직의 변화를 일부분 각오해야 했다.

우선은 K-POP 내부의 작은 역할부터 하나씩 맡아 사업을 키워갔다. 온라인 클래스 때와 달라진 점은 훨씬 더 비즈니스적인 관점이 필요했다는 것이다. K-POP은 국내 엔터테인먼트 산업 중에서도 시장 규모가 제일 크고 이미 글로벌 시장으로의 확장이 상당히 진척된 상태였다. 그만큼 성숙한 사업 체계와 구조를 갖추고 있었고, 비즈니스 논리를 중요시하는 경향도 있었다. 원더월은 이런 부분에 포커스를 맞춰 경쟁력을 구축하기로 했다. 핵심은 데이터였다.

원더월을 운영하는 주식회사 노머스는 엔터테크 기업이다. 엔터테인먼트와 테크놀로지를 결합해 다루는 곳이라는 뜻이다. 사실 원더월 이전에는 엔터테크라는 개념이 널리 퍼지지 않았다. 엔터테인먼트 산업은 시장의 규모나 성장성에 비해 IT 기술의 침투율이 높지 않은 편이었고, 오히려 감각적인 프로듀서나 A&R Artist and Repertoire(총괄 기획자) 등의 역할이 구심점을 맡아 전개되는 분야였다. 물론 엔터테인먼트는 창작력이 중요한 영역이니, 이와 같은 구조는 앞으로도 견고히 유지될 것이고 창작의 영역이 훼손되는 일도 없어야 한다. 그러나 엔터테인먼트 IP 역시 디지털 시장에서 소비되는 동안 충분한 데이터를 쌓기 마련이고, 이를 얼마든지 활용할 수 있는 길이 열려있었다. 그래서 원더월은 창작자의 활동을 보호하면서도 그들의 의사결정을 비즈니스적으로 지원할 수 있는 백업 데이터를 연구하기 시작했다.

원더월이라는 IP 플랫폼은 한 IP의 공연과 MD 판매, 콘텐츠 시청에 관한 다양한 서비스를 제공하는 곳이었다. 유저들이 어떤 것을 좋아하고 꺼려하는지, 또 어떤 방법으로 콘텐츠를 소비하는지에 대한 선택과 패턴이 모두 데이터로 남아있었다. 이러한 데이터를 활용해 원더월은 수준급의 비즈니스 기회를 제안했다. IP 홀더의 입장에서도 좋은 거래였다. 과거보다 훨씬 효율적인 방법으로 IP의 부가가치를 높이기 위한 의사결정을 내릴 수 있었기 때문이다. 원더월은 데이터 분석으로 인사이트를 도출하던 온라인 클래스 사업 때의 방식을 고도화한 뒤 K-POP 영역의 비즈니스를 전개해갔다. 나날이 쌓이는 데이터들은 회사의 큰 경쟁력이 됐고, 원더월은 가장 엔터테크다운 비즈니스 형태를 제시하며 업계에 이름을 알리는 데 성공했다.

IP 홀더와 플랫폼의 협업으로 성장하는 K-POP

그러나 앞으로도 원더월에는 만만치 않은 도전이 여럿 닥쳐올 것이다. 이는 원더월뿐 아니라 모든 IP 플랫폼 기업에 적용되는 이야기다. K-POP은 IP 홀더가 주도하는 대표적인 시장이기 때문이다. 이 시장에서 IP 홀더의 영향력은 그 무엇보다도 막강하다. 다른 산업에서 시장을 파괴할 정도로 강력한 힘을 과시하는 국내외의 빅테크 기업조차 K-POP과 관련된 비즈니스를 할 때는 유독 IP 홀더에 약한 모습을 보일 정도다. 오늘날 IP 홀더들은 강력한 경쟁력을 바탕으로 IP 플랫폼의 영역까지 조금씩 잠식하고 있다. IP를 발굴하고 제작하는 데서 그치지 않고, 직접 사업화를 이루거나 플랫폼의 생태계를 만들어가는 중이다. 이런 움직임에 대응해야만 하는 IP 플랫폼들에게 향후 몇 년은 매우 중요한 시기가 될 전망이다. 실제로 최근에는 엔터사와 빅테크 기업 간의 지분 투자 및 합종연횡이 활발히 이뤄지며 K-POP의 지형이 빠르게 변화하는 중이다.

현재 K-POP IP 플랫폼들은 특정 IP 홀더에 종속된 채 비즈니스를 영위하기도 하고, IP 홀더별로 세그먼트를 나눠서 사업을 전개하기도 하며, 공연이나 앨범 판매, MD 판매 등 개별 카테고리를 정해 해당 사업 분야에만 집중하기도 한다. 답이 정해져 있는 것은 아니기에 IP 플랫폼들이 각자의 역량과 상황에 맞춰 판단하고 있다. 그러나 언제라도 IP 홀더 간의 역학 관계가 달라지면 엔터테인먼트 산업의 생태계 전반에 퍼지는 영향도 적잖을 것이다.

여기에 K-POP 시장의 성장 가능성을 확인한 수많은 신규 경쟁자의 유입이 지속되고 있다는 점도 이겨내야 할 난관이다. 새로운 아이디어와 콘셉트로 무장한 스타트업들은 물론 최근 몇 년간 국내의 대기업이나 게임, 패션, 유통 업체들도 엔터테인먼트 및 콘텐츠 영역에 진출해 투자와 인수 합병에 적극적인 태도를 내비치고 있다. 이는 곧 자금력, 기술력, 조직력을 갖춘 크고 작은 업체들과 지속적으로 경쟁해야 한다는 뜻이므로 긴장의 끈을 늦출 수 없다.

결국, 경쟁력을 갖춘 기업 위주로 산업을 재편하는 것이 기본적인 시장 논리인 만큼, 앞으로도 계속 여러 업체 간의 치열한 각축전이 예상된다. 다만 이 과정에서 K-POP이 가진 가치가 훼손되지 않도록 IP 홀더와 IP 플랫폼 사이의 효과적인 협업이 필요하다. K-POP이 국내에서는 거대한 시장이라고 하나, 해외의 음악 산업 전체를 포함한 글로벌 시장에서는 이제 막 알려지는 단계인 데다 아직은 가야 할 길도 멀다. 그만큼 IP 홀더들은 IP의 부가가치를 제고하기 위해 여러 IP 플랫폼을 적극적으로 활용해야 한다. 그것이 K-POP IP의 경쟁력을 강화할 수 있는 방법이다.

그리고 무엇보다 IP 홀더와 IP 플랫폼이 가진 경쟁력과 역량은 분명 다르다는 점을 기억하는 것이 중요하다. IP 플랫폼들은 종종 '이 정도면 우리 기업도 직접 IP를 제작할 수 있을 것 같다'는 판단을 내리곤 하지만, 막상 IP의 육성에 뛰어드는 방식으로 성공한 IP 플랫폼의 케이스는 극히 드문 게 현실이다. 시장에 새로 등장하는 비즈니스 영역도 모두 내재화할 수 있다고 착각하기 십상이나, 실제로는 결코 경제적이지 않은 결정일 가능성이 높다.

K-POP 시장에 진입하는 비즈니스 참여자들의 의도와 사업 전략 등은 저마다 다른 양상을 띤다. 그러나 목적만은 동일하다. K-POP 산업을 지금보다 더 발전시켜 거대한 성과를 일궈내는 것이다. 이를 위해

앞으로의 K-POP IP 산업은 홀더와 플랫폼 간의 적절한 협업을 도모하는 방향으로 나아가야 한다. 그것이 IP 홀더와 IP 플랫폼이 함께 성장할 수 있는 가장 효과적인 방법이다.

무한대로 확장하는 지식 재산의 세계
IP 유니버스

초판 1쇄 발행 2023년 9월 5일

지은이 이한솔
펴낸이 성의현
펴낸곳 (주)미래의창

책임편집 안대근
디자인 강혜민(본문)

출판 신고 2019년 10월 28일 제2019-000291호
주소 서울시 마포구 잔다리로 62-1 미래의창빌딩(서교동 376-15, 5층)
전화 070-8693-1719 **팩스** 0507-1301-1585
홈페이지 www.miraebook.co.kr
ISBN 979-11-92519-85-2 03320

※ 책값은 뒤표지에 있습니다.